Didáctica de la educación infantil

Dados Internacionais de Catalogação na Publicação (CIP)
(Câmara Brasileira do Livro, SP, Brasil)

Zabalza Beraza, Miguel Angel
  Didáctica de la educación infantil / Miguel Angel Zabalza.
-- São Paulo : Cortez ; Madri : Narcea, 2016.

ISBN 978-85-249-2481-1 (Cortez)
ISBN 978-84-277-0771-9 (Narcea)

1. Atividades 2. Didática 3. Educação -
Finalidades e objetivos 4. Educação de crianças
5. Educação infantil I. Título.

16-06539   CDD-372.21

Índices para catálogo sistemático:

1. Educação infantil : Educação   372.21

Didáctica de la educación infantil

Miguel Angel Zabalza
Universidad de
Santiago de Compostela

 narcea

Direitos de impressão no Brasil — Cortez Editora

Rua Monte Alegre, 1074 – Perdizes
05014-001 – São Paulo – SP
Tels.: (55 11) 3864-0111 / 3611-9616
cortez@cortezeditora.com.br
www.cortezeditora.com.br

Nenhuma parte desta obra pode ser reproduzida ou duplicada sem autorização expressa da autora e do editor.

© NARCEA, S. A. DE EDICIONES
Paseo Imperial, 53-55 28005 Madrid (España)

www.narceaediciones.es

Edição original
ISBN: 978-84-277-0771-9 (Narcea)

Impresso no Brasil — agosto de 2016

Indice

                                                                      Págs.

PRÓLOGO XI

1. LA EDUCACION INFANTIL: ASPECTOS GENERALES 1

2. CARACTERISTICAS PSICODIDACTICAS DE LA EDAD INFANTIL ... 5

3. UN MODELO INTEGRADOR DE LA EDUCACION INFANTIL 9
    Nivel oréctico-expresivo 11
    Nivel sensorial-psicomotor 17
        Crecimiento y salud.— Recursos sensoriales.— El desarrollo motor y psicomotor.
    Nivel relacional-social 26
    Nivel cognitivo 31
        Acción.— Lenguaje.

4. SINTESIS DE LAS CARACTERISTICAS DEL NIÑO DE ESCUELA INFANTIL 39
    No sectorizable 39
    Proyecto 39
    Rasgos 40
        Punto de vista sociológico.— Líneas maestras.

5. FUNCION DE LA ESCUELA INFANTIL 47
    Visión sistemática 47
    Teoría de la escuela 47
    Acomodación y emancipación socio-cultural 49
    Tipo de escuela 51
        Centrada en la inserción social del sujeto.— Centrada en el desarrollo personal autónomo.— Síntesis.

© narcea, s a de ediciones   VII

    Funciones de la escuela infantil 55
        Función social.— Función respecto a los sujetos.
    Desarrollo de la acción educativa 62
        Enfoque compensatorio.

6. CONCEPTO DE EDUCACION INFANTIL 71
    La vitalidad como síntesis de lo cultural y lo individual 75
    La competencia y autoconcepto como síntesis de lo tecnológico y lo espontáneo 77

7. CURRICULUM, PROGRAMA Y PROGRAMACION EN LA EDUCACION INFANTIL 81
    Currículum 81
    Programa 83
    Programación 83
        Características: protagonismo del profesor; compromiso del equipo de profesores; mayor sentido; diversidad; equilibrio entre Programa y programación; equilibrio entre lo lúdico-expresivo y lo cognitivo.

8. OBJETIVOS DE LA EDUCACION INFANTIL 91
    Personalidad sana 95
    Objetivos: grandes líneas 96
        Positivar la dinámica y fortalecimiento del yo infantil.— Enriquecer / encauzar la vida relacional / social.
    Modelos 103
        Conductistas o tecnológicos.— Integradores.— Modelo experiencial.

9. ORGANIZACION DE LOS ESPACIOS DE LA CLASE 107
    Sentido del espacio en la escuela infantil 107
        Relación persona/ambiente.— El espacio como estructura de oportunidades.— Contexto de aprendizaje y de significados.— Actitud del profesor.— Elemento de continuidad.— Reflejo del modelo educativo.
    Criterios a tener en cuenta en la disposición espacial 113
        Necesidad de autonomía.— Dialéctica entre lo individual y lo grupal.— Curiosidad y descubrimiento.— Comprehensividad educativa de los estímulos.— Iniciativa.— Experiencia.— Tercera dimensión del espacio.
    Cuestiones prácticas en torno a la distribución y organización del espacio 117
        Legislación.— Ubicación de los centros.— Características medioambientales de los centros dedicados a escuelas infantiles.
    Modelos de organización del espacio-aula en las escuelas infantiles 119
        Ambiente de vida.— Que los niños se sientan a gusto.— Espacio abierto.
    Criterio de distribución espacial del aula 121

Modelos de organización del espacio-aula 126
Modelo de Frabboni.— Modelo basado en la teoría de Piaget.
Otros aspectos de la organización del espacio 147
Tipo de escuela.— Papel del profesor.— Estímulo.

10. LOS CONTENIDOS: (ACTIVIDADES, EXPERIENCIAS) 151
Anotaciones generales 152
Sentido vital y experiencial de los contenidos.— Pluridimensionalidad de la acción didáctica.— Encuentro.— Vida infantil.— Dialéctica.— Especificidad/globalización.— Rutinas.
Modelo integrado de acotación y organización de los contenidos 166
Nivel oréctico/expresivo.— Nivel sensorial/psicomotor.— Nivel social/relacional.— Nivel intelectual/cognitivo.
Ejes didácticos de la evolución de la inteligencia durante la escuela infantil   278

REFERENCIAS BIBLIOGRAFICAS 281

*A Elvira, Michel y Mª Ainoha
que tanto me han enseñado
de educación infantil*

Prólogo a la edición actual

Agradecimiento inicial

Es un placer poder prologar una nueva edición de este trabajo sobre la didáctica de la educación infantil y no puedo dejar de aprovechar la ocasión para agradecer tanto a los lectores que durante estos años han tenido la paciencia de enfrentarse a un texto complejo y denso como a la editorial que ha mantenido viva la oferta, incluso en momentos difíciles para los libros, y que está dispuesta a asumir ahora el riesgo de una nueva edición.

Este trabajo nació en el ya lejano 1987 como un intento de ofrecer una visión sistemática del trabajo educativo en la educación infantil. El trabajo original, demasiado extenso y complejo, fue dividido por la Editorial Narcea en dos tomos: el primero titulado *Didáctica de la Educación Infantil* y el segundo *Areas, medios y evaluación en la Educación Infantil*. Uno es la continuación del otro, pero como suele acontecer con los hermanos gemelos, pese a su origen común, su vida se ha ido desarrollando por caminos un tanto diversos que han beneficiado, en general, al que hoy tengo el gusto de prologar de nuevo.

Los libros son como conversaciones que uno mantiene con interlocutores invisibles. Uno va pensando y expresando por escrito los distintos argumentos que intenta proyectar sobre los temas tratados. Y lo hace pensando en personas y situaciones que unas veces conoce y otras veces se figura. Por eso les suelen preguntar a los novelistas si sus novelas son autobiográficas. Suelen contestar que no, pero que están basadas en retazos de muchos casos que conocen o de los que les han hablado. Los libros técnicos parecen más neutros y construidos en el vacío biográfico, pero eso no suele ser así. No lo ha sido, desde luego, en mi caso. Hay mucho de vida en este libro. De mi vida, de la de mis hijos, de la de los hijos de mis amigos, de la de las muchas maestras de educación infantil con las que he tenido el placer de compartir experiencias. Por eso surge esa estructura mitad narrativa mitad explicativa con la que está construido el libro. Y la vida continúa en la relación con los lectores del libro. Por eso digo que es una especie de conversación con otras personas que inicialmente son invisibles pero que después van tomando cuerpo, encarnándose. No sabría decir los cientos de personas que me han contactado para decirme que habían leído el libro, que lo utilizaban en sus estudios o en su trabajo profesional. He sido invitado a participar en congresos y a impartir conferencias en distintos países por personas que sólo me conocían por estos libros. En esos lugares, a los que vas con la incertidumbre de ser sólo un texto para quien te recibe, se produce un doble natalicio: ellos pueden ver finalmente en cuerpo y alma al autor (uno suele salir perdiendo en ese contraste con el "personaje imaginado", aunque he de decir en mi propio consuelo que me han dicho a veces que me hacían más viejo) y tú puedes igualmente poner cuerpo y situar en un marco concreto a algunos de tus lectores. Al final, esos encuentros constituyen la mejor recompensa que cualquier autor podría esperar.

Resulta fácil de entender, por tanto, por qué me siento feliz en el momento de prologar una nueva edición de este trabajo y qué merecidos son los agradecimientos con que inicio el prólogo.

La escuela infantil en la actualidad

De todas maneras, el paso del tiempo se hace visible en los libros. El vocabulario, las referencias, los casos mencionados, los ejemplos, etc. poseen una naturaleza transitoria y acaban recubriéndose de esa pátina de verdín y óxido que se adhiere a los objetos antiguos. En el caso de la educación infantil las perspectivas de análisis utilizadas no dejan de ser vulnerables en ese mismo sentido. Y eso, pese a que este libro se refiere a cuestiones educativas notablemente estables. Parte del interés y de la permanencia de este trabajo radica, justamente, en que el tema de la educación infantil se ha abordado desde una perspectiva muy global y, a la vez, muy sustantiva lo que hace que en su conjunto se trate de argumentos y enfoques absolutamente vigentes en la actualidad. Por eso, hemos preferido no alterar el texto original y añadir, para complementarlo, un pequeño prólogo que hable de los nuevos escenarios en que se desarrolla la atención a los niños y niñas pequeños y los nuevos retos que hoy afronta la educación infantil en el mundo.

Varios tópicos convendría explorar, siquiera sea esquemáticamente, en esta visión de conjunto del panorama: la progresiva integración de los sistemas basados en el cuidado con los basados en la educación; la concepción de la escuela infantil como un ecosistema enriquecido y enriquecedor para los niños y niñas que acuden a ella; la perspectiva comprehensiva de la actuación educativa tratando de ofrecer espacios para el desarrollo de cada una de las capacidades infantiles; el progresivo peso en numerosos países de la educación informal a través de programas desarrollados en las familias y con una fuerte colaboración de su parte.

1. La educación infantil entre los cuidados y la educación [1]

No cabe duda de que uno de los puntos relevantes en el debate internacional entre los diversos modelos de educación infantil tiene que ver con la orientación general que se le da a las "políticas de infancia". Algunos países optan por una orientación más basada en el apoyo a las familias ofreciéndoles o potenciando sistemas de acogida y guarda de los niños mientras los padres trabajan. En otros casos, la opción tiene una orientación más educativa centrando los esfuerzos en alguna forma de escolarización *light* capaz de propiciar el desarrollo individual de cada niño, tanto si sus padres trabajan como si no.

La cuestión básica es, pues, la propia naturaleza del sistema de apoyo a la infancia que se ofrece: si se trata de un cuidado sustitutivo de las familias (una forma de atender a los niños en los momentos en que las familias no pueden hacerlo) o bien de un trabajo sistemático para propiciar su desarrollo (lo que de alguna manera podríamos llamar *educación* aunque tal terminología podría resultar un tanto confusa pues educación es algo que se hace también en las familias). En definitiva, la opción por mantener una línea de actuación basada en los *cuidados* o hacerlo en una orientación basada en la *educación* (si es que tal dicotomía existe, al menos en un formato claramente distinguible) afecta a todo un conjunto de elementos constitutivos de la actuación con respecto a los niños pequeños: ¿quiénes son los destinatarios?, ¿qué tipo de instituciones están comprometidas en el proceso?, ¿qué profe-

---

[1] Buena parte de estas ideas están tomadas de mi artículo *El dilema entre cuidados y educación en la Educación Infantil*, publicado en la revista «Temps d'educació» (1.er semestre del 2001). En aquel texto, escrito en catalán, están más ampliamente desarrollados los argumentos.

sionales intervienen?, ¿qué actuaciones se llevan a cabo? Veamos cada uno de esos aspectos.

- La primera de las cuestiones de partida de estos planteamientos es la identificación de quién es el *beneficiario* de los servicios a la infancia, si la familia o los propios niños.

  Normalmente, ésta es una de las características diferenciales más importantes, al menos en los modelos que yo conozco. Los *modelos basados en los cuidados* tienden a formar parte de políticas familiares y tienen como destinatarios de los servicios (y, por tanto, como detentadores del derecho a recibirlos) a las familias. Se trata de servicios que se ofrecen a las familias, y en particular a las mujeres, como una apuesta por mejorar la calidad de vida de los ciudadanos en general y la igualdad de oportunidades para las mujeres (que ellas puedan incorporarse al mundo laboral y profesional sin ver restringido su desarrollo personal por el nacimiento y cuidado de los hijos). Con esa intención se generan diversas iniciativas de apoyo que implica atender a los niños durante el horario laboral, bien directamente bien subvencionando a las familias para que sean ellas las que establezcan la alternativa que les resulte más beneficiosa.

  En los *modelos educativos* los destinatarios de los servicios (y, por tanto, los detentadores de los derechos) son los propios niños. Teóricamente al menos, el sistema de la educación infantil no está destinado a facilitar la vida de las familias o la incorporación de las madres al mundo del trabajo. Pero, de todas formas, está claro que este aspecto no puede ser nunca desconsiderado. Y el sistema funciona deficientemente en aquellos países (como es el caso de aquellos en los que la educación infantil se ha "escolarizado" en exceso) en que esta cuestión se desconsidera del todo.

  En un espacio intermedio están los modelos más asistenciales (escuelas o programas destinados a grupos en situación de riesgo). Aunque en ellos son los niños los destinatarios de la intervención, podría entenderse que también las familias acaban beneficiándose del dispositivo que se ofrece a sus hijos (porque se les atiende sanitariamente, se les alimenta, a veces se les ofrecen ayudas económicas para su atención en el hogar, etc.).

- Una segunda variable a considerar es la *instancia institucional* que va a llevar a cabo la acción.

  En este apartado tenemos, por un lado, la diversa *dependencia orgánica* de las instituciones con una u otra orientación: ministerios o consejerías de índole social en los primeros, ministerios o consejerías de educación en las instituciones con una orientación educativa. Esta doble dependencia está creando no pocos problemas en los países en los que se pretende proceder a una fusión de ambos sistemas: la burocracia, el celo por mantener las propias competencias (y los recursos económicos vinculados a ellas), la propia tendencia a la homeostasis y a evitar los cambios se han convertido en importantes escollos en los programas de integración de dispositivos.

Pero suelen existir también notables diferencias tanto en la estructura física de los edificios como en el tipo de regulaciones a las que deben someterse y el conjunto de actuaciones que se desarrollan en su seno. Con frecuencia, los centros de "atención" (sean guarderías o jardines de infancia o *creches* o cualquier otro nombre que hayan ido recibiendo) son estructuras sometidas simplemente a una autorización como "actividad comercial" otorgada a sus promotores. Sólo muy recientemente se han ido promulgando normativas más exigentes para todas aquellas personas, sociedades o instituciones que deseen montar un centro para niños. No todos los países exigen una "aprobación" por parte de Educación para ese tipo de centros.

- Un punto crucial en esta diferenciación es el que se refiere a los/as *profesionales* que van a atender a los niños pequeños en cada uno de los dispositivos.

Casi todos los países son mucho más estrictos en cuanto a las exigencias planteadas a quienes van a actuar como educadores (en el modelo educativo, por tanto) que a los que han de hacerlo como "cuidadores" (en las instituciones no-educacionales de atención a niños pequeños). En algunos países uno de los problemas importantes que han de asumir en este proceso de integración de ambas orientaciones es, justamente, esa falta de preparación de las personas que atienden a los niños (hasta hace poco en Brasil, por ejemplo, casi el 40% de ese personal ni siquiera posee estudios primarios). Bajo la mentalidad de que la atención a los niños implicaba simplemente su cuidado, en muchas ocasiones se ha ido reclutando personal con experiencia en el cuidado de niños (madres que deseaban un empleo, personas a las que les gustaba estar con niños pequeños, etc.) sin tomar en consideración qué estudios tenían o cuál era su preparación profesional para desempeñar ese trabajo. Comoquiera que su trabajo fundamental habría de consistir en limpiar a los niños, alimentarlos (en algunos casos), entretenerlos y procurar que no se hicieran daño, el hecho de contratar mujeres con experiencia en el cuidado de sus hijos aunque no tengan formación especializada parece coherente. En cualquier caso, la idea de "trabajo" ha solido prevalecer sobre la de "profesión".

En todo caso, la diferencia de preparación (y la propia orientación de la preparación recibida) entre los profesionales del *cuidado* y los de la *educación* es patente en la mayor parte de los países. En España, por ejemplo, los primeros se forman en el marco de la Formación Profesional (nivel secundario, por tanto) y los segundos como maestros (nivel universitario). En la actualidad, el grupo de trabajo europeo dirigido por el Prof. Peter Moss ha planteado la necesidad de que todos los profesionales que atiendan niños pequeños posean una formación de tipo universitario y que se prolongue, al menos, durante tres años después de los 18 de edad (es decir, que los futuros profesionales iniciarían su trabajo no antes de los 21 años y tras tres años de formación universitaria).

- Finalmente, la diferenciación tiene que ver con el propio contenido de la *atención*, lo que se supone que se hace con los niños pequeños durante el tiempo que permanecen en las instituciones dedicadas a atenderles.

Está claro que "cuidar" niños es muy distinto de "educarlos" (aunque esta distinción con frecuencia es menos clara si uno analiza las actuaciones concretas que se llevan a cabo en un tipo de instituciones y otro). Pero hablar de un currículo (con una especificación de los ámbitos a trabajar, con orientaciones metodológicas, con sistemas de observación, etc.) tiene sentido, obviamente, únicamente si nos referimos a las escuelas y no a los centros de "cuidados".

Cada una de ambas posiciones, cuidados y educación, con respecto a la atención a los niños pequeños, aparece así como una constelación de postulados políticos y de concreciones operativas que conllevan prácticas distintas en las diversas dimensiones señaladas. No creo fácil poder determinar cuál es mejor y cuál es peor. Siempre dependerá de qué es lo que se pretende conseguir y de cuáles son las posibilidades reales de afrontar una atención completa y polivalente a los niños y niñas pequeños. Es obvio que tanto ellos como sus familias precisan tanto de acciones dirigidas a su protección y cuidados como a su desarrollo.

Cada una de las opciones analizadas posee sus ventajas y sus inconvenientes. Unas y otros ayudan a entender mejor el sentido de cada opción y la necesidad de complementarlas. He aquí algunas de esas ventajas e inconvenientes.

VENTAJAS Y DESVENTAJAS DEL MODELO BASADO EN LOS *CUIDADOS*

Obviamente, una de las preocupaciones básicas en los modelos que se centran en la atención y cuidado de los niños (sobre todo en la fase 0-3) es dejar claro que "cuidado" no significa "depositar niños" en un centro. Cuando ellos hablan de cuidados están refiriéndose a toda una batería de atenciones que va desde lo sanitario, a lo social y a lo lúdico. En ese contexto señalan que las ventajas de una acción menos escolarizada son numerosas:

- Hace más flexibles los dispositivos al imponer menos condiciones tanto estructurales como profesionales. Una de las características generales de estos centros para el cuidado de niños (sobre todo de niños 0-3 pero también para los mayores) es la gran proliferación de iniciativas existentes en el terreno privado (en otros países también en el público). En este momento, aparte de los particulares que montan su propio centro, existen también empresas públicas y privadas que comienzan a organizarlas para sus trabajadoras. Esto origina una gran variedad de opciones existente en el terreno de los cuidados. En países como Chile, por ejemplo, todas las empresas con más de 20 mujeres empleadas, ha de montar su propia guardería. Ya han empezado a crearse empresas de servicios para niños pequeños que se ofrecen a las grandes empresas para gestionar ese servicio a sus trabajadoras.

- Al tener un grupo de destinatarios más amplio (familias) permite desarrollar un tipo de planteamientos más integrados (a los que se incorporen elementos escolares, asistenciales, médicos, etc.).

- Por otra parte, en base también a esa regulación menos estricta y profesionalizada, se hacen posibles modalidades de utilización de los dispositivos más flexibles. El servicio se acomoda a las necesidades de los usuarios: en horario (acomodado a las necesidades laborales de los padres); en tipo de apoyo ofrecido (que puede incluir servicios médicos, alimentación, etc. en caso necesario); en cuanto a la implicación de los padres (al no existir un patrón curricular oficial con ámbitos específicos a desarrollar, la atención a los niños pequeños no plantea tantas exigencias de profesionalización y especialización y los padres pueden asumir roles más activos).

- Por otra parte, la modalidad de atención a niños pequeños basada en los *cuidados* tiene un sentido más urgente e inaplazable en situaciones de carencias y especiales déficits. Parece obvio que el cuidado es la primera fase de cualquier aproximación a la infancia. Cuando uno ve fotografías de niños de zonas deprimidas, marginadas, en ciertos poblados indígenas, etc. lo primero que siente es, justamente, que precisan de cuidados, que ningún esfuerzo educativo será válido hasta tanto se recupere un estándar básico de calidad de vida que permita iniciar el proceso de desarrollo de las capacidades.

- Como desventajas de los modelos *Care*, indicamos que parece claro que se trata de dispositivos nacidos antes en el tiempo y, por eso, herederos de unas mentalidades más asistenciales con respecto a las necesidades que hay que atender. El hecho de haber aparecido antes en el tiempo también se deja notar en el tipo de edificios que ocupan, en el tipo de personal que emplea, etc. Reformar el modelo o, cuando menos, integrarlo con el modelo centrado en la educación está suponiendo a algunos países un gran esfuerzo de renovación de estructuras y de reclutamiento de nuevo personal.

VENTAJAS DEL MODELO BASADO EN LA *EDUCACIÓN*

Los modelos basados en la "educación" hacen opción por algún tipo de escolarización temprana de los niños. Se crean estructuras institucionales escolares o similares que unas veces están unidas a los otros niveles de la escolaridad (como en los colegios en los que existen unidades de educación infantil), otras veces como estructuras independientes (como en las escuelas infantiles municipales, en los jardines de infancia, etc.). La propia institucionalización de los dispositivos de atención a la infancia permite una actuación especializada y sistemática. Entre sus ventajas cabría citar las siguientes:

- Proyecta sobre los niños pequeños los avances (en conocimientos y técnicas) que se han ido logrando en cuestiones de desarrollo de las habilidades y patrones de conducta (estimulación sostenida, desarrollo lingüístico, desarrollo motor, desarrollo lógico, etc.).
- Así mismo, ofrece la posibilidad de desarrollar un conjunto de experiencias enriquecidas y sistemáticas con respecto a las que podría llevarse a cabo en la familia (para eso justamente existen las escuelas infantiles, para proporcionar una mejora de las condiciones del desarrollo de los niños).
- Al tratarse de un sistema más regulado, suele reunir mejores condiciones tanto en cuanto a infraestructuras y recursos como en cuanto al tipo de profesionales encargados de atender a los niños pequeños.

- En ese sentido, yo creo que la escuela infantil (una buena escuela infantil) es un recurso necesario para propiciar la *equidad* y la igualdad de oportunidades entre todos los niños, sean cuales sean sus condiciones sociales (de ahí la importancia de las escuelas públicas), personales (de ahí la necesidad de mantener criterios de inclusión y atención a la diversidad) o culturales (de ahí la importancia de construir desde la escuela infantil la identidad cultural y la abrirse a los nuevos aires multiculturales).

Obviamente, cada una de esas circunstancias ventajosas puede convertirse en un condicionante negativo de la atención que los niños pequeños (y/o sus familias) precisan. Moviéndonos en el marco de las desventajas del modelo basado en la "educación" podríamos señalar las siguientes:

- Quizás la principal de todas ellas es la inevitable tendencia a llevarla a cabo bajo una mentalidad predominantemente escolar, con todo lo que eso supone de formalización de los procesos y de la dinámica institucional. Al final, las instituciones generan su propia lógica (muy próxima a la de los otros niveles escolares) y sus propias dependencias, y se van apartando de lo que supone dar una respuesta adecuada a las necesidades de los niños y sus familias (en cuanto a horarios, servicios que se ofrecen, modos de relación con las familias, tipo de actividades a desarrollar, etc.).

- Otro aspecto a resaltar aquí se refiere a la constricción de recursos y modalidades que supone un tipo de atención a la infancia demasiado centrada en los recursos escolares. Frente a países con un gran abanico de posibilidades de atención, los modelos escolaristas (como el español) tienden a presentar menos opciones. Y al estar éstas más sujetas a los determinantes de la administración educativa (horarios, lugares de las escuelas, normativas relacionadas con los espacios, los profesionales, los recursos a utilizar, etc.) al final, la atención a los niños debe compaginarse con otras prioridades (derechos laborales de los profesores, cultura escolar, ubicación de los centros, etc.).

EL CAMINO HACIA LA INTEGRACIÓN DE AMBAS ORIENTACIONES

Casi todos los países están buscando fórmulas que permitan integrar los antiguos dispositivos (que funcionaban de una manera descoordinada y bajo orientaciones políticas y prácticas bastante dispares) en nuevas estructuras en las que ambas orientaciones se complementen. Se busca así una fórmula en la que se ofrezca a los niños pequeños y sus familias no solamente cuidados sino también unos contextos educativos en los que ellos puedan crecer y desarrollarse de una manera integrada y sistemática. Se ha creado una red de especialistas en la Unión Europea, dirigidos por el Prof. Peter Moss para estudiar este proceso de integración de las políticas de infancia. Para hacer más plástico su objetivo, el *network* se ha denominado *Educare* (como integración de la doble orientación *care* y *education*).

La integración de los modelos conlleva una serie de condiciones que resulta importante considerar. Los países comprometidos en llevarla a cabo están encontrando serias dificultades, en unos casos políticas (por lo que pueda significar de alteración de las tradiciones propias de cada país o por lo que suponen de cambio de mentalidad con respecto a la atención a la infancia), en otros de tipo burocrático (por la resistencia de los organismos implicados a ceder competencias y recursos que hasta este momento manejaban) y de infraestructuras y personal, esto es, de presupuestos (pues parece claro que cualquier cambio suele llevar consigo mayores inversiones). Pero también están apareciendo importantes reticencias por parte de los especialistas en el tema por cuanto sus planteamientos divergen seriamente respecto a qué sea prioritario en la atención a la infancia y cuáles puedan ser las mejores maneras de regular su puesta en práctica.

Algunos de los puntos sensibles en este proceso de integración son los que comentamos a continuación:

- La primera consideración es que no valen las leyes para producir la integración. Aunque son necesarias para establecer una estructura común, muchas veces existe un problema de culturas institucionales distintas y de mentalidades diferentes de las familias y los profesionales, lo que hace el proceso más lento y sensible. No se trata, por tanto, de una integración sólo física (llevar las guarderías a las escuelas infantiles o convertirlas en instituciones educativas) sino de integración de servicios: lo que se estaba haciendo en ellas se integra en un proceso de acción más amplio. Y otro tanto sucede con las escuelas, los servicios que se ofrecían deben ampliarse y reajustarse para poder atender a las necesidades completas de los niños y niñas (con frecuencia más pequeños y que requieren, por tanto, de otro tipo de atenciones).

La alternativa de proponer las escuelas como sistemas de atención integrada a los niños no es suficiente en sí misma. Se trata de ver qué tipo de concepción del niño, de la educación y de la propia escuela nos sirve de punto de partida. Por eso se han de tomar en consideración una integración política y cultural como condición previa a la consecución de una integración institucional exitosa.

- Un aspecto fundamental de este proceso de fusión es considerar que la integración en las escuelas infantiles de los niños más pequeños implica incorporar otro tipo de servicios que antes no existían o tenían escasa relevancia en ellas: por ejemplo los sanitarios, alimenticios, sociales, etc. Ese es el caso de los nuevos centros integrados que han ido surgiendo en Inglaterra (país en el que tradicionalmente se ha ofrecido pocos servicios públicos para la infancia y en el que ha predominado la iniciativa social de escasa calidad). En esos centros se integran los diversos tipos de servicios que constituyen la atención a la infancia y las familias: sanitarios (incluyendo la preparación para el parto y para los primeros cuidados de los niños), sociales, educativos, laborales, etc.

- No está siendo pequeño, desde luego, el problema presupuestario. Con frecuencia el hecho de cambiar de dependencia orgánica y recalar en la Administración Educativa está significando una fuerte reducción de presupuestos, sobre todo en aquellos países que establecen por ley que la educación es gratuita. No es infrecuente que los presupuestos anteriores fueran pagados con cargo a algún otro departamento más potente o que los costos fueran compartidos entre Administración y familias. Ahora, al no poder cobrar a las familias y tener que depender del presupuesto oficial se están sintiendo nuevos problemas de recursos, especialmente en aquellos lugares donde la educación infantil depende de los municipios. En tales casos los recursos van a depender no sólo de la capacidad de los municipios para hacer frente a esta nueva carga presupuestaria, sino de su particular sensibilidad con respecto a los problemas educativos y su decisión para convertirlos en compromisos prioritarios. Me comentaba un compañero que hace unos años recibió la visita de una colega de Reggio Emilia vinculada a la Escuela Diana. Ella llegaba a la ciudad el mismo día en que se estaba inaugurando el aeropuerto de esa ciudad. Su comentario fue, *"claro, vosotros tenéis aeropuerto, nosotros tenemos escuelas infantiles. Es una cuestión de prioridades"*.

- La cuestión presupuestaria no tiene sólo que ver con la dependencia orgánica sino con una ampliación de los destinatarios de los servicios. Mientras en el modelo de cuidados se atendía selectivamente a los sujetos o las familias que demandaban servicios, el modelo "educación" lleva consigo una generalización de la atención a toda la población infantil. Eso hace más difícil poder atender gratuitamente a todos ellos. De ahí que mientras en las edades 3-6 (donde predomina la versión "educativa") los países logran cifras de cobertura muy amplias, en las franjas de 3 a 1 las cifras son aún bajas, dependiendo del país. La ampliación del espectro de atención educativa se va haciendo así hacia abajo, incorporando cada vez a niños de menor edad. Los condicionamientos presupuestarios en este sentido, parecen claros (de ahí la reticencia de los países a aceptar compromisos curriculares con edades cada vez más bajas: el hacerlo significaría tener que adaptar los recursos a las exigencias de financiación que supone la atención educativa a una población infantil cada vez más ampliada por la incorporación sucesiva de niños de dos años, de un año, los bebés).

- Un problema que están presentando algunos centros de "cuidados" reconvertidos a instituciones de "educación" es la dificultad para elaborar Proyectos Educativos. Su experiencia se había basado más en proporcionar atenciones concretas, y ese salto a una atención pluridimensional y con planificación a medio y largo plazo les resulta costosa. También es, obviamente, un problema de formación. A veces, incluso de lenguaje.

- En general suele valorarse positivamente esta integración puesto que se ve positivo (en esta idea de la integración) el hecho de que al convertirse los centros de atención a la infancia en escuelas infantiles se ofrece a los niños la posibilidad de tener nuevas experiencias que les permitan la exploración y los aprendizajes. Pero suele mencionarse como aspecto negativo en este cambio el hecho de que eso puede conllevar una "escolarización" prematura y una mayor carga de autoritarismo.

- Desde luego, el tema de los *profesionales* resulta muy importante en este proceso de fusión. Y lo es desde varios puntos de vista:

    — Por un lado, los profesionales de la educación, muchos de ellos formados en las carreras de magisterio o pedagogía presentan dificultades para hacerse cargo de tareas que no forman parte de las cosas en que ellos se formaron (cambiar y limpiar a los niños, alimentarles, etc.).

    — Por otra parte, la integración de los servicios implicará con toda seguridad la aparición de un nuevo profesional en el que se sumen los conocimientos más vinculados al cuidado de los niños (sanitarios, de limpieza, de alimentación, etc.) con los más específicamente educativos. Un profesional que, además, esté en condiciones de analizar más holísticamente la actuación con respecto a los niños (abarcando su familia, los espacios, el contexto en que se mueve, las diversas dimensiones de su desarrollo, etc.)

— Que, volviendo de nuevo a las aportaciones del grupo de trabajo *Educare* al que ya me he referido en otros puntos anteriores, existe en Europa un amplio consenso en que la formación para estos profesionales debe ser de alto nivel. La propuesta general es que sea de nivel universitario y de al menos tres años (los países oscilan entre los 3 y los 4 años de formación) después de los 18 de edad. Algunos países como Suecia han transformado toda la formación de los docentes unificando al profesorado de 0 a 8 años de edad. La idea fundamental de este cambio es que los profesores deben tener una idea general de la infancia en todo su desarrollo. Más genéricamente quieren que se vaya estableciendo un discurso común sobre la infancia en todos aquellos que trabajan con niños pequeños.

En resumidas cuentas, podríamos decir que tanto los modelos basados en los cuidados como aquellos orientados al desarrollo educativo de los niños y niñas pequeños tienen mucho que aprender unos de otros. Y que, efectivamente, la integración de ambos no será posible a no ser que se fundan los objetivos y procedimientos utilizados en ambos. No se puede decir que convertir todo en estructuras educativas vaya a resolver los problemas que afectaban a las instituciones montadas para cuidar a los niños pequeños. Como se trata de no desatender las funciones que cada uno de ellos cumplía por separado (si fuera así, por ejemplo que las nuevas escuelas infantiles dejaran de prestar atención a los problemas de las familias y al de la integración laboral de las mujeres, no habría merecido la pena todo el proceso de integración), el nuevo tipo de recursos institucionales y profesionales que se establezcan habrá de estar en condiciones de asumir tanto la dimensión cuidado como la dimensión educación.

2. La escuela infantil como contexto enriquecido

La escuela es un nuevo contexto de vida que se ofrece a los niños para potenciar y enriquecer sus oportunidades de crecimiento equilibrado. Podemos diferenciar claramente no sólo entre contextos de vida ricos y pobres sino, lo que es más importante desde el punto de vista educativo, entre contextos *enriquecedores* y contextos *empobrecedores*.

Este concepto se proyecta tanto sobre las dimensiones y elementos físicos del entorno (Spirack, 1973[2], se refiere al *setting deprivation* para referirse a las situaciones en las que el ambiente físico es incapaz de dar respuesta a las necesidades de los sujetos que habitan y actúan en él trayendo como consecuencia efectos perturbadores en la convivencia y en el desarrollo), como en las dimensiones afectivas (los trabajos clásicos de Bowlby y colaboradores documentaron los efectos perturbadores del hospitalismo en el desarrollo infantil) y en las funcionales (entre las que podríamos contar las intervenciones educativas en su más amplio espectro: vide Barker, 1968[3]).

Ni que decir tiene que esta misma diferenciación podríamos aplicarla a la escuela. También en relación a la institución escolar podemos establecer esa distinción: una escuela que actúa como contexto de vida enriquecedor para los niños y niñas que asisten a ella y una escuela (una forma de enfocar y desarrollar la acción escolar) que no sólo no mejora las posibilidades de desarrollo de los niños sino que introduce ruidos y alteraciones en su crecimiento.

Parece claro que los niños/as se van a desarrollar a lo largo de sus años escolares tanto si acuden a una buena escuela como si lo hacen a una escuela mediocre. La cuestión básica está en que su desarrollo no será el mismo en un caso y en otro: la diferencia está en saber distinguir entre el desarrollo natural (aquel que es previsible que se produzca de manera natural si no aparecen graves problemas de tipo personal o social que lo impidan o retrasen) y el desarrollo potenciado escolarmente (el plus de desarrollo que se obtiene por el hecho de haber acudido a una escuela de alta calidad y en la que los niños/as han tenido la oportunidad de desarrollar múltiples experiencias que les han permitido afianzar sus capacidades y destrezas en los diferentes ámbitos del desarrollo intelectual y social).

Esta aportación de la escuela al desarrollo (la "zona del desarrollo próximo") parece obvio que resulta mucho más crucial para los niños y niñas de

---

[2] Spirak, M. (1973): "Arquetypal Place", en *Rev. Architectural Forum*, 140. Págs. 44-49.
[3] Barker, R. G. (1968): *Ecological Psychology*. Standford University Press.

clases bajas y aquellos en una situación familiar o social menos favorecedora de un desarrollo óptimo. De ahí la importancia de la escuela y la escolarización (sobre todo en las etapas tempranas) como recurso de desarrollo social. Aunque podamos discutir si la escuela y la escolarización está ejerciendo realmente o no esa contribución al desarrollo social (o si, por el contrario está contribuyendo a que se agranden las diferencias), parece claro que, al menos en general, la escuela supone (o podría suponer) un notable enriquecimiento de los niños y niñas que acuden a ella. Pero aún subsiste una importante cuestión: *¿qué tipo de enriquecimiento es el que proporciona la escuela infantil?, ¿se cubren adecuadamente los diversos ámbitos del desarrollo infantil a través de la acción educativa escolar?, ¿incluso cuando los contextos escolares son ricos y enriquecedores, en qué lo son?*

Parece claro que la escuela es rica en aportaciones que se refieren a los aprendizajes escolares (digamos, aprendizajes académicos). Pero, parece igualmente claro que, hoy día, nadie se conformaría con eso. Siendo importante lo académico (desarrollar nuevos aprendizajes relacionados con los contenidos escolares convencionales) resulta insuficiente si lo que se está buscando es un desarrollo global y equilibrado de nuestros niños y niñas. Otros ámbitos "educables" están reclamando atención y tienden a convertirse en los nuevos referentes para una forma distinta de orientar la escuela: el enriquecimiento del "encuentro" con los demás; el enriquecimiento del propio equipamiento personal en todos los ámbitos (no sólo en el cognitivo); la apertura a un proyecto personal (vital) interesante y acorde con lo que serán las opciones y condiciones básicas del futuro próximo.

Desde esta perspectiva y habida cuenta del espacio disponible en este prólogo, quisiera centrar mi reflexión tan sólo en una consideración genérica: que la escuela constituye un *ecosistema privilegiado* en esta función de *contexto de vida*. En el apartado siguiente veremos que el currículo escolar, gestionado por los profesores, constituye el recurso básico para facilitar ese enriquecimiento global y equilibrado de los estudiantes.

LA ESCUELA COMO ECOSISTEMA ENRIQUECIDO

Aunque quizás se requiriera de mayor argumentación, para mí parece obvio que la escuela constituye un ecosistema privilegiado ("privilegiado" en el mismo sentido que Mead [4] atribuye a los "otros privilegiados" en el desarrollo de la identidad personal) y enriquecido (con respecto a lo que los niños

---

[4] Mead, M. (1972): *Educación y cultura*, Paidós, Buenos Aires.

podrían hacer-disfrutar en su medio si no acudieran a la escuela infantil) ¿En qué sentido podemos decir que la escuela es un contexto de vida enriquecedor? ¿Qué efectos son atribuibles a ese contexto de vida?

Esta cuestión nos lleva a la médula fundamental del sentido de la escuela infantil: ¿en qué se enriquecerán los niños y niñas que acudan a ella?, ¿por qué han de sentirse motivadas las familias a llevar a sus hijos a las escuelas infantiles en lugar de mantenerlos en casa bajo su más directa protección?, ¿qué papel formativo ha de jugar la escuela durante este periodo de la vida infantil? En base a la respuesta que se le dé a esa pregunta es como se define el sentido y los contenidos formativos de esta etapa educativa.

Desde mi punto de vista y tratando de sintetizar, diría que las escuelas infantiles cumplen tres funciones fundamentales en este momento:

1. Potenciar el desarrollo en sus diversas dimensiones y vertientes

Los profesionales de la educación infantil se han formado para poder poner en marcha experiencias educativas que propicien un desarrollo infantil equilibrado en todas sus dimensiones (desde las capacidades motrices a las lingüísticas, desde su socialización a su desarrollo afectivo, desde la lógica a la sensibilidad artística). Por eso son profesionales. No se trata tan sólo de que les guste estar con niños pequeños, han de saber cómo se produce su desarrollo y qué tipo de actuaciones pueden potenciarlo y enriquecerlo. Aquí es aplicable la propuesta vigotskiana de que el objetivo de la escuela es alcanzar la "zona de desarrollo próximo": ese conjunto de avances que se hacen posibles a través de la intervención de profesionales pero que no se alcanzarían si éstos no actuaran. Ése es justamente nuestro trabajo como educadores, lograr que los niños progresen más y que su desarrollo sea más equilibrado que si no hubieran acudido a la escuela.

2. Compensar los posibles desequilibrios de origen familiar y social

La idea de una escuela infantil de tipo compensatorio (algo beneficioso para niños y niñas de clases sociales bajas pero perfectamente prescindible para los de clase media y alta) tuvo mayor predicamento hace unos años que en la actualidad. Hoy se piensa que es más importante valorar el sentido y las aportaciones de la escuela infantil como un mecanismo social que se ofrece a todos los sujetos sobre la base de los derechos que como ciudadanos les asisten. De todas formas, la filosofía de la igualdad y de la inclusión no debería hacernos olvidar demasiado rápido las grandes diferencias sociales existentes entre los niños y niñas de diversas condiciones sociales, geográficas, culturales, etc. Eso exige estimular la accesibilidad de los actuales sistemas de educación temprana a todas las familias y en todas las situaciones. Es poco probable que las familias con dificultades económicas lleven a sus hijos a las escuelas infantiles si éstas no son gratuitas. O que se decidan a hacerlo si consideran que eso va a significar la pérdida de su identidad cultural. Algo similar suele suceder con los inmigrantes si los requisitos burocráticos o policiales hacen restrictivas o peligrosas las condiciones de acceso. De ahí la gran preocupación actual por plantearse, más allá de las filosofías igualitarias, cuál es la práctica real de las escuelas: ¿quiénes quedan realmente excluidos de la escuela infantil por las razones que sean?

El aspecto clave, es que se trata de un periodo escolar de difícil reversibilidad en lo que se refiere al desarrollo (lingüístico, social, intelectual, etc.). Por eso no basta con garantizar una igualdad de acceso de los niños/as a la escuela primaria, es preciso hacerlo también con respecto a la escuela infantil. En caso contrario las diferencias entre los niños de las diversas clases sociales, o grupos culturales corre un serio peligro de ampliarse y hacerse irrecuperable.

3. Actuar como un ecosistema en el que propicien nuevas modalidades de encuentro por parte de los niños/as

Lo que diferencia a las escuelas infantiles de los otros contextos de vida de los niños es justamente, la gran riqueza de encuentros que la escuela posibilita. En ella los niños y niñas pequeños van tener oportunidad de experimentar múltiples formas de encuentro:

— encuentro consigo mismos: verse a sí mismos desde diferentes perspectivas

— encuentro con otras personas (adultos y niños): tanto los adultos como los niños con los que convivirá son muy diversos entre sí. Algunos de ellos puede que incluso presenten situaciones personales características (otro color, otra cultura, algún tipo de necesidad educativa especial, alguna capacidad sobresaliente, etc.). El contacto con ellos le servirá para enriquecer su experiencia interpersonal, para progresar en el principio de realidad y en la superación del egocentrismo y la dependencia, etc.

- encuentro con cosas y objetos de muy diversa naturaleza: las cosas y sus usos

- encuentro con noticias y conocimientos (cosas que pasan aunque no les pasan a ellos ni donde ellos están): trascendencia de lo inmediato y lo propio, descentramiento

- encuentro con otras formas de comportamiento (las normas, las rutinas escolares, las conductas de los demás, etc.): esto le facilitará una nueva vivencia del tiempo, nuevos esquemas de organización de las propias acciones e intereses, la posibilidad de asumir previsiones y compromisos a medio plazo.

Si todo esto pudiera resumirse en una sola idea, yo diría que la escuela infantil es el gran momento de la apertura del niño a nuevas posibilidades. Lo que debe aportar la escuela infantil es todo un espectro, lo más amplio posible, de *nuevos estímulos y oportunidades* para los niños. La variedad de cosas, la diversidad de actividades, la presencia múltiple de sujetos diversos con los que relacionarse, etc. constituyen los ejes básicos de lo que la escuela puede aportar a los niños pequeños. Por eso decimos que la educación infantil es un momento de expansión, de ampliación de las experiencias y de los registros para descodificarlas.

Antiguamente, la escuela aportaba un tipo de experiencias directas que las familias no estaban en condiciones de ofrecer: en la escuela se tenían cosas y se podían llevar a cabo experiencias que era difícil poder llevar a cabo en las casas. En la actualidad, el diferencial de novedad de los estímulos y experiencias que puede ofrecer la escuela se ha reducido mucho. Los niños llegan a la escuela saturados de estímulos y experiencias, directas o vicarias (recibidas a través de la tele, los cuentos, los viajes, etc.). Pero no siempre poseen los decodificadores adecuados para entenderlas o para sacarles el máximo partido en cuanto al desarrollo de sus propias capacidades.

Ésta puede y debe ser, en los momentos actuales, la gran aportación de la escuela infantil: proveer a los niños del potencial de retorno de todos los conocimientos que ya poseen y de todas las experiencias que por sí mismos o por vía de la televisión han visto hacer. Y con ello estamos, justamente, en el corazón del planteamiento vigotskiano: lo que la escuela puede aportar es el enriquecimiento de las experiencias infantiles (ese plus de mejora que los niños no sabrían conseguir si las actividades y experiencias las realizaran por sí solos).

Una nota final a este apartado. Aun cuando hemos estado hablando y dando vueltas al compromiso de contar con unas *escuelas enriquecedoras*, ello no debe confundirse, necesariamente, con la idea de escuelas ricas o con muchos recursos. Parece obvio que, en este caso, rica y enriquecedora no son términos similares.

3. La escuela como institución puesta al servicio de un desarrollo equilibrado y completo de los niños y niñas pequeños

Este argumento retorna nuevamente a algunos de los principios recogidos en los puntos anteriores. La escuela infantil tiene como función propiciar un desarrollo integrado de los niños que acuden a ella. Esa intervención polivalente de las escuelas infantiles tiene que ver con el currículum formativo que se desarrolla en ellas y cuya principal característica es esa idea de propiciar un desarrollo global de los niños. En varios ejes procura la escuela asentar ese desarrollo:

a) Primer eje: el desarrollo de las estructuras psicológicas básicas de los niños/as

El periodo escolar que cubre esta etapa afecta, principalmente, al establecimiento de unas bases sólidas en lo que se refiere a las estructuras de la personalidad y el comportamiento de los sujetos. En ese sentido, la escuela completa y afirma el desarrollo que propician las familias. En diversos capítulos de este libro se habla de las instancias básicas que están a la base del desarrollo infantil: *vitalidad y seguridad*. La primera es la fuente de energía de la que se nutren los niños pequeños para desarrollar movimientos y actividades que serán la base de los aprendizajes sucesivos. La segunda genera ese contexto personal de mayor o menor confianza en sí mismo que potencia o restringe la propia autonomía y la capacidad de asumir riesgos. Sobre ambas bases (actuando constantemente y consolidando aquellas modalidades de actuación que resultan eficaces y gratificantes) los niños/as van estableciendo su personal *sentimiento de competencia*: la sensación de sentirse capaces de afrontar los retos actuales e incluso de arriesgarse a superarlos.

Todos estos aspectos, que se vinculan como hemos podido ver a dimensiones tan importantes como el sentimiento de *seguridad y competencia* en los niños, constituyen un marco de condiciones de la posible organización del currículo: potenciar su actividad exploratoria, generar situaciones de éxito, ofrecer oportunidades de afrontar retos de una forma gradual, etc. Las maestras y maestros de la escuela infantil están llamados a desempeñar esa *pedagogía de la presencia* que tiene como propósito básico el fortalecimiento del *yo* infantil. Con frecuencia basta con la presencia del educador (como bastaba con la de la madre o el padre) para que los niños se sientan seguros y se pongan en disposición de afrontar riesgos que no osarían en su ausencia. En todo caso, parece obvio que el principal cometido de este momento educativo es sentar las bases de autoconfianza y sentimiento de competencia que ponga a los niños en disposición de implicarse y sacar partido de todo el conjunto de oportunidades de crecimiento y aprendizaje que se les abrirán en la escuela infantil.

b) *Segundo reto: el desarrollo de las capacidades genéricas*

Dos aspectos ha de cubrir, en este marco, el currículo escolar de la etapa infantil:

—La *expansión experiencial*: de forma tal que el niño/a vaya ampliando tanto como sea posible todo su registro de experiencias. En este sentido, la escuela juega un papel de complementariedad con la familia y el entorno de vida del niño (hemos de ofrecerles nuevos estímulos y nuevas formas de experiencia).

La escuela infantil ha de ser, antes que cualquier otra cosa, un ambiente caracterizado por la riqueza estimular. Todo debe ser lo suficientemente rico y estimulante como para provocar la acción y la búsqueda intelectual del niño. Por eso las clases vacías (con pocos recursos o recursos muy iguales entre sí) o frías son poco estimulantes. Como lo son las rutinas excesivamente formalizadas y predefinidas por parte del docente (lo que no quiere decir que no deban existir) o un tipo de dinámica de clase poco creativa y poco abierta a la espontaneidad infantil.

—La *estimulación cognitiva* tanto genérica como específica: de forma que los niños/as vayan enfrentándose en la escuela a retos intelectuales diversificados cada vez más fuertes y estimulantes.

Una visión excesivamente simplista del principio de la *globalización* en educación infantil ha llevado a algunos a suponer que los niños progresan de una forma global e indiferenciada, que se trabaje la dimensión que sea el desarrollo se produciría de forma conjunta. Hoy parece existir un amplio consenso (a partir de la idea de las *inteligencias múltiples* de Gardner) en que cada una de las capacidades intelectuales (desde el lenguaje a la psicomotricidad, la música, la lógica, la pintura e incluso los comportamientos sociales) requieren un tipo de intervención didáctica específica con ampliación a las dimensiones más globales del desarrollo (la verbal, la social, etc.). Y que ese trabajo específico ha de combinarse con actividades o proyectos capaces de ir integrándolos en actuaciones complejas.

c) *Tercer reto: la iniciación del proceso de alfabetización cultural*

Este es un proceso que se continuará a lo largo de toda la escolaridad pero que adquiere una especial significación es esta primera etapa de la misma. La cultura en este momento no es sino la *racionalización* de la experiencia (convertir en comprensible la experiencia diaria). Se trata de sistematizar la propia experiencia, reproducirla en otros códigos, reflexionar sobre ella con los otros niños/as, etc.

Al hablar de cultura no estamos hablando de la cultura de los libros (sin desdeñarla, por supuesto) sino de la cultura como concepto amplio que abarca cuando menos tres grandes componentes:

— La *cultura doméstica* y de los grupos próximos (la familia, la casa, la escuela, etc.). Lo que allí se hace, los objetos que forman parte de las actividades habituales, etc.

— La *cultura del entorno* (las fiestas, los sistemas de relación y de trabajo, los medios de comunicación, la organización de los espacios, etc.).

— La *cultura académica* (los libros, la iniciación en los contenidos de las áreas de conocimientos incluyendo los temas transversales, la iniciación en los instrumentos de la cultura codificada: lectura, escritura, arte, música, etc.)

Uno de los cambios más significativos operados en los últimos decenios en relación a la infancia se refiere justamente a su capacidad (y facilidad) para acceder a los contenidos de la cultura. Quizás no esté en condiciones de descodificarla adecuadamente (y ahí se debería centrar el esfuerzo de la escuela) pero sí es capaz de captarla y entenderla a su manera. La televisión, los medios de comunicación impresos, la informática, los cada vez más sofisticados juguetes que se le ofrecen, etc. han ampliado de una forma inconcebible sus referentes. Como suele recordar Frabboni, los niños no son sólo esa cosita pequeña y vulnerable que despierta un afecto incondicional por parte de los adultos; desde el punto de vista escolar son y poseen una enorme inteligencia dispuesta a adueñarse del mundo que tiene por delante, ansiosa de conocer, curiosa hasta el límite.

En este marco, no cabe duda que uno de los esfuerzos básicos del currículo de la educación infantil debe orientarse al asentamiento, desde estas épocas iniciales, de una sensibilidad *multicultural* en los niños y niñas. La presencia real de otras culturas en la clase y, en todo caso, la presencia virtual y constante de ellas en la televisión, las películas, la prensa, la publicidad, etc., hacen posible y conveniente el ir convirtiendo la diversidad en un parámetro de aceptación y vivencia como algo normal. Otro tanto convendría señalar en relación al *respeto a la diversidad* sobre todo en el caso de niños o niñas con necesidades educativas especiales.

Uno de los hallazgos interesantes de estos últimos años es el efecto positivo que han ejercido sobre los niños y niñas de infantil la participación de sus colegios en programas de integración. La presencia de niños y niñas con necesidades educativas especiales en las clases ordinarias no sólo no ha causado perjuicios a los niños "normales" (y discúlpenme por hablar así) sino que, al contrario, les ha aportado notables ventajas. Una de ellas es justamente esa mayor sensibilidad frente a los otros y sus necesidades junto a la disponibilidad para ayudarles.

En resumidas cuentas, las escuelas podrían (deberían) ser espacios de vida enriquecidos, capaces de mejorar las posibilidades de desarrollo de los alumnos/as que acuden a ellas. Podríamos decir de ellas que son "estructuras sociales destinadas a mejorar las condiciones de vida de los sujetos ofreciéndoles la oportunidad de optimizar sus expectativas de desarrollo, de aprendizaje y de calidad de vida (incluyendo, desde luego, su nivel de felicidad personal)".

Pero sucede que en la realidad, las escuelas no están funcionando en esa dirección. Posiblemente sí lo hagan en lo que se refiere a los aprendizajes pero se desconsidera o se atiende escasamente la dimensión del desarrollo personal y de la calidad de vida. Y sucede eso, volviendo a un punto anterior, porque la escuela está más pendiente de las demandas sociales (lo que la sociedad exige en cada caso a las nuevas generaciones) y de sus propias condiciones institucionales (lo que la propia escuela y sus profesionales demandan para funcionar) que de las demandas personales que los propios sujetos plantean a la institución. Por eso se ha convertido más en una escuela de "exigencias" y de "selección", en una escuela que "pone condiciones" que en una escuela "enriquecedora" y de "apertura de nuevas posibilidades".

Lo que se precisa, señala Lucia Magnani [5], es una "escuela que acoja" (*la scuola accogliente*) realmente a los sujetos que acuden a ella.

---

[5] Magnani, L. (1999): "La scuola accogliente", en *Dirigenti Scuola,* vol. XX (1). Sept-Oct. 1999. Pág. 19-24.

En opinión de esta autora, incluso los "ritos de acogida" actualmente existentes responden a esa tendencia de la escuela a imponer su propio modelo por encima de cualquier consideración más sensible a las demandas reales de los sujetos. Muchas escuelas han establecido rituales de acogida a los niños en sus primeros días de estancia en la escuela. Pero si se analiza lo que sucede en esos días podemos constatar dos hechos igualmente chocantes: que se trata de un tipo de actuación episódica y puntual. Dura sólo unos días y trae consigo escasas consecuencias para el funcionamiento real de la institución ya planificado con anterioridad; y que en realidad los sujetos son receptores pasivos de la acogida: se les muestra la institución, se les explican sus normas, se les presenta a los profesionales, se les entregan documentos de apoyo, etc.

No hay nada previsto sobre la posibilidad de que los nuevos ingresados especifiquen cuáles son sus necesidades y expectativas.

En tanto que contexto de vida que se ofrece a los escolares, la escuela ha acabado constituyendo una institución más "paterna" (centrada en las exigencias y el *deber ser*) que "materna" (basada en el apoyo y el reconocimiento de lo individual). Las familias y los propios escolares acaban viéndola más como la expresión de las condiciones que la sociedad impone para poderse integrar en su seno que como la oportunidad real de enriquecer los recursos personales en los diversos ámbitos del desarrollo. De ahí el sentimiento de temor siempre presente de no ser capaz de "superar" las exigencias crecientes de la escuela y de "fracasar".

Esa sensación no tendría sentido en una escuela más centrada en el desarrollo personal y en el enriquecimiento de las oportunidades de mejora.

Al menos en los primeros años de la escolaridad ésta debería ser la gran meta escolar (lograr una escuela que realmente acoja). Y así lo plantea la legislación. Pero nos mantenemos en una cultura de la competencia y eso hace difícil que ese planteamiento prospere. De ahí que el *ecosistema escuela* esté resultando mucho menos rico de lo que debiera en tanto que contexto de vida.

4. La familia en el desarrollo del currículo escolar

Resulta de todo punto inviable querer llevar a cabo un currículo educativo para niños y niñas pequeños (en el sentido ya aclarado de un *proyecto formativo integrado*) que no cuente con las familias. Aún podría decirse más: que no integre a las familias en el propio núcleo de la propuesta curricular.

Cada día estoy más convencido (y ustedes de disculparán de nuevo el atrevimiento de exponer ideas demasiado personales) de que la educación infantil no puede ser cosa de las escuelas. Las escuelas no se pueden apropiar de los niños a esas edades para llevar a cabo un proyecto diseñado y gestionado desde las propias escuelas. El proyecto formativo de la educación infantil tiene que ser algo compartido con las familias. Y lo digo con la conciencia clara de que esa complementación, ese protagonismo compartido no es nada fácil de articular y exige de un cambio de mentalidad tanto en el profesorado como en las propias familias.

No sé si estaré diciendo una herejía o algo que contradiga los convencimientos de quien lea esta introducción, pero la cuestión está, en mi opinión, en que lo sustantivo de esta etapa, lo que puede hacerla rica y enriquecedora de los niños, son justamente las religaciones inter-institucionales que seamos capaces de establecer y de aprovechar durante esos primeros años de incorporación del niño a la escuela.

Ya se decía, con acierto, en *El Libro Blanco para la Reforma del Sistema Educativo*[6] que:

> "El objetivo de los centros educativos donde los niños acuden antes de su escolarización obligatoria, no es ya el de custodiar y cuidar de ellos mientras sus padres trabajan, sino el de aportar a los más pequeños —trabajen o no sus padres— un conjunto de experiencias favorecedoras de su desarrollo, que no sustituyen a las vividas en la familia, sino que las apoyan y complementan. Por consiguiente, tanto la familia como el centro educativo comparten los objetivos de acompañar, guiar, estimular el desarrollo psicológico infantil a través de diferentes experiencias educativas que favorecen que ese desarrollo se realice de manera integral".

Esa idea de acompañar, guiar y estimular el desarrollo (aunque no solamente el psicológico sino el emocional, el social, etc.) me parece fundamental a la hora de plantearse cuál ha de ser el papel de la familia en el periodo de la educación infantil. Los países nórdicos que son especialmente sensibles a este tema (el protagonismo de la familia debe primar, desde su punto de vista, en la orientación de esta etapa) han desarrollado experiencias muy interesantes de implicación de los padres (aunque más frecuente-

---

[6] MEC (1989): *Libro Blanco para la Reforma del Sistema Educativo*. Ministerio de Educación y Ciencia. Madrid. Pág. 103.

mente son las madres) en el diseño y gestión de los programas de educación infantil.

De una colaboración intensa entre familias y escuelas infantiles creo que sólo se pueden derivar ventajas para ambas partes. Y esta colaboración debería plantearse, en lo que se refiere a las escuelas y los profesionales de la educación infantil, con varios propósitos:

— Colaborar, cuando sea preciso, en la formación de los padres como educadores. Muchos de ellos son padres primerizos y no siempre tienen claro qué tipo de trabajo educativo podrían desarrollar con sus hijos en y desde el hogar familiar. Seguramente, el principal impacto de una estrecha colaboración entre familias y escuelas se proyecta sobre las propias madres y padres que "ven de cerca" otra forma distinta de tratar a los niños pequeños, de afrontar con ellos actividades enriquecedoras, etc. Algunas escuelas infantiles europeas han incorporado programas específicos de formación de padres: sobre alimentación infantil, sobre juegos, sobre masajes a bebés, sobre atención a niños con necesidades especiales, etc.

— Propiciar la implicación de los padres en las tareas educativas que se vayan poniendo en marcha en las escuelas para aplicarlas y/o prolongarlas en sus casas. Muchas de esas iniciativas formativas desbordan claramente (en el tiempo, en las actividades que se incluyen, en el momento de su aplicación, etc.) el tiempo de estancia en el aula infantil: actividades de cuidado de la salud, de búsqueda de información o elementos de la vida cotidiana, de exploración de y sobre aspectos de la vida cotidiana, etc. Para poderlas desarrollar completas se precisa de una especie de alargamiento del ámbito de la actividad de manera que se englobe también el tiempo de estancia en la propia casa, en el parque, etc. Algunos sistemas han incorporado esta modalidad de atención a los niños como fórmula prioritaria. Desarrollan *sistemas informales* de Educación Infantil: ante la dificultad para escolarizar a todos los niños, se prepara a los padres para que sean ellos los auténticos protagonistas del trabajo educativo (incluidos los aprendizajes instrumentales) con sus hijos.

— Propiciar (y esto significaría un salto cualitativo) la participación directa de los padres en la planificación y desarrollo de las actividades que se vayan llevando a cabo en la escuela. Eso implicaría, aparte del componente emocional derivado de la presencia de los propios padres en la escuela, un claro enriquecimiento de las experiencias interactivas de los niños (más adultos con los que compartir ideas y vivencias) y de sus aprendizajes (sobre todo si la presencia de los padres está vinculada al desarrollo de iniciativas que no serían posibles sin ellos).

Los últimos planteamientos de la Educación Infantil van, incluso, más lejos en este movimiento de *apertura* de la escuela. Se trata ya de abrir la escuela a la comunidad para establecer lo que los italianos han denominado el "*sistema formativo integrado*", esto es, un proyecto de formación poliédrico en el que participan los diversos agentes sociales del territorio (desde los museos y bibliotecas a las asociaciones profesionales, los gremios de artesanos, las familias y las propias escuelas). Y en medio de todo ello, como mediador y catalizador de las influencias cruzadas, la propia maestra (o el equipo docente) que con su sentido profesional ayuda a que las aportaciones de todo ese conjunto de agentes formativos redunde en un claro enriquecimiento de esa experiencia formativa (variada, retadora, estimulante) que se pretende ofrecer a los niños y niñas de esta etapa para que disfruten y aprendan durante estos años tan importantes de su vida.

MIGUEL ÁNGEL ZABALZA
Santiago de Compostela, julio 2002

1. La educación infantil: aspectos generales

Posiblemente la primera cuestión que deseamos plantearnos es ¿qué es la educación infantil? También podríamos plantearnos qué es educación, pero tendremos ocasión de referirnos a ello a lo largo de las páginas siguientes.

En términos muy vagos y genéricos podríamos decir que se trata de *aquel conjunto de intervenciones educativas, realizadas en la escuela con niños de 0 a 6 años*. Claro que esa no es una buena respuesta porque desde ella bien poco se nos aclara respecto a qué es realmente educar, o para qué hacerlo, al cómo hacerlo, quién está legitimado y/o preparado para desarrollar esa tarea, etc.

Esa cuestión aparentemente sencilla, es la que vamos a tratar de plantearnos en este primer capítulo. Para que el guión a seguir en su desarrollo quede lo suficientemente claro vamos a partir de una visión general, quizá un poco abstracta, pero que va a mostrar una panorámica global de la educación infantil y de la forma en que va a ser analizada en este libro.

La educación infantil está constituida por un *conjunto de factores y agentes* que intervienen coordinadamente en y desde la institución escolar para lograr ciertos *efectos educativos* (dejémoslo por ahora así, sin más matizaciones) en niños de una determinada edad (y por tanto poseedores de unas determinadas características y que presentan una serie de necesidades).

Ya nos podemos hacer una idea general previa respecto al concepto de educación infantil:

1. Se trata de un *sistema:* puesto que es un conjunto de elementos (factores, agentes) que actúan solidariamente con vistas a una idea común.
2. Ese sistema no está constituido por componentes idénticos sino por diversos conjuntos diferenciados:

- medio socio-ambiental de pertenencia;
- características de los sujetos;
- acción educativa propiamente dicha;
- mecanismos institucionales y/o marco normativo (legal, político, organizativo) que determina la intervención escolar.

Cada uno de estos subsistemas posee identidad y sentido propio, pero, por lo que respecta a la educación infantil, actúan como un conjunto cuyos efectos se cruzan y por tanto se condicionan mutuamente.

Así, la acción educativa no es indiferente a las características de los sujetos ni al marco normativo institucional en que se actúa ni al medio ambiente en el que se está inserto. Y eso no sólo en cuanto a las actuaciones concretas (cómo enseñar a moverse a niños de distintos tipos o cómo trabajar el lenguaje en un medio bilingüe) sino también en cuanto a las grandes estructuras de legitimación y justificación del conjunto del proceso (así, por ejemplo, no es ajena la función social a desarrollar por la educación infantil, a su función pedagógica). Al variar una han de variar también las otras para mantener la coherencia y funcionalidad del conjunto.

Si bien esto puede parecer obvio, no siempre se ha actuado como si fuera tan evidente el sentido sistemático y coordinado de los distintos elementos que constituyen la educación escolar. Con frecuencia se pretende realizar el mismo tipo de proceso (o por lo menos se establece el mismo marco normativo) en una zona urbana desarrollada y en una zona rural, pese a la innegable evidencia de que tanto el medio socio-ambiental como las características de los sujetos y del medio son muy diversas aquí. Y por otra parte, cuando un profesor de preescolar va destinado a una nueva escuela, ¿qué es lo que hace?; ¿trata de aplicar casi automáticamente los esquemas, programas, previsiones oficiales generales, o por el contrario analiza cuál es la situación en que se va a desarrollar su actividad y qué características poseen sus nuevos alumnos para poder adecuarla posteriormente a su situación presente (diferente sin duda, a las ya conocidas en sus destinos anteriores, y desde luego enormemente alejada de aquellas situaciones-ejemplo de que le hablaron sus profesores de pedagogía o sus textos)?

Digamos pues, desde el comienzo, que el profesor de educación infantil ha de poseer tanto un marco general de "lectura" de la situación (y por tanto un conocimiento de las diferentes aportaciones referidas a los niños, al análisis del medio, a la función de la escuela, etc.: un marco general de conocimientos) como un conjunto de técnicas y estrategias para saber aplicar ese marco a su situación concreta para poder extraer conclusiones adecuadas, para "adaptar" su enseñanza.

Desde mi punto de vista, y en consonancia con el esquema anterior, se ha de parar mientes necesariamente en estos puntos:

1. ¿Cuáles son las características básicas del niño pequeño?
2. ¿Cuál es la función que la escuela infantil ha de desarrollar?
3. ¿Qué se entiende, por tanto, desde esa perspectiva, por educación infantil?

A analizarlos dedicaremos las páginas siguientes.

2. Características psicodidácticas de la edad infantil

No pretendo sintetizar en este apartado los contenidos que pueden encontrarse en cualquier tratado de psicología infantil sobre las características generales y específicas de los niños de 0 a 6 años. Permítaseme, sin embargo, establecer unos cuantos puntos de referencia que posibiliten el planteamiento posterior de las consecuencias didácticas que de ellos quepa extraer.

Una primera cuestión es destacable: nos encontramos en un momento del desarrollo evolutivo en el que juegan un papel preponderante aquellos aspectos referidos a la *globalidad* personal del niño. No se trata de un desarrollo sectorial especializado, o por lo menos no es esa su característica básica, sino más bien el hecho de que es un *avance integral*: con frecuencia sucede incluso que el mismo hecho de que tal avance se sectorialice como resultado de presiones fuertes familiares o de la propia escuela (cuando se pretende desarrollar aceleradamente alguna capacidad específica olvidándose del resto: aspectos deportivos o artísticos, cognitivos, etc.) no sólo el avance logrado resulta aparente y transitorio, sino que se produce a la larga un retraso generalizado que ocasiona notables dificultades y puede llegar a exigir una acción recuperadora posterior.

Este es un momento en que se están sentando las bases de toda la estructura y dinámica personal del sujeto en torno a los ejes básicos del desarrollo infantil:

a) La relación yo-yo de la que emergerá el concepto y sentimiento de sí mismo con conductas muy implicadas en el propio mundo pulsional, de las necesidades del autoconocimiento, etc.

b) La relación yo-tú, yo-otros, de la que emergerá el sentimiento de seguridad, y a partir de él, también la configuración del autoconcepto-autoestima, la cristalización de estrategias relacionales, el desarrollo de los procesos de socialización, de las actividades motrices (en su sentido más relacional), el lenguaje, etc.
c) La relación yo-medio (en su sentido más amplio del medio físico, cultural, institucional, etc.) con importantes implicaciones en el desarrollo del pensamiento, de la motricidad, del manejo de las cosas (que implica su denominación y clasificación: lenguaje; su uso; la ampliación del campo experiencial; y el desarrollo cognitivo hacia la abstracción, etc.).

Al final de todo ello se encuentra un proceso de configuración de la identidad, de lo que uno es más allá de los adjetivos, adaptaciones circunstanciales y eventos casuales que sólo resultan decisivos realmente en la medida en que afectan a ese fenómeno globalizador: la identidad.

Pero la *identidad* no se construye espontáneamente como mero fruto de la maduración general de los sujetos. Es un aprendizaje, es decir, surge del particular ámbito de experiencias que haya vivido el sujeto con respecto a los tres ejes antes citados: yo mismo, tu-otros y el medio ambiente.

Ha de quedar bien entendido, por supuesto, que este triple proceso no se refiere ni está constituido por capítulos aislados o yuxtapuestos en ese desarrollo integral, sino que, en su conjunto y junto a otras especificaciones subsidiarias que podrían añadirse, constituyen un único nudo de procesos interdependientes cuyos resultados convergen en un efecto integrado: las características individuales de cada niño, su modo de ser.

El modo de ser de cada niño (identidad) y las modalidades de experiencia por las que pasa, constituyen el marco de referencia para la psicodidáctica infantil. Es a partir de él como adquirirán "sentido" y "legitimación" los diversos proyectos educativos que se quieran poner en marcha.

En resumidas cuentas vemos que hay un aspecto fundamental, esencial en la educación de un niño: establecer aquellas condiciones necesarias (evitando los riesgos, aportando situaciones que sean estimulantes y enriquecedoras para él, poniendo a su disposición materiales de diverso signo, participando en formas de relación que contribuyan a afirmar su yo, etc.) para que se establezcan adecuadamente esas estructuras profundas de su personalidad.

Y junto a este marco de lo más general, y estando siempre en función de él, la educación infantil trabaja sobre ámbitos conductuales más específicos y segmentarios (la motricidad, el lenguaje, las emociones) que pueden ser abordados desde intervenciones más puntuales. Enriquecen también al niño, porque le dotan de nuevos y mejores recursos de maniobra. Y desde la perspectiva pedagógica actúan además como componentes instrumentales que permiten obtener el reforzamiento de esa zona interna del sujeto (la identidad) no siempre abordable de forma directa.

Esta es de alguna manera la idea matriz de este libro: las actividades didácticas en la educación infantil no pueden ser entendidas ni atendidas separadamente del ámbito más general de la identidad del sujeto. Ni el desarrollo intelectual es algo aislable del desarrollo afectivo o motor; ni el lenguaje tiene sentido al margen del ámbito pulsional primario del niño y de sus necesidades; ni los procesos cognitivos, la adquisición de nuevos conocimientos cumple su función si se desarrolla a costa de la dimensión relacional o de los sentimientos hacia sí mismo. Por eso plantearemos el desarrollo curricular de la educación infantil desde la perspectiva de un modelo integrado global (por contraposición a segmentario y por partes) del desarrollo infantil.

3. Un modelo integrador de la educación infantil

Rocío Fdez. Ballesteros (1980, págs. 94-95) recogiendo la propuesta de Doster, Adams y Calhoum ofrece un modelo comprehensivo de las actividades de los sujetos que sistematiza en tres grandes niveles conductuales:

1. Nivel biológico.
2. Nivel conductual.
3. Nivel expresivo.

Por lo menos en términos pragmáticos esos tres niveles resumen lo que es la naturaleza de los sujetos. Los llevamos al ámbito de la acción escolar de cara a poder establecer qué tipo de intervenciones pueden ser desarrolladas para mejorar la naturaleza del sujeto en cada uno de esos ámbitos. Vemos que el nivel biológico, aunque de importancia capital en esa edad, desborda de alguna manera la acción escolar. Sí podemos entender que la educación sanitaria, la alimentación, la higiene, la educación sexual, la educación física, etc. pueden incidir en dicho nivel, pero más bien de manera superficial. Por lo general suele vincularse lo biológico a lo hereditario configurándolo como una condición de partida escasamente alterable y con la que debe contar la educación, no tanto para modificarla cuanto para sacarle el mayor partido al cuadro de estructuras somáticas e intelectuales heredadas por cada sujeto. En todo caso es algo de gran importancia y de alguna manera ligado de forma sustancial a los conceptos de "maduración", "capacidad" etc. tan cruciales en el desarrollo escolar y personal de los niños.

El nivel conductual y el oréctico sí pueden ser abordados de manera plena por la acción escolar: tanto los conocimientos como las conductas sociales, las emocionales y el propio desarrollo psíquico y psicomotor son contenidos sustantivos de la educación infantil.

Integrando todo ello podemos establecer un *modelo de aprendizaje escolar* en cuatro niveles que es capaz de sistematizar, conceptual y operativamente, la acción educativa especialmente en el nivel infantil:

1. *Oréctico-expresivo:* expresión de las necesidades, pulsiones o componentes profundos del sujeto.
2. *Sensorial-psicomotor:* adquisición y desarrollo de las destrezas, estructuras y cualidades motrices y sensoriales.
3. *Social-relacional:* adquisición de los *patterns* relacionales, adaptativos y de manejo de y en el medio.
4. *Intelectual-cognitivo:* adquisición de conocimientos, habilidades y capacidades cognoscitivas.

Este planteamiento nos abre un abanico pluridimensional de direcciones en lo que a la acción escolar se refiere. Por eso denominamos psicodidáctica al enfoque que pretendemos desarrollar porque no reduce la acción educativa escolar a la mera transmisión de conocimientos, sino que amplía el espectro de su función educativa más allá del nivel intelectual y del ámbito de los conocimientos para trabajar educativamente también otras áreas como la sensorial, la motriz, la relacional y la de los afectos-pulsiones interiores de los niños.

No es ésta de toda formas una opinión *generalizada*. A nivel oficial parece postularse más bien la idea de que la escuela únicamente ha de referirse al cuarto nivel (lo intelectual-cognitivo) o en todo caso centrar en él sus esfuerzos preferentes. Así, la acción escolar habitual suele estar centrada en conocer datos de la realidad trasladando al terreno cognitivo la mayor parte de las experiencias desarrolladas, incluso aquellas que por su propia naturaleza quedarían más coherentemente englobadas en un nivel distinto al intelectual. Así por ejemplo el "conocerse a sí mismo" suele plantearse como conocimiento-asimilación mental de datos sobre sí mismo (nombre de las partes del cuerpo, noticias sobre su funcionamiento, etc.) en lugar de ampliar la experiencia a unos niveles más profundos en que se implique la autovivencia-autopercepción-autoestima, etc.

Pretendemos, pues, analizar la educación infantil enfocándola como un *conjunto de intervenciones dirigidas a la potenciación de las estructuras egodinámicas del sujeto*, es decir, aquellos componentes de su personalidad en torno a los cuales cada niño se va constituyendo en cuanto persona.

En cada nuevo aprendizaje o experiencia que el niño afronta en la escuela trataré de indicar cómo pueden abordarse conjuntamente los cuatro niveles integrándolos en un proceso de vivencia-cognición que permita acceder a unas adquisiciones escolares del pequeño llenas de sentido para él. Entiendo, por ello, que un planteamiento reductivo del aprendizaje escolar, limitándolo a la adquisición de nuevos conocimientos o habilidades intelectuales, esto es, al desarrollo exclusivo del nivel cuarto (y en todo caso del segundo y cuarto) es un empobrecimiento innecesario de la acción escolar. Priva al niño de pluridimensionalizar su aprendizaje, de acceder a diversas conductas (no solamente a nuevos conocimientos) a través de distintas modalidades de experiencia que maticen, completen y vivifiquen lo aprendido.

¿Cuál es dentro de este marco general la situación del niño menor de 6 años con respecto a los aspectos hasta aquí mencionados?

Nivel oréctico-expresivo

Que todo niño es un crisol de sentimientos, fantasías, pulsiones, emociones, etc. es algo sobradamente conocido. Que estos diversos componentes van apareciendo en sus diversas conductas escolares en forma de temores, deseos, necesidades, etc. resulta también evidente para cualquiera que haya convivido con ellos.

Los sentimientos, como señala Turner (1983, pág. 104) son algo fisiológico, pero también implican la existencia de un estímulo y cierta forma de captación de sí mismo y de la situación.

Los principales sentimientos a tener en cuenta en esta etapa son los de seguridad y confianza en sí mismo. La *seguridad* implica sentirse aceptado, esto es, sentir que habitualmente y de manera preferente se reciben más muestras de aprecio y de aceptación que de rechazo. De esta manera el sujeto puede afrontar relativamente libre de temores el riesgo de la relación abierta con los demás sin miedo a ser rechazado, puede hacerlo con *confianza*. También la confianza depende de la respuesta que los otros dan a nuestros reclamos. La confianza es el reflejo conductual de la *"conciencia que el individuo mismo tiene de sí como persona"*.

Seguridad y confianza están muy ligadas a lo que haya sido la experiencia relacional primigenia del niño con su madre. Se cristalizan en función de cómo se han ido satisfaciendo las necesidades básicas del pequeño (comer, estar acompañado, sentirse atendido, evacuar, etc.). De ahí que Provence (1978) concluya su trabajo indicando que los problemas de desarrollo en lo que se refiere a la autoconciencia, y al desarrollo afectivo ligado a ella, tienen tres causas preferentes:

1. Discontinuidad en cuanto a la asistencia ofrecida (el niño sometido a múltiples variaciones de cuidadores).
2. Asistencia parental inadecuada (padres poco diligentes, o perturbados, o condiciones no familiares también inadecuadas).
3. Desajustes y falta de adecuación en las conductas madre-hijo que impiden la creación de una auténtica sintonía y contingencia en las conductas de ambos.

Todo esto aparece claramente en la peculiar modalidad de enfrentamiento con la realidad que cada niño adopta. El estilo personal de enfrentamiento (más en su sentido de "afrontar" que de "enfrentarse con") con la realidad es un aprendizaje que se inicia el primer año de vida y que se mantiene durante todo el periodo escolar.

El estilo de enfrentamiento está profundamente ligado a las experiencias previas de los sujetos y a los sentimientos que a través de ellas se generaron-consolidaron en cada sujeto.

Hay un estilo de *enfrentamiento* y otro estilo de *defensa* (Bruner, 1974) según que predomine una u otra tendencia conductual en el niño, lo cual habrá de tener importancia en cuanto a su peculiar ritmo y niveles de desarrollo. En este sentido señala Murphy (1974) que el éxito logrado por los niños en cada etapa evolutiva tiene un importante efecto potenciador en su motivación y autoestima, y repercute en la forma de enfrentar la siguiente fase. Ello da lugar a un éxito progresivamente acrecentado en las sucesivas fases del desarrollo: cuanto más aprendía un niño a enfrentarse con el medio ambiente a su manera, tanto más su sentimiento de identidad personal se desarrollaba y reforzaba.

Como resultado de sus trabajos Murphy (1974) esquematizó cuatro estilos predominantes de enfrentamiento con la realidad que Turner (1983) describe de la siguiente manera:

1. Niños con baja sensibilidad sensorial, escasa reactividad autonómica, baja impulsividad y desarrollo bien equilibrado: funcionarán sin tropiezos y de un modo natural con moderados enfrentamientos con el medio ambiente, facilidad de control, leve gratificación y escasa compulsión para obtener una satisfacción más intensa o un margen más amplio de la misma. Su facilidad tanto de gratificación como de control les ayuda a evitar conflictos con el medio que provoquen sentimientos de culpa y hostilidad.
2. Niños de elevada sensibilidad, intensa impulsividad, reactividad autonómica y desarrollo bien equilibrado: establecerán un contacto activo, vivaz, rápido con las

oportunidades que se les presenten, las aprovecharán al máximo con una amplia gama de técnicas de enfrentamiento con la realidad y mostrarán un elevado nivel de gratificación. Pero su intensa impulsividad dará lugar a más encuentros conflictivos con el medio ambiente. A pesar de ello, la flexibilidad y los recursos adaptativos implicados en su excelente equilibrio les ayudarán a resolver los problemas derivados de dichos conflictos con el resultado de un equilibrio entre frustración y gratificación. La acentuada tendencia a entrar en conflicto con el medio ambiente les hace propensos a una vida emocional más compleja, a una mayor fantasía.
3. Cuando una elevada sensibilidad y una intensa impulsividad van acompañadas por un desequilibrio en el desarrollo será mayor el riesgo de que los choques con el medio ambiente tengan consecuencias desagradables. Si la intensa impulsividad va acompañada por una capacidad para la demora, el niño puede enfrentarse con tales posibilidades mediante una entrada precavida o lenta en nuevas situaciones, una tendencia a solucionar y mantenerse seguro dentro de un margen de posibilidades más reducido. Dentro de este margen se procurará enérgicamente una gratificación que será intensa cuando sean dominadas las dificultades.
4. Cuando una elevada sensibilidad se combina con una amplia reactividad autonómica (especialmente con recuperación lenta) y con una intensa impulsividad, pero con un marcado desequilibrio del desarrollo que implique deficiencia, en especial en las áreas adaptativas, el niño tendrá grandes problemas para enfrentarse con la realidad; puede presentar dificultades en el uso de la demora, la selección y otros modos de controlar el impacto del medio ambiente y tenderá a decepcionarse, excepto cuando encuentre exactamente la finalidad adecuada para aquellos sectores en los que se halla bien equipado. (Turner, 1983, págs. 154-155).

Si analizamos los componentes básicos de este etilo de enfrentamiento con la realidad señalados por Murphy podemos identificar:

	TIPO 1	TIPO 2	TIPO 3	TIPO 4
NIVEL DE SENSIBILIDAD	Baja	Elevada	Elevada	Elevada
IMPULSIVIDAD	Baja	Intensa	Intensa	Intensa
REACTIVIDAD AUTONOMA	Escasa	Normal	Normal	Elevada
CONTROL	Fácil	Laborioso	Laborioso, lento	Difícil
DESARROLLO	Equilibrado	Equilibrado	Desequilibrado	Desequilibrado
ENFRENTA-MIENTO	• facilidad gratific.; • positivo	• conflictos frecuentes pero se recupera; • equil. entre gratif. y desagrado; • vida emocional compleja.	• choques frecuentes; • predominio de lo desagradable por dificultad de recuperarse de los conflictos; • búsqueda enérgica de gratificación.	• grandes problemas por la dificultad de superar los efectos desagradables de la experiencia decepcionante; • necesidad de búsqueda de sectores conductuales en los que se cree bien equilibrado y que le suministran satisfacciones complementarias.

El efecto de estas situaciones internas en el desarrollo del niño pequeño es fundamental y van a afectar de modo claro e intenso a sus patrones adaptativos a las tareas escolares, a las relaciones personales y a su propio crecimiento personal.

Coleman (1966) ha insistido en este aspecto señalando que el sentimiento que un niño tiene acerca de sí mismo y la forma en que experimenta su propia capacidad para controlarse y controlar los acontecimientos en que participa o que le afectan influye en sus realizaciones tanto escolares como sociales durante los posteriores años escolares más que su trasfondo familiar o el tipo de colegio a que asiste.

Para Coleman las primitivas experiencias del niño actuarán sobre su curiosidad, sobre la estima de sus capacidades y de sí mismo, y esto, a la larga, le hará sentirse más capaz de enfrentarse adecuadamente a los aprendizajes escolares. El nuevo cambio en los métodos de enseñanza o en las actividades desarrolladas en la escuela no variará sustancialmente el deterioro del desarrollo puesto que no se dirigen a las piezas más profundas de la personalidad (motivación, identidad, estima) de las que se derivan esos nefastos resultados educativos.

Un niño inseguro ha de dedicar sus energías a controlar su propia inseguridad, a derivar sus propios conflictos interiores, y ello, aparte de provocar un tipo de relaciones tensas con los cometidos que se le piden, impedirá una entrega alegre y satisfactoria a su realización, pese a que virtualmente el maestro se haya esforzado en crear un ambiente aparentemente distendido y gratificante.

En definitiva, a medida que el niño va siendo afectado por los resultados de las relaciones con los demás y de sus propias conductas va aprendiendo cómo actuar respecto a su mundo, va conociéndose a sí mismo en cuanto ser capaz (a un determinado nivel, el suyo) y en cuanto diferente de los demás.

Estos tres aprendizajes se desarrollan al mismo tiempo según Lewis y Brook (1978). Todo ello va configurando una cierta "experiencia de sí mismo". Como estos mismos autores señalan, en el niño pequeño aparece como distinto el expresar emociones y el experimentar emociones, ya que expresarlas supone un nivel de conciencia con ciertos niveles de evaluación cognitiva.

Aquí puede radicar la auténtica *función de la escuela* con respecto al nivel oréctico: dado que hay distintas modalidades de funcionamiento del sujeto respecto a su propio mundo interior (emociones, sentimientos, estilo de enfrentamiento, etc.) buscar potenciar aquellas que sean más satisfactorias y enriquecedoras para él y que le permitan un mayor margen de maniobra en su relación con los demás y con las cosas.

El niño preescolar con frecuencia es más paciente de sus propias emociones que protagonista consciente de ellas. No domina sus sentimientos, con frecuencia tiene reacciones globales que afectan a todo su ser y lo desequilibran (llantos, miedos, rabietas, conductas de *acting out,* etc.). El sujeto se funde, se pierde en su propia emoción y en la reacción que ella suscita.

En ese caso puede decirse que el sujeto *expresa* esa emoción pero no la *experimenta.* Para experimentarla necesita «descentrarse» en sentido brechtiano, separarse de la emoción lo suficiente para distinguir entre el *sí mismo como sujeto* (yo) y el *sí mismo como objeto* (autoconocimiento). Así podrá saber qué le pasa, evaluar si tiene sentido o no su conducta (sentido para él, naturalmente, desde su perspectiva, en base a sus propios parámetros infantiles de atribución de sentido a las cosas). Esta capacidad de verse a sí mismo implica, pues, la utilización del entendimiento. Para Lewis y Brook (1972) ya el lactante es capaz de realizar esta operación en sus niveles más rudimentarios.

Para nosotros, habría un nuevo nivel que implicaría la "elaboración" de la emoción por parte del niño: *comunicar* la emoción. Entendemos que el entendimiento de lo que uno es y de lo que a uno le pasa en esa situación ha de complementarse en su comunicación posterior de manera tal que ese descentramiento al que antes nos referíamos se completa. La comunicación supone una elaboración mental, un filtrante racional de lo que hasta ese momento había sido pulsional o emocional. Hay muchas formas de realizar este tercer proceso: el lenguaje, la dramatización, la expresión plástica o dinámica, etc.

Se trata, en definitiva, de irse adueñando de ese mundo interior que condiciona fuertemente la forma de ser y estar de los sujetos, sentirse libre de expresar las emociones internas sin reprimirlas dentro de sí por miedo a la reacción de los demás, por inseguridad o por simple incapacidad (desaprendizaje) de expresión.

En la investigación ya citada de Murphy, los niños que manejaban peor la situación eran aquellos que reprimían sus sentimientos negativos, hostiles y de ansiedad. Creemos que la escuela debe actuar también en ese ámbito, en la forma y medida que se irá viendo a lo largo de todo este libro. No es un proceso que acabe en preescolar, por supuesto. Dura toda la vida. Con frecuencia los adultos asisten a cursos de técnicas de grupo, de dramatización, de diversas modalidades de autoconocimiento, con objeto de recorrer este mismo camino: ser capaz de expresar los sentimientos, de dejar correr las emociones (en los niños esta fase está dada de por sí, puesto que ellos, salvo excepciones, no han establecido aún barreras rígidas que impidan esa fluencia hacia fuera de su mundo interior), después ser capaz de comprender cuáles son los sentimientos, emociones, etc., y finalmente ser capaz de comunicarlos, de darles forma, de estructurarlos. En definitiva no es sino el esfuerzo antedicho por adueñarse también de la zona del sí mismo que nuestra cultura escolar ha abandonado con frecuencia.

El niño de preescolar tiene sentimientos muy intensos que expresa a través de su conducta y de su forma de estar (tanto puede hacer como no hacer cosas y en ambos casos estar expresando sus sentimientos). Su vocabulario por otra parte es escaso y no resulta adecuado para formalizar esos sentimientos. Como ha señalado Moreno (en Merciai, 1981):

> "El lenguaje no es más que la forma hecha lógica y sintaxis de la comunicación y toda la parte profunda de la psiquis, prelógica, tiene necesidad de un tipo de expresión simbólica prelógica" (pág. 99).

Moreno propone el psicodrama como recurso para expresar-experimentar-comunicar los propios sentimientos y emociones. Otros autores han hablado del arte (el dibujo, la danza, la propia pintura en lienzo o sobre sí mismo) como lenguaje que permite elaborar ese mundo interior. Read (1980) ha señalado que el arte, en la enseñanza preescolar, puede actuar como:

a) Un lenguaje especial para expresar los propios sentimientos.
b) Un medio para eliminar o atenuar las tensiones.
c) Una actividad provocadora de placer, por cuanto uno mismo es capaz de hacerlo todo.

La escuela con respecto a la dimensión oréctico-expresiva ha de manejarse con diversos lenguajes (el habla, la expresión mímica, la dramática, la pictórica, la danza, las actividades lúdicas, etc.) que le permitan abordar tanto la expresión como el entendimiento de la dinámica interior y de las experiencias profundas del yo de los niños de preescolar.

Nivel sensorial-psicomotor

Se incluye dentro de esta segunda gran área del desarrollo infantil todo lo que se refiere a la aparición-adquisición de las destrezas, estructuras y cualidades motrices y sensoriales de los niños.

Es un ámbito del desarrollo fuertemente regulado genéticamente (la secuencia del proceso de desarrollo está "programada" genéticamente y las cosas van sucediendo en un orden que es común para todos). De todas maneras eso no excluye el sentido e importancia de las aportaciones educativas que actúan, básicamente, como "creadoras" de espacios privilegiados para que las sucesivas estructuras sensoriales y motrices de los niños puedan ponerse en funcionamiento, afirmarse y convertirse en un eslabón bien establecido en la cadena de su desarrollo.

Tres aspectos mutuamente interconectados quedan englobados en la esfera sensorial-psicomotriz:

1. Lo que afecta al crecimiento y la salud del niño.
2. Lo que se refiere al desarrollo de sus recursos sensoriales.
3. Lo que afecta a su desarrollo motor y psicomotor.

De todas maneras carecería de sentido (aunque así se ha hecho durante tanto tiempo en los programas educacionales) plantear lo psicomotor-sensorial como un contenido aislado de lo que es el crecimiento general (afectivo, social, corporal y cognitivo) de un niño. Como plantean Savelli-Bruere-Pappas y Mercoiret (1979), el sentido del desarrollo es global e integrador y no sólo por lo que tiene de simultáneo (se va avanzando en las diversas dimensiones a la vez), sino por lo que tiene de interactivo (cualquier dificultad en una de ellas implicará el desajuste y retroceso en las otras):

> "En la evolución progresiva de las conductas motrices y psíquicas del niño destacan tres aspectos: el primero es de orden psicofisiológico, y responde al mecanismo del condicionamiento y el aprendizaje. El segundo es de orden psicoafectivo, pues el aprendizaje sólo es posible gracias a la existencia de motivaciones profundas, siendo la principal el deseo de crecer. El tercer aspecto, de orden psicosocial, se refiere al deseo de pertenencia a un grupo que experimenta el niño, con todo lo que ello implica de conductas imitativas, de oposición, de adaptación, etc.
> La evolución simultánea de estos tres aspectos es lo que permitirá al niño integrar el conocimiento vivenciado y automatizado de su cuerpo (denominado esquema corporal) situado en el tiempo y en el espacio.
> El desarrollo psicomotor se basa, por tanto, en este conjunto de datos que deben ser entendidos como un todo, si bien los distintos componentes deben estudiarse separadamente" (pág. 68).

CRECIMIENTO Y SALUD

El tema del *crecimiento infantil* tiene importancia, desde la perspectiva de la escuela, en tanto en cuanto tal crecimiento, tanto desde la perspectiva cuantitativa y de la norma (esto es, en relación con el crecimiento medio de los niños de su edad) como de la cualitativa (armonía del desarrollo, desarrollo equilibrado de los diversos segmentos corporales) es el mejor indicador de la *salud* del niño.

La *estatura* alcanzada y la *velocidad* de crecimiento son dos de las constataciones que suelen hacerse para determinar el gradiente de desarrollo corporal del niño y referirlo a lo "normal". La estatura va aumentando de manera paulatina y continuada hasta los 18-20 años y la velocidad de crecimiento disminuye también de manera paulatina y continuada desde el nacimiento (22 cms por año) hasta la juventud (3-4 cms/año), con excepción del tirón adolescente en que se vuelven a alcanzar los 10-12 cms/año.

Existen distintos indicadores para diagnosticar el desarrollo de los niños pequeños, siempre, claro está, a realizar por especialistas. Uno de ellos es la *edad de desarrollo*, "porcentaje de condición adulta alcanzado en la edad considerada" (Tanner, 1986, pág. 26). Así un niño con un proceso de maduración rápido ha podido alcanzar a los 3 años el 65% de su desarrollo "esperable" mientras otro menos adelantado puede haberse desarrollado sólo en un 55%. De todas formas, hay que tener siempre presente que la estatura no es en sí misma una medida de la edad de desarrollo, puesto que en la madurez es diferente para cada individuo. De este modo una talla alta puede significar, o bien un ritmo de crecimiento rápido en un niño que de adulto tendrá una estatura media, o bien un ritmo de crecimiento medio en un niño que de adulto será alto.

Otro indicador es el de la *edad ósea* o madurez relativa de la estructura ósea de los sujetos. Suele medirse a través de radiografías hechas sobre la mano y la muñeca del niño. Por lo visto los huesos comienzan su osificación en un punto central que va extendiéndose poco a poco (esto es exactamente lo que se mide: hasta dónde ha avanzado la osificación) hacia los extremos del hueso.

"Todos los niños normales, señala Tanner (1986), recorren las mismas etapas y alcanzarán el mismo estado final de osificación completa. De este modo la edad ósea, introducida en el estudio del crecimiento de los niños en 1904, nos permite clasificar al niño como avanzado o retrasado en cualquier edad, puesto que las diferencias individuales en el progreso relativo de los huesos comienzan en la vida fetal, la verdadera edad ósea de un niño se obtiene comparando su radiografía con las que se obtienen a partir de una muestra de niños normales" (pág. 26).

RECURSOS SENSORIALES

Desarrollo de las *estructuras sensitivas*. De todas maneras el desarrollo de las estructuras biológicas de los sujetos es más cuestión de *maduración* que de crecimiento. En lo que se refiere a los *sentidos*, la aparición y evolución de las estructuras somáticas que dan pie a estas funciones sensoriales están estrechamente ligadas al proceso de desarrollo cerebral y neurológico de los sujetos.

En términos sencillos y simplificadores podría decirse que la base somática de los sentidos reside en la especialización funcional de las diversas zonas del córtex cerebral (el desarrollo motor parece situado en la zona frontal, la capacidad sensitiva en la zona parietal del lado opuesto, la vista en la zona occipital, el olfato en el rinencéfalo y en él también las emociones, el oído en la zona temporal, el lenguaje en una zona de cruce entre la parietal, temporal y occipital, y así sucesivamente). La escuela infantil juega un gran papel en ese momento del desarrollo cortical:

> "El córtex crece con gran rapidez durante los años del jardín de infancia y parvulario, añadiendo un 25% a su peso final, mientras que la estatura y el peso del cuerpo aumentan en el mismo intervalo sólo el 15%. No se crean neuronas nuevas o células nerviosas: todas ellas existen ya desde la mitad de la vida fetal. Ni neuroglias (...). Pero ambos tipos de células crecen mucho de tamaño, desarrollan procesos más largos y nuevas conexiones mediante procesos llamados dendritas. La relación entre la capacidad mental y la estructura cerebral no es nada clara, pero la riqueza de conexiones entre las diferentes células parece ser el factor más importante al que se puede acudir actualmente. En los años de jardín de infancia y parvulario, la 'conectividad' aumenta enormemente en una proporción mucho mayor que en ningún otro momento posterior de la infancia" (Tanner, 1986, pág. 31).
>
> "Las distintas estimulaciones, explican Sarelli, Bruére-Dawson Pappas y Mercoiret (1972) (visuales, auditivas, tactiles, olfativas...), y las estimulaciones afectivas dejan huellas (engramas) en sus respectivas áreas. Se establecen conexiones cada vez más complejas y jerarquizadas entre estas distintas áreas, permitiendo la integración de las gnosias (conocimientos adquiridos) y de las praxias (actos adaptados), y haciéndose posible la creación del lenguaje" (pág. 74).

Los contenidos básicos del desarrollo sensorial hay que situarlos en el perfeccionamiento de las vías sensitivas (las cinco, pero las cinco, no sólo vista y tacto), el perfeccionamiento discriminativo de las propias cenestesias (sentir el propio cuerpo y sentirse en general) y el establecimiento de esquemas perceptivos cada vez más finos.

Una cuestión clara es la que se refiere al papel que puede jugar la escuela infantil respecto a este proceso del crecimiento corporal y desarrollo sensorial que parece estar genéticamente previsto en su mayor parte. Sin embargo, los expertos no dejan de insistir en la importancia de optimizar las condiciones para que todo el desarrollo genéticamente posible en cada sujeto llegue realmente a producirse y no se vea aminorado o desequilibrado por carencias ambientales.

El papel de los estímulos externos (considerados tanto cualitativa como cuantitativamente) es fundamental para el desarrollo cerebral del niño. Lo mismo que el ejercicio funcional de los distintos segmentos corporales y sensoriales (que repercute en la maduración de las diversas zonas cerebrales) y el propio hecho de ponerse a "pensar", a organizar cognitivamente los estímulos y las reacciones a ellos ("quizá al pensar, aunque uno no pueda aumentar en unos centímetros su propia estatura, puede añadir varios millones de dendritas al cerebro") (Tanner, 1986, pág. 31). Está clara la importancia que adquiere, en este contexto, la escuela infantil.

En resumen, el desarrollo de cada sujeto será, en cada caso, el resultado de la combinación de factores genéticos o hereditarios y de las posibilidades que el medio ofrezca, incluidas entre estas posibilidades el trabajo formativo en la escuela infantil.

Hay dos aspectos de este desarrollo biológico de los sujetos a los que ha de mostrarse especialmente sensible la escuela infantil:

Idiosincrasia

La *idiosincrasia* del desarrollo de cada niño. Cada niño tiene una carga genética propia y particular (irrepetible suelen decir, salvo en el caso de gemelos monocigóticos) que, a su vez, precisa de unos estímulos ambientales también distintos (si no en cuanto a su secuencia sí en cuanto al momento más adecuado y en cuanto a las características de los propios estímulos) para que su desarrollo sea óptimo.

En esto hasta los médicos (¡cuánto más los educadores!) han cambiado de planteamiento. Recuerdo que las recomendaciones del pediatra cuando visitó a nuestro primer hijo recién nacido fueron absolutamente tajantes y fijas: le dan de comer cada tres horas, ni antes ni después; ha de dormir todo el resto del tiempo, no le acunen ni le visiten y que esté con luz sólo en semipenumbra; se le debía cambiar cada tres horas después de comer y nada más. En fin, una lista notable por su precisión y fijeza: se diría que había un patrón general que habíamos de aplicar a rajatabla. A los dos años y pico tuvimos una niña y nada más nacer volvió a visitarla el pediatra (el mismo que en el caso anterior). Su estudio de la niña fue igual de minucioso que la primera vez, pero sus instrucciones totalmente diferentes: le dan de comer cuando tenga hambre, que duerma lo que quiera, cuando llore porque está mojada la cambian y en paz. La cuestión estribaba en ser capaces de decodificar las necesidades del bebé y responder a ellas según se fueran presentando. Lo importante, nos decía el pediatra, es que la niña se sienta satisfecha.

Esa es la idea de la individualización de las atenciones y estímulos. A lo largo de la vida de los niños solemos estar demasiado pendientes de si hace tal o cual cosa antes que otros niños, o si, por el contrario, parece que se retrasa (el salirle los dientes, echarse a andar, decir palabras, correr, subirse por los objetos, escribir, etc.) respecto a tal o cual otro niño.

Momentos críticos

Otro punto importante es el que se refiere a los que se denominan *"momentos críticos"* del desarrollo infantil. Tema importante por la incidencia que tales momentos tienen sobre el buen o mal curso del desarrollo y además porque prácticamente todos ellos se sitúan dentro del período en que los niños están vinculados formativamente a la escuela infantil.

Muchas de las funciones motrices y sensoriales parece ser que pasan por "momentos clave" de manera tal que si en ese momento el niño no se encuentra en una situación ambiental adecuada o no recibe el material estimular necesario o ve alterado su crecimiento por alguna razón externa (accidente, *shock*, falta de atención, etc.) el desarrollo de la función se resiente sustancialmente, originándose carencias permanentes.

Este es un tema relacionado básicamente con la división funcional del cerebro por zonas especializadas (si ese proceso de especialización se ve alterado, la función específica de esa zona se verá sustancialmente afectada: si se tapan los ojos a un gatito cuando comienza a ver durante una semana ya nunca desarrollará plenamente su visión porque la zona del córtex que habría de especializarse en ella no culmina dicho proceso o lo altera) pero también con estructuras básicas de tipo afectivo (el sentimiento de seguridad, por ejemplo, o el de pertenencia: "síndrome de hospitalismo", descubierto por Spitz en niños con una estancia prolongada en el hospital y, por tanto, carentes de los cuidados maternos individualizados).

Tanto la evitación de deterioros funcionales por carencias en los "momentos clave" como la potenciación del denominado "crecimiento de recuperación" (proceso de recuperación de las funciones deterioradas) son, pues, asuntos que interesan fuertemente a la escuela infantil.

En todo caso la *recuperación* implica el retorno del niño a unas condiciones óptimas de desarrollo (si pasaba hambre, a alimentarse bien; si le faltaban estímulos sensoriales o cognitivos, a tenerlos en notable proporción; si la carencia era de afecto y protección, a sentirse bien aceptado y arropado emocionalmente). Es decir, la recuperación supone unas atenciones muy enriquecidas tras el *déficit* o momento de carencia. Si todo siguiera igual no habría recuperación.

> "Desde el punto de vista de los maestros de guardería y parvulario, escribe Tanner, puede esperarse que los niños procedentes de ambientes pobres experimenten un proceso de recuperación suponiendo que lo apoyen no sólo las circunstancias escolares sino también las del hogar. El crecimiento físico nos ofrece, pues, sólidos modelos para los períodos sensibles en los que o bien tienen lugar determinados desarrollos o bien se pierden para siempre y también para períodos en los que se puede recuperar el terreno aparentemente perdido (...). La única generalización segura es que cuanto más precoz sea la privación y más tiempo persista, menor es la posibilidad de recuperarse, incluso en circunstancias óptimas" (pág. 30).

EL DESARROLLO MOTOR Y PSICOMOTOR

La maduración funcional del cerebro (estructuras neuronales) y el desarrollo físico corporal (estructuras musculares) posibilitan que el niño vaya progresando en cuanto a sus recursos motores y en cuanto a la integración psicomotriz de sus comportamientos. La idea de *psicomotricidad* se refiere a la conexión existente entre mente y cuerpo, entre el sistema nervioso y el muscular, entre pensamiento y movimiento: la actividad motriz como manifestación, en palabras de Goldstein, es un diálogo entre el organismo y el mundo que le rodea. Deja de tener sentido, desde la educación psicomotriz, la separación entre educación física y educación intelectual, y lo tiene aún menor en esta etapa de la infancia: no existe el movimiento aislado, sino niños que se mueven y cuyo movimiento (modos, motivos, realizaciones, etc.) puede-debe ser analizado e interpretado desde las particulares condiciones y circunstancias, que contextualizaron su desarrollo global. En definitiva, es todo el niño el que se mueve, no sólo su cuerpo. Y esa unidad psicofísica es interactiva: el movimiento se verá afectado por cómo se vaya produciendo el desarrollo de las otras dimensiones del sujeto y a la vez éstas se verán afectadas por el desarrollo del movimiento del niño.

Ejemplo claro es el de la conexión movimiento-inteligencia: ésta sólo progresará en la medida en que vaya el niño pudiendo explorar nuevas situaciones y objetos y hacerlo cada vez de manera más perfeccionada, perfección que se alcanzará sólo a través de la progresiva constitución de estructuras mentales cada vez más evolucionadas.

Como señala Lapierre (1974):

> "Todo movimiento es indisociable del psiquismo que lo produce e implica, por este hecho, a la personalidad completa. Y a la inversa: el psiquismo, en sus diversos aspectos (mental, afectivo, reaccional, etc.) es indisociable de los movimientos que han condicionado y siguen condicionando su desarrollo".

Esta idea de la globalidad va a significar a nivel de planteamiento didáctico que el movimiento adquiere una doble perspectiva curricular:

— actuación sobre el movimiento como dimensión del desarrollo con sentido en sí misma (esquema corporal, praxias, coordinación, etc.);
— actuación desde y a través del movimiento para el desarrollo de otros niveles formativos (autoimagen, relación con los otros, desarrollo intelectual, etc.).

En el ámbito específico de lo psicomotor el eje básico y más comprensivo de referencia es el *esquema corporal:* el desarrollo (cuantitativo y cualitativo) de las estructuras y funciones del propio cuerpo. Trabajar educativamente el propio cuerpo es sin duda uno de los cometidos fundamentales de la escuela infantil. El cuerpo es el espacio básico de integración de las diferentes funciones y niveles del desarrollo del sujeto y es, a la vez, el referente privilegiado de significación de sus experiencias: en el cuerpo y a través del cuerpo convivimos con nosotros mismos, nos expresamos y elaboramos nuestra identidad, nos relacionamos con los demás, entramos en relación con el entorno, manejamos los objetos y las ideas, etc., etc. El cuerpo es el contenido didáctico permanente (vivirlo, cuidarlo, usarlo, disfrutar de él, representarlo, etc.) de la escuela infantil.

Concretando más la temática del desarrollo corporal nos encontramos contenidos diferenciados que habrán de dar lugar al desarrollo de actividades específicas dentro de los programas de educación infantil:

— tonicidad corporal y relajación;
— coordinación de los movimientos y lateralidad;
— la respiración y el control cinético;
— el equilibrio;
— la adquisición del ritmo y la temporalidad;
— la organización espacial.

Cada uno de estos aspectos, y otros más que podrán encontrarse en cualquier tratado de psicomotricidad, pueden ser abordados independientemente a través de actividades específicas. Pero todas ellas como conjunto están relacionadas con la integración que el niño ha de hacer, durante los años de la escuela infantil, de su esquema corporal. La idea general que subyace al desarrollo psicomotor del niño, desde la perspectiva de la integración funcional de su esquema corporal, es facilitarle el paso de la tensión corporal espontánea e indiferenciada, que caracteriza sus primeros momentos evolutivos, a una fase de acción voluntaria y eficaz: que sea capaz de hacer, y hacerlo cada vez mejor, aquello que desea hacer.

Pero la psicomotricidad, y el cuerpo, tienen también otra vertiente de tipo psicodinámico, de importancia básica en la escuela infantil: *la pulsión de movimiento*[1].

---

[1] Una pulsión es "un proceso dinámico consistente en un impulso (carga energética, factor de motilidad) que hace tender al organismo hacia un fin. Según Freud una pulsión tiene su origen en una excitación corporal (estado de tensión) y su fin es suprimir el estado de tensión que reina en la

UN MODELO INTEGRADOR

En definitiva, el movimiento como espacio-recurso expresivo a través del cual se vehicula la dinámica interna (fantasía, deseos, necesidades) del niño. Esta dimensión de lo psicomotriz conecta este nivel con el oréctico-expresivo. El movimiento actúa como canal de las vivencias interiores del pequeño, de sus tensiones en relación con su propio cuerpo, con los otros (compañeros y adultos) y con los objetos. La importancia que esto tiene a nivel educativo reside en el hecho de que podemos crear en nuestras aulas un espacio securizante tal que en ellas, a través de movimientos y acciones, cada niño pueda revivir su mundo interno de una forma desculpabilizadora. El contexto psicomotor del aula puede facilitar la reelaboración del material inconsciente de los niños y de esta manera ir liberándolos de los posibles bloqueos y temores y abriéndoles a formas de comportamiento emotivamente seguras, autónomas y creativas. Esto estaría bastante en la línea de lo que Lapierre-Aucoutourier (1977) han denominado "educación vivenciada" (que ellos desarrollan operativamente a través de la "psicomotricidad relacional").

Aspectos concretos de esta visión psicodinámica de la motricidad son, por ejemplo:

1. *La comunicación tónica y fusional:* cuántas veces los niños necesitan acurrucarse en los brazos de su cuidador y entrar así en un momento fusional realimentador (se diría que a través de ese contacto pleno el niño recarga sus baterías emocionales, se llena de energía y enseguida está en disposición de volver a su actividad).
2. *La toma de distancia afectiva y corporal:* como confirmación del propio deseo de autonomía e iniciativa (con la misma intensidad con que antes se fundía en el regazo de su profesor/a ahora escapa de él, se enoja, o busca su propio espacio para sentirse libre).
3. *Las regresiones o escapes de la situación* que, de otra manera, habría de afrontar a través de movimientos sustitutorios. Es una búsqueda de

---

fuente pulsional; gracias al objeto, la pulsión puede alcanzar su fin" (Laplanche y Pontalis, 1977, página 337).
"El objeto hacia el que tiende el impulso es variable. Cualquier zona del cuerpo, cualquier persona, e incluso cualquier cosa, pueden ser objetos de pulsión (ejemplo de ello es el *fetichismo*, que consiste en investir un objeto con un significado simbólico muy relacionado con la persona deseada, algo tan frecuente en los niños pequeños, a los que vemos agarrando constantemente su muñeco de peluche, un vestido de su madre, etc.). El fin o acto al que tiende el impulso para hacer cesar la excitación no es biológico aunque, como veremos más adelante, la pulsión surge apoyada en funciones biológicas y puede lograrse de diversas maneras; así, en la pulsión escópica la tensión se reduce por el placer que produce el ver y ser visto por los otros, y en la pulsión de dominio a través del dominio del objeto o del éxito de una realización..." (Cerdeiriña, 1982, págs. 24-25).

© narcea, s.a. de ediciones

la seguridad afectiva a través de actividades que domina mejor que las que se le proponen.

"Esta búsqueda inconsciente de ausencia puede expresarse simbólicamente en distintas actitudes sistemáticas que se dan frecuentemente entre los escolares:

— la inhibición, la pasividad o la pereza (ausencia de acción);
— la falta de atención (ausencia de recepción);
— la oposición sistemática, los retos;
— las distintas actitudes compensatorias: esconderse y desaparecer tras un personaje inconscientemente fabricado; la agitación exagerada, las payasadas, la aparente desenvoltura... que equivale al rechazo de toda su expresión auténtica susceptible de ser juzgada" (Cerdeiriña, 1982, pág. 50).

4. *El juego placentero con el cuerpo*, bien directamente (frotamiento, movimientos grandes, "peleas", juegos que implican gran desgaste físico, etc.), bien indirectamente a través de objetos "transicionales" (muñecas, balones, objetos con una textura agradable, objetos simbólicos como jeringuillas, ropas, etc.).
5. *El juego con objetos cargados emocionalmente*. El objeto no sólo se manipula sino que se vivencia (y la vivencia tiene una dimensión afectiva que es básica), se utiliza como espacio de autoafirmación, de relación con los otros (lo que incluye acciones de agresión, intercambio, cooperación, etc.), de construcción de productos, etc.

Con lo dicho creemos que queda suficientemente expresado el sentido amplio y polivalente del nivel sensorial-psicomotor. También aparece en todo su sentido el papel relevante que juega en el desarrollo integral del niño pequeño. A lo largo de los capítulos que siguen iré operativizando en cuanto a su proyección didáctica los diferentes aspectos que aquí se han apuntado.

Nivel relacional-social

El ámbito relacional-social constituye otro de los ejes del desarrollo infantil en torno al cual y a partir del cual se van estableciendo los patrones generales de la personalidad del niño en cuanto "ser individual" y en cuanto "ser en el mundo".

Una dimensión muy primitiva en este proceso es la de la *sincronía relacional* que ya el lactante va conquistando en la relación con su madre o sustituta. Ya hemos señalado anteriormente la conclusión de Provence (1978) de que una de las causas que actúan como desorganizadoras del desarrollo de la autoconciencia y del equilibrio afectivo es el desajuste en las relaciones madre-hijo ("pasos falsos en la danza" en términos de Estern). Tal cosa sucede cuando el niño intenta infructuosamente, iniciar una interacción (no se le atiende), cuando la interacción es discordante (no se responde adecuadamente a la demanda que él hace bien por exceso, bien por defecto, bien porque no se hace a su tiempo). Las transacciones madre-hijo carecen de coordinación, previsibilidad y adecuación. El niño percibirá su entorno no como algo bien integrado en su beneficio y sobre el que puede actuar para satisfacer sus necesidades sino que el entorno aparecerá como algo caótico y amenazador.

Por el contrario, cuando los patrones de los intercambios madre-hijo se establecen de forma sincrónica (existe una adecuación temporal y de contenidos entre la demanda y las respuestas a esa demanda), el desarrollo infantil se convierte en un proceso de interacción funcional y gratificante: el niño aprende cómo adaptar sus respuestas a las de su madre, aprende a manejar sus propios recursos para provocar conductas de su madre que satisfagan sus necesidades.

Es decir, la sincronía es la primera base para el establecimiento de la seguridad. *Aprendiendo el niño a tener confianza en los demás aprende paralelamente a tener confianza en sí mismo*, esto es, a tomar conciencia de la efectividad de sus conductas para provocar un tipo de actuación de los demás que satisfaga sus necesidades (de comida, evacuación, compañía, etc.): el entorno, las figuras significativas que lo constituyen (la madre principalmente y posteriormente el resto, personas, cosas, situaciones próximas) están ordenadamente dispuestas y son susceptibles de ser afectadas por mis conductas y de responder a mis demandas. El niño aprende que puede ser eficiente, y lo hace a través de la respuesta complaciente proporcionada por los demás.

Si esta precoz experiencia no se produce quedará afectado el desarrollo del niño y ello no a causa de algún acontecimiento traumático sino porque no ha sido capaz de formarse una imagen realista del mundo y de su lugar en él. Se dará cuenta de que le ocurren cosas, pero no de por qué suceden o de qué relación guardan con sus propios comportamientos.

El resultado de un buen establecimiento de estas bases de la conducta social del sujeto es que éste se hace capaz del establecimiento de un auténtico diálogo con su medio. Es un diálogo corporal con gestos cada vez más precisos y más cargados de sentido específico. Se establece y afirma una auténtica relación transitiva, funcional, y contingente entre su comportamiento y el comportamiento de los otros. Esto es, se inicia la auténtica comunicación.

El crecimiento del sujeto en su dimensión relacional-social, a partir de esas primeras fases en un proceso continuado de negociación vital entre las exigencias y necesidades internas por un lado, y las exigencias-posibilidades del mundo exterior por otro. Es el proceso que Fenichel (1957) ha definido como de configuración del carácter del sujeto.

Desde los primeros estadios evolutivos de relaciones impulsivas egocéntricas y absorbentes se va pasando, en relación directa con el proceso al desarrollo-fortalecimiento del yo, a procesos de mayor elaboración de los mecanismos de adecuación al ambiente en función de un nuevo factor de determinación: *el principio de realidad.*

Se desarrolla así un proceso continuado de intercambio de actitudes, mensajes y acciones. Comienza el desarrollo de las potencialidades individuales en función de las posibilidades e instrumentos de que el medio disponga (y ponga a disposición de tal crecimiento) y de los patrones de relación yo-medio que se hayan establecido.

APRENDIZAJES SOCIALES

Una serie de aprendizajes sociales se van sucediendo. Aprendizajes que a medida que se van consolidando constituyen otras tantas capacidades sociales del sujeto:

a) Capacidad de *examen de la realidad* (distinción yo-no yo). Es decir, capacidad de distinguir sujeto y objeto percibido en un primer momento, que luego se amplia a la distinción entre objeto representado y objeto real.

b) Capacidad de *valorar diferentemente* personas y objetos en cuanto a las emociones positivas o negativas que provocan. Lo cual da lugar a tendencias de aproximación o evitación (Mehrabian, 1972).

c) Capacidad de *prever*, sobre la base de la experiencia adquirida y de los tanteos efectuados en cada situación novedosa, las consecuencias de sus propias acciones. Ello permite advertir los peligros (la ansiedad como anticipadora del riesgo) y sacar el máximo provecho de las circunstancias presentes.

d) Capacidad de *control*, esto es de satisfacer en una situación dada los propios deseos y de inhibir tal satisfacción o diferirla, trasmutarla por otra, etc. Este es un aprendizaje lento y en el que el papel a jugar por la escuela en cuanto situación de índole social, racionalizada y racionalizadora de la satisfacción de las demandas infantiles es primordial.

e) Capacidad de *asumir e interpretar* las actitudes, opiniones, y conductas de los otros hacia sí mismo, relacionándolas con la propia forma de ser, estar o actuar con respecto a ellos. El sentido y potencia de significación de los mensajes de los demás variará en función de su posición con respecto a sí mismo. Así tendemos a dar más valor, y afectan más fuertemente nuestro autoconcepto los mensajes de aquellos que posean más relevancia vital (madre, padre, familia, etc.) social (jefe poderoso, etc.), o coyuntural (líder, etc.) para nosotros..

f) Y como síntesis de los anteriores, la capacidad de *reconocerse, estimarse* o *despreciarse*, elaborar una opinión de o hacia sí mismo, que se completará hacia la adolescencia a través de la convergencia de tales autopercepciones en la elaboración de un proyecto personal de futuro.

De esta manera el yo social del niño evoluciona al ritmo y en la dirección que las situaciones de vida (situación más en su sentido de duración que en cuanto a acontecimientos puntuales) le señalan. El yo posee la energía para la acción pero no siempre la posibilidad de actualizarla y hacerla efectiva en toda su amplitud, lo que deriva, en parte, de las condiciones del ambiente en que viva.

En su conjunto toda esta dinámica constituye el proceso de socialización de los sujetos. Así Heineman (1981) ha definido la enseñanza como un "proceso comunicativo que se desarrolla en grupo y que tiene como objeto básico la socialización de los alumnos" (pág. 130) que habremos de entender en su sentido más amplio, esto es, como "transmisión e integración de pautas y normas de comportamiento y cultura vigentes" (Fernández Huerta, 1975). Una socialización entendida en sentido amplio, en su auténtica acepción bipolar que recoge tanto el desarrollo del individuo en cuanto persona como su integración en un marco social determinado. A lo largo de este proceso, el sujeto, en el marco de la interacción social, desarrolla grados cada vez más elevados de competencias comunicativas y de capacidades de prestación compatibles con las exigencias de su supervivencia psicofísica dentro de una cultura dada y en relación con los diferentes tipos de grupos o de organización (Gallino, 1979).

Volpi (1981) distingue, por su parte, dos dimensiones en el proceso de socialización: un *momento sociológico-institucional* que recoge los componentes objetivos del contexto externo al que ha de adaptarse el sujeto, y un *momento psicológico existencial* que recoge el sentido personal y diferenciado del crecimiento del sujeto.

1. El *componente objetivo de la socialización* implica la inserción del individuo en un contexto determinado (la familia, el grupo de amigos, la clase escolar, la escuela, etc.) y las exigencias que de cara a una *integración* ha de asumir. Mecanismos sociales de esta dimensión objetiva de la socialización son el lenguaje, la asunción de roles naturales (la infancia como *status* social con unas características bastante concretas respecto a lo que se espera del niño), unas determinadas modali-

dades de formas relacionales y de desarrollo cognitivo, una orientación general en la concepción de la vida, etc. Las diversas estructuras sociales con las que cada niño entra en contacto le transmiten directa (familia, escuela, coetáneos) o indirectamente (clase social, medio cultural, medios de comunicación, instituciones y agentes sociales en general), un conjunto de estímulos, prescripciones y orientaciones que configuran la socialización en su sentido objetivo.
2. La *dimensión subjetiva de la socialización* se corresponde con la *autorrealización* del individuo, esto es, la modalidad diferencial y autónoma en que asumirá las normas, valores y posiciones que le sean transmitidas desde las estructuras formales e informales a las que pertenezca.

La idea de Volpi es que la socialización es un proceso bipolar:

Dimensión objetiva	*Dimensión subjetiva*
El individuo recibe de la sociedad a través de la mediación de los grupos de referencia: — estímulos culturales; — normas y valores vinculados al sistema de roles sociales y a la pertenencia a una clase.	Pero pese a la influencia externa, mantiene, gracias a su específica irreductibilidad: — el poder virtual de contrarrestar progresivamente las presiones conformadoras y reafirmar la "esperanza" de un proyecto personal propio; — esto es, un cierto poder real y activo en orden a la construcción de la propia personalidad y a la relación con los otros.

Es decir, en el desarrollo social del sujeto confluyen los dos espacios, el objetivo-uniformizador y el subjetivo-diferenciador. En ese proceso de confluencia no faltan los conflictos originados en la no adecuación y/o sincronía entre las exigencias-expectativas sociales y las necesidades-deseos individuales. Tanto la familia como la escuela, así como todas aquellas instituciones sociales con cometidos socializadores explícitos han de actuar como mediadores en esa zona de confluencia optimizando el contexto en que se producen las experiencias de socialización del niño de manera tal que, por un lado, estén presentes de manera realista las condiciones objetivas del momento sociológico-institucional de que habla Volpi y, por el otro, se conceda un margen adecuado a la posibilidad (que ha de convertirse en capacidad) del sujeto para crecer autónoma y diferenciadamente tanto cognitiva como afectivamente, tanto física como socialmente, pese al condicionamiento inevitable del grupo y la sociedad en función del valor y del significado que asuman dichas condiciones y del nivel de motivación y auto-implicación que en él despierten (Volpi, 1980, pág. 78).

Interesa destacar por tanto que frente al compromiso socializador que constituye una de las funciones de la educación infantil no cabe un posicionamiento tradicional dirigido simplemente a la "adaptación del niño a su medio", a la introyección y consolidación en él de las normas y valores del grupo sociocultural al que pertenece (o al que pertenece el profesor, que para esto tanto da, por mucho que lo que él pretenda impartirle sean contranormas o contravalores virtualmente más sanos, más progresistas y/o comprometidos socialmente). Socializar no es adaptar, ni conducir, ni adoctrinar, ni seducir personal o ideológicamente (de manera que el alumno trate de parecerse a su profesor o al modelo que éste le presente).

Más bien socializar ha de significar potenciar la dimensión relacional-social del sujeto en cuya constitución cuenta tanto la capacidad de adaptarse a los requisitos de grupo o grupos de pertenencia como la de separarse de ellos y configurar autónomamente un estilo diferenciado de ser (Maslow y Mittlemann, 1965).

Nivel cognitivo

Hoy es punto de partida común en el análisis de la inteligencia infantil el que esta tiene como soporte unas bases somáticas, pero su potencia o funcionamiento están estrechamente ligadas a la cantidad y calidad de las experiencias vividas por el sujeto. Los estímulos ofrecidos por el medio ambiente, las relaciones interpersonales, el refuerzo obtenido en las propias conductas, la propia personalidad, en cuanto a estructuras básicas de seguridad, enfrentamiento, motivación, etc. son todos ellos factores del desarrollo plenamente vinculados al desarrollo intelectual-cognitivo de los sujetos.

ACCION

El niño posee la capacidad innata para ser alertado por muchos estímulos. En eso no se distingue del resto de los animales. De esta manera desde bebé busca ya estimulación, se siente atraído por la acción.

Parafraseando a Bruner (1979) podemos concebir el desarrollo de la inteligencia como la ampliación o afinamiento progresivo de la capacidad de *percibir* la realidad, *actuar* sobre ella y *representarla* por una parte, y de la capacidad de *resolver problemas* o de inventar o reinventar, por otra.

La idea de que el nivel intelectual alcanzado por el sujeto está plenamente ligado a sus experiencias previas se demuestra con claridad en el trabajo de Lewis y McGurk (1972), quienes concluyen que las puntuaciones de inteligencia del lactante no predicen su ulterior nivel intelectual. No obstante, señalan, sí existe relación directa entre motivación efectuante y pensamiento (esto es, desarrollo cognitivo).

Esto abre una interesante perspectiva a la acción escolar en la medida en que sabemos que todo niño normalmente constituido posee a nivel innato una tendencia a actuar y a explorar su entorno. Sabemos también que en esta actuación se genera nueva motivación para actuar. Y sabemos que será precisamente esa motivación la que se corresponde posteriormente con mayores logros a nivel cognitivo.

La auténtica condición de un buen desarrollo intelectual, siempre que se den las bases somáticas suficientes, reside por tanto, en la dinámica de motivación-experiencia placentera-refuerzo-mayor motivación y así sucesivamente. En la configuración de esa cadena motivacional juega un gran papel la escuela infantil (y por eso, efectivamente, la experiencia escolar temprana favorece el desarrollo intelectual del niño).

Bronson (1971) ha denominado *conducta efectuante* a esa tendencia innata a actuar en el medio con objeto de ejercer en él algún efecto. Esta conducta posee y genera una motivación a la vez intrínseca y extrínseca. La propia acción en sí (el movimiento, el contacto, etc.), produce placer por sí mismo y a la vez, establecida la conexión entre la conducta propia y el efecto logrado (Bronson señala que ya el lactante puede ir dándose cuenta de que determinados efectos son contingentes con sus propias acciones, lo que supone ya un primer nivel cognitivo), la consecución del efecto deseado se vivencia como un éxito que actúa como refuerzo. Cada éxito alcanzado en influir sobre el entorno, en explorar, en resolver sus problemas, etc. provoca un refuerzo en la autoestima del niño y le predispone para iniciar un nuevo contacto o acción.

Eficacia y competencia

También White (1973) destaca la importancia fundamental que, desde la perspectiva psicoanalítica, adquiere para el desarrollo equilibrado de lo cognitivo y de lo afectivo el aprendizaje exploratorio a través de la acción y del análisis (en la línea de "darse cuenta" que ya hemos señalado anteriormente) de sus consecuencias. Dicha acción responde, en el esquema de White a la necesidad básica del sujeto por *sentirse eficaz*. Existen así, en la base de la inteligencia de los sujetos, sentimientos-necesidades fundamentales que el sujeto ha de satisfacer:

1. El sentimiento de eficiencia o eficacia.
2. El sentimiento de competencia.

1. El primero, el *sentimiento de eficacia* surge de la movilización para la acción de las energías yóicas autónomas que impulsan al niño normal a seguir poniendo a prueba la eficacia de su capacidad, cada vez más madura para la acción. Esta relación yo-realidad a través de la acción la domina White *efectancia*. El sujeto no sólo percibe y se siente estimulado por el medio, sino que, sobre todo, actúa sobre él y a través de esa actividad y de sus resultados va elaborando sus esquemas personales de adaptación al medio. La efectancia lleva como corolario el sentimiento de eficacia que es "la sensación de hacer algo, de ser activo y eficaz, de ejercer influencia sobre algo".
2. La *competencia* es la capacidad para "actuar sobre" e interactuar de manera eficaz con el medio.

> "Intervienen las capacidades innatas, dice White, pero en el caso humano la competencia es en gran medida una consecuencia del aprendizaje. Este puede ser el resultado de una conducta exploratoria y manipulatoria motivada totalmente por la efectancia, pero también puede haberse producido bajo la influencia de la presión instintiva o de alguna consideración de fuentes de energía. En otras palabras la competencia es un resultado acumulativo de toda la historia de las transacciones con el medio, cualquiera que haya sido su motivación" (White, pág. 42).

El *sentimiento de competencia* refleja la lectura subjetiva que el sujeto hace de la eficacia de sus conductas. En torno a este sentimiento se irán aglutinando todo el conjunto de relaciones transitivas (yo-realidad) y reflexivas (yo-mí mismo) del sujeto, de entre las que adquieren una especial importancia el *autoconcepto* y la *autoestima*. Como puede verse siempre confluimos a los mismos nudos gordianos del desarrollo del sujeto: la forma en que siente sobre sí mismo, la calidad que atribuye a sus propias acciones en base a los resultados que de ellas consigue. Tanto da que nos refiramos a su desarrollo afectivo social o intelectual. En definitiva, como ha señalado Dunn (1977), es muy posible que el desarrollo cognitivo del niño se vea afectado por el medio en que se le ha enseñado— ha aprendido a *sentir sobre sus propias capacidades:* este sentimiento es el que provoca que se mantenga, amplíe o desaparezca su deseo inicial de buscar estímulos y actuar eficazmente.

Acción, sentimiento y pensamiento son dimensiones humanas cuyo desarrollo corre paralelo y es interdependiente. Y la afectividad está en la base de todos ellos. La afectividad es la que motiva y proporciona sentido a la acción y ésta el pensamiento. En este sentido Brierleye ha señalado:

> "Algo de lo que estoy seguro es de que sentimos antes que pensamos, incluso en imágenes, y que sentir es por tanto nuestro medio de discriminar sobre lo que nos sucede mucho antes de que seamos capaces de la discriminación estrictamente cognitiva" (citado por Guntrip, 1968).

Desarrollo efectivo y desarrollo potencial

Un aspecto importante a tener en cuenta en el desarrollo cognitivo de los niños son las variaciones individuales sobre todo en lo que se refiere al ritmo de los aprendizajes y a la diferenciación que introduce Vigotsky (1973) entre *desarrollo efectivo* y *desarrollo potencial* de los sujetos.

Señala Read (1980, pág. 307) que la mayor parte de los aprendizajes y por tanto de la actividad cognitiva es individual, se consigue en procesos y modos diferentes, con ritmos diferentes y referidos a cosas de un interés personal e inmediato.

Sin embargo Bloom (1979) presenta una postura contraria afirmando que pese a las diferencias individuales existentes entre los alumnos, cuando se les ofrecen las condiciones favorables de aprendizaje, la capacidad de aprender, el ritmo de adquisición y la motivación para continuar se vuelven similares en la mayor parte de los estudiantes.

Las diferencias individuales entre niños normalmente constituídos no suelen ser notables en lo que se refiere a las estructuras básicas de la inteligencia ni se presentan en las primeras fases del desarrollo. Así Scaar-Salapateck (1976) señalan:

> "La inteligencia sensomotriz posee una prolongada historia evolutiva y por tanto muestra menos variación individual que la inteligencia posterior, filogenéticamente más reciente" (citado por Turner, pág. 80).

Las diferencias se van estableciendo, como ya señalamos antes, en base a los índices de motivación y a las oportunidades de acción (y a los refuerzos que de ellos se produzcan) que ofrece el medio en el que el sujeto se desenvuelve. En todo caso, la escuela no puede ser ajena a esta particularidad de las diferencias individuales y ya veremos cómo su consideración condicionará las distintas previsiones didácticas que se establecen en la educación infantil.

Otro aspecto importante a considerar y que está directamente conectado con éste es la necesidad de contemplar el desarrollo intelectual de un sujeto no sólo desde la perspectiva de su desarrollo actual, o *desarrollo efectivo* en terminología de Vigotsky (esto es, lo que el sujeto es capaz de realizar aquí y ahora, capacidad en la que se condensan básicamente la maduración natural del sujeto hasta ese momento más los aprendizajes y experiencias cognitivas habidas anteriormente) sino desde su *desarrollo potencial* (aquél que el sujeto hubiera sido capaz y/o sigue siendo capaz de alcanzar siempre que se le ofrezcan los estímulos y condiciones de aprendizaje adecuados).

Este es un discurso no sólo técnico sino también socio-político. Llama la atención cómo en nuestras escuelas el desarrollo efectivo de los alumnos se ha tomado con frecuencia como indicador único de su capacidad de desarrollo. Lo que se denomina "capacidad intelectual" de un sujeto no es tal en sentido pleno sino sólo la capacidad que hasta ese momento ha podido ir desarrollando y adquiriendo. Toda prueba de inteligencia es una prueba del desarrollo efectivo y no del desarrollo potencial (pese a que de su interpretación se deriven consecuencias como el traslado a escuelas especiales, la clasificación según inteligencia, efectos reales sobre su aceptación en el grupo y sobre la relación profesor-alumno, mito de Pygmalión, etc.) que harían pensar que se trata más bien de una medición del desarrollo posible de dicho sujeto.

Si esta consideración la trasladamos a la educación infantil, la cuestión resulta aún más obvia, si cabe. El desarrollo efectivo del niño pequeño recoge sólo el aprendizaje espontáneo, ocasional y absolutamente condicionado por las oportunidades y recursos disponibles en su medio ambiente. De ahí que su consideración, con ser importante didácticamente para no actuar sobre el vacío ni romper los vínculos afectivos-cognitivos que ligan al niño con su medio, es puramente subsidiaria con respecto a la que se debe prestar al desarrollo potencial de los alumnos, lo que significa traducir la acción didáctica en una oferta sistematizada de la más amplia gama posible de estimulaciones y recursos para el aprendizaje.

Se trabaja así con una idea quizá vaga y difusa a nivel conceptual pero muy potente a nivel didáctico: *las posibilidades de cada niño*. Esto exige trabajar y poner en marcha, no solamente las capacidades ya claramente prefiguradas en la conducta de cada uno, sino también aquellas otras aún no constatables o apenas emergentes. La nueva pero vieja, progresista pero tremendamente conservadora idea de "adaptar las enseñanzas a las características de cada sujeto", de "dejar que los niños hagan lo que deseen hacer", no es un objetivo adecuado a nivel didáctico y no lo es sobre todo con aquellos sujetos con mayor diferencia entre su situación actual y sus posibilidades reales debido a la pobreza cultural de su medio ambiente, a escasas oportunidades previas de aprendizaje o a cualquier otro tipo de circunstancia personal o social que no haya favorecido su desarrollo.

LENGUAJE

El desarrollo intelectual avanza sobre dos estructuras fundantes básicas. Una de ellas es la *acción*, que ya hemos analizado. El otro es el *lenguaje* y su corolario interno que es el *pensamiento*.

El desarrollo de la inteligencia está plenamente inmerso en el desarrollo del lenguaje y en la capacidad de los sujetos para ir elaborando cada vez de forma más abstracta su relación con la realidad.

La primera y fundamental conexión es con el lenguaje, que se constituye en el instrumento básico del desarrollo cognitivo de los sujetos. A este respecto siguiendo a Bruner (1969, pág. 6 y ss) podemos señalar varias características globales del desarrollo intelectual:

a) Se caracteriza por la creciente independencia de la reacción respecto al estímulo.
b) Depende de la capacidad de asimilar o incorporar como propios los acontecimientos en un "sistema de almacenamiento" experiencial que nos permita reaccionar por analogía en las diversas situaciones en que participamos.
c) Implica la creciente capacidad de un individuo de decirse a sí mismo y de decir a los demás, a través de palabras o símbolos, aquello que ha hecho o lo que hará.
d) El desarrollo intelectual depende de una interacción sistemática y contingente entre un educador y un educando.
e) La enseñanza se ve enormemente facilitada por medio del lenguaje que acaba por ser no sólo el medio a través del cual se realiza el intercambio, sino además el instrumento que el mismo alumno puede usar, por su parte, para organizar el ambiente.
f) Se caracteriza por la creciente capacidad para considerar diversas alternativas simultáneamente.

Como puede verse, las ideas de Bruner nuevamente nos retrotraen a la cuestión, reiteradamente señalada, de la conexión entre los diversos niveles-ámbitos del desarrollo del sujeto. El desarrollo intelectual implica-depende del autoconcepto de los sujetos, de su capacidad de control, de su conocimiento y sentimiento de competencia. Depende también de las relaciones interpersonales establecidas, de la interacción socio-cultural que vaya nutriendo la experiencia del sujeto, y de las modalidades de relación y actuación sobre la realidad. Nuevamente tenemos que entrecruzar lo afectivo, lo social y lo intelectual. No en vano hacía notar el propio Bruner (1974) que el ideograma chino de la palabra *"pensar"*, combina... el ideograma de "cabeza" y el de "corazón": nada más claro para los chinos que la conexión entre cognición, afectividad y sentimiento de sí mismo.

PENSAMIENTO MATEMATICO

El desarrollo intelectual se halla también ligado al *pensamiento matemático* en cuanto capacidad creciente de manejar símbolos y de desarrollar y manipular representaciones abstractas de la realidad. Es un largo proceso que el niño irá recorriendo a lo largo de los primeros años de escolaridad: traducir las realidades en números, ser capaz de realizar análisis de elementos concretos estableciendo relaciones, generalizando, comparando, etc. Son todos ellos procesos del pensamiento, cada vez más complejos y que se apoyan en precisas capacidades propias de las funciones intelectivas.

4. Síntesis de las características del niño de escuela infantil

No sectorizable

Desde mi punto de vista, un aspecto fundamental a destacar de lo hasta aquí analizado es la idea de que el alumno de la escuela infantil es un *sujeto no sectorizable*. Es todo el niño el que se va desarrollando. Lo afectivo, lo social, lo cognitivo, es un todo integrado con una dinámica intensa en el que el eje fundamental de vertebración de las sucesivas experiencias, es el Yo y las relaciones que (en una relación bipolar de ida y vuelta, de influir y ser influído) desde él se establecen con la realidad ambiental (entendida como el conjunto de circunstancias personales, físicas, etc.).

Burton (1980), lo ha señalado claramente:

> "El niño total va a la escuela, más que eso, aprende como un niño total; aprende todo él y no por secciones. No puede educarse el cuerpo o las emociones sin que se afecten recíprocamente y ambas cosas con el intelecto. La mente o intelecto, el cuerpo y las emociones son desigualmente arbitrarias. No son entidades con posibilidad de separarse, sino aspectos funcionales de un todo unificado. El niño funciona como un todo integrador unificado" (pág. 255).

Proyecto

Otra idea básica a considerar es que el niño se presenta ante todo como un *proyecto*, como un conjunto de necesidades de todo tipo en cuya resolución la escuela juega, en nuestra sociedad, el papel primordial junto a la familia.

De todas formas esta idea ha de matizarse de manera que sea bien comprendida. No se trata de postular que el niño pequeño es precisamente un conjunto de carencias, que le caracteriza aquello de lo que carece, no aquello que posee; que no es ni tiene sentido por lo que de hecho es (un niño incapaz de casi todo): eso es absolutamente falso y se corresponde con una idea educativa bastante implantada pero incorrecta.

El niño pequeño es ya algo, posee unas condiciones y unas características, es capaz de desarrollar unas capacidades y potencialidades en un determinado grado. Posee su individualidad ya diseñada aunque sea a nivel de proyecto. Se trata de ir desarrollando ese proyecto no de ir configurando en su espacio una idea preconcebida, ajena a esas dimensiones ya existentes.

De ahí que ese *proceso de crecimiento* que es la educación infantil, no sea un camino libre de riesgos de desnaturalización de la propia individualidad. Ya he señalado que una de las más importantes funciones a desempeñar por la escuela y sobre todo a este nivel es actuar de mediadora en esta dialéctica entre la idiosincrasia individual de cada sujeto y los patrones de aculturación, integración social y asimilación cultural.

Lo que en todo caso sí es cierto es que el niño pequeño presenta una serie de necesidades a nivel personal que su desarrollo ha de ir satisfaciendo. Y que se encuentra a nivel social en una situación muy peculiar en la que pocos recursos se hallan disponibles para su uso.

Rasgos

Los rasgos de la condición infantil, desde el punto de vista sociológico han sido descritos por Volpi (1980, pág. 86) de la siguiente manera:

PUNTO DE VISTA SOCIOLOGICO

Inmadurez

El niño aparece como pequeño, débil, privado de poder contractual, incapaz de proceder por él mismo. Esto comporta, por un lado, el derecho del adulto a controlarlo, vigilar su inserción en un determinado contexto, seleccionar las reglas "justas" para su socialización, imponerle los propios valores éticos. Por otro lado, sin embargo, el adulto tiene la obligación de excusarle, dentro de ciertos límites, los errores, las ligerezas, las incapacidades momentáneas, la violación de las reglas constituidas, etc. (¡es sólo un niño...!).

Irresponsabilidad

El niño no ha adquirido, aún, la plena capacidad de entender y de querer, y no puede ser considerado responsable de actos u omisiones que implican una plena madurez intelectual y cognitiva.

Por un lado, esto implica su relativa incapacitación para tomar decisiones en los diferentes contextos en que se desarrolla su socialización; por el otro, comporta la exaltación de un estado de inocencia o de no malicia que puede traducirse en el ejercicio acrítico de una pura y simple permisividad pedagógica.

Fragilidad

El niño viene percibido normalmente como un ser frágil, continuamente necesitado de cuidados físicos y psíquicos, de atenciones particulares por parte del adulto "fuerte".

Esto implica por parte del adulto el derecho a regular el ambiente físico y social de manera tal que no se dañe el desarrollo "maduro y productivo" del niño; comporta también, por parte del niño, el reconocimiento de una protección social que lo mantenga, lo más posible, al amparo de la realidad y de sus "fealdades".

No por casualidad el psicoanálisis ve en el *principio del placer* el rasgo constitutivo de la condición cultural de la infancia y en el *principio de la realidad* el ingreso en la condición adulta.

Dependencia

El niño apenas nacido depende de los otros por un largo período de cara a la satisfacción de todas sus necesidades. Su evolución hacia la independencia requiere, en relación a la supervivencia media del hombre, un período de tiempo muy largo, en el curso del cual su comportamiento viene configurado por el ambiente de pertenencia.

Esto comporta por un lado su relativa inexistencia a nivel jurídico-sociológico. Y por el otro su particular exposición a reglas y normas de conducta "inevitablemente" elegidas para él por las estructuras de socialización (familia, escuela, etc.).

Preparación para la edad adulta

Pese al descubrimiento social de la infancia y la proclamación de los derechos universales del niño, éste es percibido, en la sociedad actual, como un aspirante a la adultez, como un ser incompleto e imperfecto en lista de espera para convertirse en miembro de pleno derecho de la colectividad productiva.

En función de ello es, por un lado, socializado según los valores y los conceptos de la vida de los adultos; por el otro, sin embargo, su existir-en-función-de-otro-ajeno-a-sí, comporta una fuerte expansión afectiva de sus cualidades potenciales (espontaneidad, creatividad, etc.).

Pese a ese cierto halo negativista y casi kafkiano, habitual en la mayor parte de las descripciones de sociología de la educación, lo que sí resalta son los fuertes riesgos que, en el proceso de socialización y desarrollo de sí mismo, corre el niño debido a la desigualdad de fuerzas entre su necesidad de individualizar su desarrollo y el contexto social en que tal proceso se ha de cumplir.

A nivel personal han sido frecuentes, en la literatura psicológica, enumeraciones de las necesidades fundamentales de los sujetos. Me referiré, por su exhaustividad a la que presenta Shirley (1965) que distingue factores intrínsecos (sistema de necesidades) y extrínsecos (fundamentalmente la familia) en el desarrollo de la personalidad infantil. Pues bien, esos factores intrínsecos están constituidos por tres sistemas de necesidades:

1. *Sistema de necesidades instinctuales*

   — Necesidades somáticas conexas con la homeostasis físico-química, regulada por el sistema nervioso, endocrino, inmunológico.
   — Necesidad de autoafirmación y agresividad.
   — Necesidades emotivas y sociales del niño en nuestra cultura.
   — Necesidad de amor.
   — Necesidad de dependencia.
   — Necesidad de afecto.
   — Necesidad de un sentimiento de seguridad y confianza.
   — Necesidad de que se acepte su individualidad.
   — Necesidad de progresiva independencia y sentimiento de autonomía.
   — Necesidad de ser limitado.
   — Necesidad de autoridad.
   — Necesidad de disciplina.
   — Necesidad de autorrespeto y autoestimación.
   — Necesidad de juego, actividad y triunfo.
   — Necesidad de modelos adecuados.

2. *Sistema del conocimiento, del control y de la adaptación en el enfrentamiento con la realidad.*

   — Mecanismo de defensa.
   — Imponer la atención.
   — Identificación (anaclítica o con el agresor).
   — Proyección.
   — Supresión, degeneración, represión.
   — Racionalización.
   — Fantasía.
   — Espontaneidad.
   — Conversión.
   — Creatividad.
   — Regresión.

3. *Sistema de los valores o conciencia.*

Como se puede ver hemos ido aludiendo ya a la mayor parte de las cuestiones, que Shirley plantea como necesidades. Más adelante trataremos de darles una respuesta operativa, esto es, que se pueda hacer desde la escuela para irlas satisfaciendo de una manera integrada y equilibrada (sin distorsiones sectoriales).

En definitiva, la escuela frente a las características del niño se pregunta qué hacer para lograr que el desarrollo del sujeto se desenvuelva por un derrotero normal, sano y feliz. Y en este sentido con mucha frecuencia, el profesor se plantea: ¿cómo es un niño de esta edad bien equilibrado?, ¿existe un patrón genérico que se pueda utilizar como marco de referencia?

LINEAS MAESTRAS

Varias líneas maestras pueden señalarse, reelaborando y ampliando el esquema de Combs, Kelly, Maslow, Rogers (1962). Un crecimiento equilibrado de los sujetos se caracteriza por poseer:

Expansividad

Frente al sujeto que actúa defensivamente atribuyendo características amenazadoras a la experiencia y al cambio, el yo expansivo se abre a la experiencia ("comunicación con la experiencia") lo que le dota de recursos de contacto y de maniobra con respecto a las personas y las cosas, haciendo que tal relación le resulte cómoda y satisfactoria.

Protagonismo

El yo del sujeto equilibrado se constituye en protagonista de su propio crecimiento y acepta el riesgo de la movilidad y de la posibilidad de fracasos en el proceso de avance. Las dificultades, se superen o no, se afrontan desde una perspectiva de seguridad básica, a sabiendas (es un saber no cognitivo sino vivencial y asentado en las más profundas estructuras psíquicas, no necesariamente consciente) de que no van a abrumarlo ni a destruirlo ni frente a sí mismo ni frente a los demás; y ello es posible porque se posee un sistema de realimentación, y la seguridad ganada en anteriores éxitos es suficiente para elaborar y reelaborar (esto es, situar fuera de lo que es una posición solamente afectiva para ampliarla con un sentido cognitivo) la propia experiencia.

En el sujeto adulto esto le capacita para aventurarse, para actuar impulsivamente, para lanzarse a lo que Maslow denomina "experiencia máxima". En el niño no cabe tal apertura al riesgo, pero sí que significa la aceptación de niveles normales de riesgo, significa el actuar con esa soltura característica del niño no agobiado, seguro, desenfadado.

Imagen positiva de sí mismo

Y confianza creciente en su capacidad para lograr niveles adecuados de logro. Ello posibilita, a su vez, el establecimiento de niveles de aspiración realista (con el sentido de realismo que cabe esperar de un niño, que más que realismo en sentido estricto significa la capacidad para hacer una lectura adecuada de las experiencias anteriores, e incluso de la experiencia vicaria obtenida en su relación con los otros, y adecuar a tal lectura sus nuevos comportamientos) y la canalización de la energía a objetivos alcanzables.

Como consecuencia de todo ello adquiere confianza en su capacidad demostrada de alcanzar éxito (es mucho mejor una meta pequeña pero alcanzable y por tanto ganadora de éxito, que una meta más pretenciosa y por eso menos alcanzable o totalmente inalcanzable y por tanto generadora de fracaso), y también el sentimiento de que posee los criterios y recursos adecuados para autoevaluarse.

Independencia

La apertura a la experiencia y al presente no supone una dependencia de ambos. Ello significa distancia (capacidad de maniobra) y estar dispuesto a remodelar la propia estructura de significados (flexibilidad) para obtener unos mejores y más satisfactorios resultados de la experiencia.

En el niño significa no tener una necesidad imperiosa de la presencia y apoyo directo del adulto y sí poseer originalidad y variación frente a ritualismo en el desarrollo de sus actividades, y flexibilidad frente a rigidez en cuanto a su forma general de ser y estar consigo mismo y con los demás.

Capacidad de identificación grupal

Completa la característica anterior y que se traduce en el deseo de contribuir, cooperar y participar en las experiencias comunes.

Capacidad de manejo de la fantasía

Junto a (completada por) un tránsito progresivo a la realidad, especialmente la realidad cotidiana.

La "extorsión" de la realidad (por referirla-acomodarla siempre a sí mismo, visión "egocósmica" del mundo como la define Moragas, por hominizarla, por interpretarla fantasiosamente etc.) es una característica del niño de preescolar. Yo-no yo, y fantasía-realidad son estructuras aún sin delimitar plenamente en las vivencias y en la mente del niño.

La escuela no tiene en absoluto por objeto llevarle a que renuncie o desprecie aquellas para aplicarse a la realidad, aunque sí ha de participar en ese proceso. Su papel, con frecuencia, ha de ser el contrario: seguir manteniendo vivo el fuego de la imaginación y la expresión libre de las propias necesidades que por mor de la presión ambiental podrían ser suprimidas anticipadamente y sin dar al niño la posibilidad de realizar un tránsito sosegado y rico al realismo (y facilitar de esta manera una apertura más madura, menos pendiente de sí mismo y de los propios impulsos hacia el exterior real y los otros reales).

Debemos tener presente que la imaginación y todo el juego infantil de la fantasía juega una doble y fundamental función: una a nivel afectivo-emocional profundo permitiendo al niño huir de la realidad cuando ésta le resulte muy dura, llegar incluso a negarla y/o sustituirla por otra más acorde con sus necesidades de ese momento; otra, a nivel cognitivo en el sentido de que puede empezar así, por contraste, a distinguir entre lo real y lo imaginario pero también sirve para explorar otros mundos, jugar con el lenguaje y la lógica de las cosas, etc.

Imaginación y realidad constituyen, como veremos en su momento, dos importantes recursos de trabajo en la educación infantil.

Capacidad comunicativa

A esta edad los niños realizan un crecimiento progresivo de su capacidad de expresión lingüística, crecimiento que está en relación a la progresiva mayor complejidad de pensamiento que poseen.

Quiero referir expresamente el manejo del lenguaje en esta etapa preescolar a su función comunicativa que es la que le otorga su auténtico sentido educativo. La riqueza lingüística del niño crece por el mero contacto con el medio: aprende nuevas palabras, maneja con mayor soltura formas y expresiones lingüísticas, etc. Pero no necesariamente crece su capacidad comunicativa por esa vía. Tal crecimiento exige tiempo y ayuda.

La capacidad comunicativa implica:

— ser cada vez más capaz de hablar con los demás y compartir experiencias (recuérdese que Bruner definía el desarrollo intelectual como la capacidad de decirse a sí mismo y decir a los demás lo que se ha hecho y lo que se hará);
— ser capaz de realizar cada vez con mayor precisión el proceso de codificación y de decodificación; saber trasladar coherentemente a palabras no sólo hechos, sino fantasías, sentimientos, etc. y saber traducir en esos mismos términos las aportaciones de los otros;
— ser capaz de tratar con los demás; en este sentido la comunicación no precisa ser verbal. Hay una especie de sintonía comunicativa no verbal que hace posible estar con los demás, participar en juegos, tareas, etc.;
— ser capaz de adquirir conciencia de los defectos que provocan sus actos, esto es, capacidad de decodificar no sólamente las palabras de los otros, sino sus mensajes a todos los niveles y sobre todo aquellos que afectan o están en relación con las conductas previas propias. En este sentido, la comunicación se convierte en la base de la empatía social o capacidad de relación transitiva con los demás.

5. Función de la escuela infantil

Visión sistemática

La visión sistemática que tratamos de desarrollar sobre la enseñanza en general y sobre la correspondiente a la educación infantil, más en concreto, nos exige considerar no solamente los aspectos, componentes, características, y condiciones internas y propias de la escuela infantil, sino también someter a reflexión las relaciones establecidas entre la educación infantil como un todo y el conjunto de superestructuras con las que está relacionada. La pregunta básica aquí es: ¿qué función ha de desempeñar la enseñanza infantil en la sociedad actual? Como se ve, se trata de partir de un *discurso general sobre la escuela*, sobre su cometido social. Sin una clarificación previa de este marco de referencia, resultan irrelevantes y sin sentido muchas de las proposiciones técnicas o metodológicas que a nivel específico quieran plantearse: antes de plantearnos cómo enseñar a leer conviene determinar si es importante realmente saber leer, si lo es en este momento escolar y por qué. La ya típica y tópica discusión sobre contenidos a impartir, sobre formas de relación a privilegiar no son otra cosa que discusiones que indirectamente se plantean qué es lo importante, cómo se jerarquizan los diferentes cometidos educativos encargados social y culturalmente a la escuela.

Teoría de la escuela

Como ha señalado Kunert (1979). Cualquier análisis y/o planificación de la enseñanza ha de partir de una *teoría de la escuela* que en términos generales centre el espacio y los ámbitos de intervención a que como agente social ha de dedicarse y clarifique la dinámica general en que tal proceso se desarrolla. Esa "teoría de la escuela" se constituye en la síntesis convergente de la imagen que se tenga de la sociedad, de la imagen que se tenga de la propia escuela y su papel social. De cara a la educación infantil he creído necesario insistir en este tema porque raramente el maestro se plantea su propia actuación profesional como un proceso con sentido más allá del espacio físico y personal de su aula y sus alumnos, y raramente también trata de justificar sus decisiones en base a condiciones, exigencias o *inputs* de cualquier tipo existentes más allá de los límites estrictos de su clase y el programa oficial.

Con frecuencia, sin embargo, uno ha de salirse del restringido espacio operativo del aula para adecuar el propio trabajo a las peculiaridades del marco institucional en que tal trabajo se desenvuelve o a las características socio-ambientales, culturales o políticas que actúan como marco de referencia y que, en cualquier caso, afectan directa o indirectamente a dicho proceso educativo. Un aula infantil variará (debería hacerlo) en función del desarrollo previo de los niños, del tipo de Centro de que se trate, de la particular jerarquía de necesidades y prioridades que en función del medio ambiente quepa establecer en cada caso, de las actitudes de las familias hacia la educación y la cultura, pero también de sus disponibilidades económicas y desde luego, en función de la política educativa que las diversas Administraciones implanten en sus áreas de competencia.

Para un profesor, tener claro y ser plenamente consciente de qué es lo que se espera de su trabajo a nivel general significa ser más "dueño" de la posterior operativización y puesta en práctica de esas previsiones porque sabe cuál es la razón de las cosas que él realiza, cuál es el papel relativo de cada paso educativo que él da en el desarrollo global del sujeto que se le encomienda. Esto es, ver la educación infantil como un todo en sí misma y a la vez como algo conectado y formando parte de otro todo más general, que es precisamente la función a desarrollar por la escuela en nuestro ámbito sociocultural.

Podemos decir, que la función de la escuela ha de tener una lectura general (la que se refiere a la misión general encomendada a la escuela por la "sociedad" entendiendo como tal el conjunto de los agentes sociales con capacidad para incidir y/o tomar decisiones que especifiquen el papel de la escuela). Hay otra lectura más restringida de la función de la escuela que es la que la liga a una situación social concreta con respecto a la cual ha de cumplir una función específica. No es que los parámetros de referencia cambien de una "lectura" a la otra sino que ésta segunda supone una mayor especificación de los conceptos, supuestos y previsiones generales de aquella aplicándolos a un ámbito social o a un tipo de sujetos característicos. Por ejemplo, cuando se habla de la educación infantil en áreas sociales desfavorecidas, o con sujetos especiales, etc. En esos casos lo que son planteamientos generales adquieren especificaciones referidas concretamente a las situaciones específicas a cuyas necesidades han de responder.

Acomodación y emancipación socio-cultural

A nivel general, la escuela, y también la infantil, juega la doble y dialéctica función de *acomodación y emancipación socio-cultural* de los sujetos (Kunert 1979, pág. 16). De esto cabe hacer dos versiones contrapuestas en función de la plataforma ideológico-política en que cada uno se sitúe. Así, desde una posición optimista, y en cierto sentido ingenua, se plantea la educación en general y la infantil en particular como la apertura de los circuitos de beneficio social (desarrollo personal, cultura, adquisiciones cognitivas, enriquecimiento experiencial, etc.) a todos los niños desde una edad temprana posibilitando un más amplio cuantitativamente e intenso desarrollo humano. Por el contrario, desde una posición crítica que en algunos casos por exageración adquiere matices kafkianos, se trata de adelantar la socialización de los sujetos en su sentido de control, sometimiento, alienación, etc. Entre medias hay lecturas *economicistas*.

Por ejemplo,

ampliación de la escuela infantil en momentos de expansión económica como un mercado de trabajo que permita ocupar a la mano de obra femenina, tanto dando trabajo a las maestras como posibilitando que las madres puedan dejar a sus hijos para ir ellas a sus trabajos. De esa manera, en períodos de crisis económica tendería a restringirse la educación infantil, pues habiendo poco espacio ocupacional, es preferible que las mujeres queden en su casa y para obligarlas a ello, nada mejor que reducir el número de plazas en escuelas infantiles y/o mitificar la función educativa de la madre y el hogar.

También hay versiones *sociológicas* centradas en la función reproductora de la escuela: la escuela infantil hace que se dificulten los cambios sociales y se mantenga y justifique el *status quo* social.

Como agente social la escuela no actúa, desde luego, autónomamente y por tanto puede sin duda, ser usada para una función u otra: para crear o dificultar el empleo, para beneficiar a una clase social o para hacer disminuir las diferencias sociales, para controlar a los sujetos y adaptarlos a las exigencias de los grupos de presión, para fomentar las formas relacionales de dominio o las de igualdad, etc. De ello se concluye, en todo caso, que la escuela juega una importante función social en cuanto a la *configuración de las relaciones individuo-sociedad-cultura.*

Esto sería, desde nuestra perspectiva, la primera función de la escuela: *el establecimiento de las bases de una relación equilibrada sujeto-sociedad y sujeto-cultura.*

De esta función se han dado distintas presentaciones en la literatura especializada.

Así Kunert (1979) habla de la dialéctica acomodación-emancipación como tareas de la escuela.

1. La *acomodación* supone la adquisición-disfrute, por parte del sujeto, de la cultura y condiciones sociales de su medio de pertenencia. Entendida, dice él, más como participación que como sometimiento o imposición. En definitiva, señala, toda enseñanza se propone que el alumno adquiera conocimientos que pueda utilizar para resolver las situaciones que le plantea la vida.
2. Además de acomodación, es *emancipación.* Emancipación a nivel político y más global en el sentido de liberación de los sistemas de privilegios, de dominio y alienación; como un proceso de revisión permanente de los planteamientos y, a nivel más subjetivo, como un proceso que otorga carta de naturaleza a lo individual, a lo indiosincrásico a nivel cultural.

Esta dinámica bipolar a la que funcionalmente se incorpora la escuela en cuanto agente social, no ha de quedarse en un mero marco retórico de referencia con escasas posibilidades de traducción a la práctica educativa diaria. Recordemos que en el apartado anterior se señalaba que esa misma dinámica bipolar afectaba a las diversas dimensiones o niveles de desarrollo del sujeto: el mundo emocional-afectivo se basa en la dialéctica entre la capacidad de expresar-liberar el deseo infantil-capacidad de sustraerse de él; en el ámbito social los mismos términos se plantean en torno al desarrollo-emancipación individual en relación al desarrollo-acomodación grupal, en el ámbito intelectual, en los procesos homónimos piagetianos de asimilación-acomodación, etc. Es decir, en este sentido la escuela se incluye y opera con su propia dialéctica social en lo que es la dialéctica personal de los alumnos.

A la tensión hacia la acomodación se le ha denominado de distintas maneras: tradicionalismo, reproducción, transmisión de cultura, socialización, enculturación, etc. A la tensión opuesta hacia la emancipación se alude como: renovación, liberación, criticismo, autorrealización, etc. Sin embargo, la aceptación de la existencia de una función bipolar como funcional y positiva a nivel teórico no significa que en la realidad y en la práctica escolar una y otra fuerza tengan el mismo poder. El peso hacia la acomodación ha sido, con mucho, prevalente. Las escuelas se han hecho protagonistas de las tendencias sociales hacia la adaptación a toda costa, la mera asimilación de normas de comportamiento y de conocimientos. Sólo en las últimas décadas, y de manera aún episódica y excepcional, se ha ido introduciendo en las escuelas un fuerte espíritu crítico, la exigencia de planteamientos y formas nuevas, la búsqueda de nuevas áreas de formación, etc. y ello, no por que lo haya propiciado la propia institución escolar, sino por los fuertes movimientos de contestación social y política (Mayo del 68, subculturas juveniles, partidos políticos de izquierdas).

Kunert (1979, pág. 17) señala que la tendencia hacia la emancipación y el cumplimiento de esa función escolar no ha tenido éxito porque:

a) Fuertes corrientes en la pedagogía de las ciencias del espíritu han desatendido la relación social y política.
b) A pesar de los axiomas emancipatorios a nivel de Constitución, en las leyes escolares y en los planes educativos se sigue sobrevalorando el aspecto de la acomodación en el plano pedagógico.
c) Porque fallan, con frecuencia, las ayudas para la revisión de la enseñanza diaria.

Una primera gran función social de la educación preescolar, la función por antonomasia, se refiere pues, a la forma en que, crecimiento personal e integración social se articulan y traducen en propuestas educativas (contenidos, dinámica relacional, formas de conexión escuela-medio, etc.). La escuela en cuanto tal, como entidad no autónoma en el contexto social general, no crea o define su propia función desde dentro de sí misma (aunque esa es ciertamente una vieja reivindicación del colectivo de enseñantes: poder tomar una parte cada vez más relevante en la definición de las coordenadas generales de la política educativa; en todo caso se trataría de una participación en dicha definición de principios, no de atribuirle competencia exclusiva en ella), sino que actúan como reflejo del "pensamiento social". Así a cada imagen social de la infancia corresponde una estructura escolar diferente, no solamente en sus formas sino en su fundamento, en sus propósitos, en su marco general de justificación.

Tipos de escuela

La literatura pedagógica se ha referido con frecuencia a tipos diversos de escuelas en función de la "opinión prevalente" en torno a la infancia y correlativamente al papel que la escuela había de desempeñar con respecto a ella.

CENTRADA EN LA INSERCION SOCIAL DEL SUJETO

En esta misma línea de discurso Volpi (1981, pág. 89 y ss.) distingue en la educación un momento *objetivo-institucional* y un momento *subjetivo-innovador*. El primero generado a partir del concepto de *socialización objetiva* centrada en la inserción social del sujeto infantil: se ve el desarrollo como una línea continua y por tanto la infancia como una fase provisional y meramente de paso a la edad adulta. Se atribuye a la escuela como función primordial, la reproducción de los esquemas de vida adulta vigentes.

La escuela legitima, señala Volpi, las expectativas sociales referidas a la infancia, se convierte en garantía institucionalizada de un proceso de socialización convergente hacia el orden establecido. Esa tarea institucional la desarrolla la escuela a través de la figura del *profesor*, como principal responsable de la transmisión, el *programa*, en cuanto conjunto prefijado de informaciones que constituirán la cultura de base del sujeto, y las *formas de relación* en cuanto reflejo de los componentes ético-sociales a los que se ha de adaptar el sujeto de la escuela.

CENTRADA EN EL DESARROLLO PERSONAL AUTONOMO

Hay otro modelo de escuela contrapuesto que surge cuando prevalece una imagen de la infancia más centrada en la legitimidad individual y en el consiguiente sentido del desarrollo personal autónomo, que es lo que se viene a denominar *autorrealización*. La infancia adquiere consistencia en cuanto fase evolutiva con características propias y con un sentido también propio, no dependiente de su relación con la etapa adulta: ser niño aparece como algo importante en sí mismo, la infancia como una etapa que hay que saber disfrutar y cumplimentar en cuanto tal sin tener que estar siempre pendientes de que el destino es llegar a ser adultos. Se pasa de ver al niño como un adulto enano a verle como aquél que tiene la suerte de ser niño, sin los prejuicios e inconvenientes de los adultos.

Aquí la función de la escuela es posibilitar el desarrollo de los intereses, apetencias y necesidades de cada sujeto infantil. Para eso se precisa crear un microclima específico, impedir que la dinámica de exigencias sociales vigentes penetre en él, para que así, en un clima perfectamente aséptico y descontaminado, el niño pueda crecer su infancia. La escuela infantil sería, desde esta perspectiva, el instrumento para desarrollar este planteamiento. Es pues una escuela *discontinua* (no se trabaja para preparar al adulto, sino para dejar hacerse al niño) y *autónoma* (la sociedad contamina la infancia, la desnaturaliza en su afán de controlarla e integrarla en su seno. Se trata de evitarlo y por eso se crean actividades y formas de relación que no reflejan los modelos vigentes a nivel social).

> "La sociedad en cuanto comunidad educativa, la propia escuela, la familia y otras agencias formativas son reconocidas como importantes sólo si, y en la medida en que, consiguen no dañar la originalidad del niño, garantizarle un crecimiento no predeterminado y consentir una relación directa con la sociedad en toda su plenitud" (Volpi, pág. 91).

Este planteamiento se corresponde con el *boom* de la expresividad, de la creatividad, del saber hacer, del descubrimiento personal, etc.

Efectos educativos

Estamos lejos de poder evaluar aún los efectos educativos de estos planteamientos. Preocupa de ellos, sobre todo, esa ruptura con el medio en cuanto marco de exigencias, las posibles paradojas y contradicciones educativas a que puede verse sometido el niño. Preocupa también la falta de sistematización de las actividades (Pellery, 1981), el olvido de la complejidad de los procesos de aprendizaje (Bruner, 1978), la minusvaloración de lo cognitivo (Bruner, 1979; Titone, 1981). Por mucho que la escuela "declare" reducir su compromiso al "aquí y ahora del niño" no está claro que eso pueda ser así *de facto*. Decir que lo que la escuela infantil pretende es que el niño viva de manera gratificante y satisfactoria su periodo infantil y que no se pretende "prepararle para las etapas posteriores" (cosa que se vería como enormemente conservadora) puede, en definitiva, significar que simplemente desconsideramos o no deseamos tener en cuenta la forma en que nuestra actuación actual sobre los niños afecta a su desarrollo a largo plazo. Pero si tal efecto existe (el niño como "padre" del adulto) como parece ser, no podemos considerar la escuela infantil y lo que en ella se hace como fin en sí mismo sino que necesariamente habremos de verlo, además, como medio que conduce hacia estados a más largo plazo y que tiene consecuencias que afectarán a todo el futuro escolar del niño. Cómo hacer para que esas consecuencias sean lo más positivas posible y optimicen al máximo ese futuro escolar del niño es la cuestión clave que se nos plantea a la hora de enfocar la función de la escuela infantil.

TERCER MODELO: SINTESIS

El tercer modelo de escuela constituye, como era de esperar, una especie de síntesis de las tendencias anteriores. Volpi lo denomina modelo *sociocéntrico*, pero creo que estaría mejor denominado como *psicodidáctico*. Es el que, de alguna manera, trataremos de reflejar en esta obra.

La escuela recupera desde esta visión de la infancia la doble función, ya referida de acomodación-asimilación, de socialización objetiva (adquisición de habilidades, formas de pensamiento, valores, etc.) y de realización personal (resolución individualizada de las necesidades de cada alumno, desarrollo creativo y relativamente autónomo del niño). Es decir, se retoma la idea del *currículum* con sus bases de sistematización y desarrollo cognitivo, pero se amplía su ámbito hasta tanto que dé cabida en él al trabajo expresivo, a la iniciativa personal de cada alumno, a su mundo emocional-afectivo.

El modelo sociocéntrico, concluye Volpi:

> "Aparece como una solución o nueva propuesta para la educación de la infancia concebida como autónoma respecto a las otras fases del desarrollo humano, pero continua, esto es, ligada a las expectativas de comportamiento, objetivas y subjetivas, que no pueden dejar de tomar en consideración la edad adulta como punto de referencia para la compleja estrategia pedagógica. Pero pese a la claridad y lógica que parece desprenderse de tal propuesta, las actuales políticas educativas fallan en su puesta en práctica porque ponen en relación los dos términos del discurso (el individuo y su sociedad) como si fuesen equipotentes, acabando por privilegiar el conformismo y la reproducción de masas en virtud del mayor peso implícitamente concedido a las presuntas exigencias sociales" (Volpi, pág. 93).

Como señalábamos antes además de esa *función a nivel general* cabe hablar de una *función contextual de la escuela*, es decir, el papel a desarrollar en un contexto socio-cultural con características más definidas y diferenciadas. Así, junto a esa función global de compaginar-equilibrar lo individual y lo social en el desarrollo del sujeto cabe aquí hablar de una *función homeostática de la escuela con respecto al medio social de pertenencia*. Esa función homeostática implica, en el enfoque de Postman (1981), que el papel de la escuela ha de ser compensar la influencia del entorno, equilibrar las tensiones que provienen de él.

Planteamiento ecológico

La cuestión que cabe plantearse aquí es cómo ha de responder cada escuela infantil a las demandas concretas de su contexto socio-cultural y a las necesidades específicas que plantean de hecho los niños con los que ha de trabajar. En ese sentido cada escuela infantil podría-habría de ser distinta en su desarrollo didáctico buscando siempre estar bien adaptada e inmersa en la dinámica social próxima. Esto supone un *planteamiento ecológico y medioambiental de la escuela:* una escuela basada en la *programación* (esto es, en la adaptación de los Programas generales propuestos por las Administraciones educativas competentes a las condiciones concretas del entorno y de los niños con que se trabaja) y en el *intercambio permanente* (de recursos, de oportunidades de acción y experiencias, etc.) con los otros componentes del contexto escolar (municipio, familias, instituciones, etc.).

Por lo que a nosotros respecta la función de la escuela ha de seguir manteniéndose como estimuladora de nuevos planteamientos de progreso puesto que el ambiente social y el discurso educativo que desde ella se propugna es predominantemente estático y conservador. Con una estructura social muy estratificada y de escasa movilidad, con cotas de cultura muy bajas y muy desigualmente repartidas según clases sociales y espacios geográficos, con unos índices de fracaso escolar muy dependientes todavía del origen social de los sujetos, con una dinámica familiar no del todo congruente con planteamientos educativos tendentes al desarrollo expresivo y global del niño, etc., el papel a desempeñar hoy por hoy por la escuela infantil en nuestro ambiente es necesariamente de vanguardia, de abrir brecha en unas concepciones continuistas de la infancia, en un sentido reductivo e instrumentalista de la educación que queda condensada en leer, escribir y hacer cuentas cuanto antes, en un enfoque disciplinarista de las relaciones interpersonales que buscan la socialización objetiva y rechazan la crítica. ("La escuela destruye la educación y el respeto que nosotros inculcamos a nuestros hijos", siguen diciendo muchos padres de niños pequeños).

Funciones de la escuela infantil

Como iremos viendo en los capítulos siguientes en los tres aspectos que prioritariamente definen, según Postman (1981), el papel de la escuela ("qué enseñar", "a qué problemas debe hacer frente la escuela" y "a través de qué métodos") predomina en nuestra sociedad y también en la práctica escolar habitual, una postura restrictiva y conservadora. Los *mass-media* presentan una imagen de la infancia asociada al consumo y quizá a la idealización pero no a un crecimiento autónomo, individual y artístico. La juventud se presenta como un problema social orlado de contestación, negativismo, droga, delincuencia, etc., y ello lleva a la conclusión de que la sociedad ha de reforzar sus sistemas de control, ha de ejercer una acción temprana de socialización y encauzamiento objetivo de los alumnos, etc.

FUNCION SOCIAL

En definitiva, la función social de la escuela infantil actual, aplicando el planteamiento de Postman a nuestro ambiente, ha de seguir siendo revolucionaria en muchos aspectos. Sin una pérdida del norte de sus objetivos, sin el olvido del marco social de referencia que da sentido final a su intervención, pero sin depender de él. Buscando crear nuevos marcos alternativos que vayan abriendo espacios capaces de integrar una imagen más constructiva de la infancia y de lo que significa a nivel de contenidos, métodos, etc., el trabajar el desarrollo integral de los sujetos. ¿Cómo hacer esto? Algunas ideas al respecto se irán señalando en este libro.

Junto a esa visión genérica de lo que es la función social de la escuela (esto es la relación escuela-sociedad) hemos de distinguir otros aspectos importantes del papel que la escuela ha de desempeñar con respecto a los sujetos (esto es la relación funcional escuela-alumnos).

FUNCION RESPECTO A LOS SUJETOS

Como punto de partida, la escuela en tanto que institución-social relacionada con y dedicada casi con carácter exclusivo a la infancia está sustancial y operativamente comprometida con su desarrollo como persona y como ciudadano. Está, por tanto, vinculada a la salvaguardia social de los *derechos del niño*. Todos recordamos la insistencia que sobre tal figura (inexistente aún a nivel legal y muy difusa y desvaída a nivel de conciencia social) se ha hecho recientemente con ocasión del Año Internacional del Niño.

Derechos del niño

En 1970 el informe Faure patrocinado por la Unesco definía como derechos de la infancia, por orden de relevancia, los siguientes:

a) Derecho a la propia *individualidad* (cada uno existe en sí mismo y por sí mismo

como persona, como sujeto que debe ser aceptado y respetado).
b) Derecho a la propia *vitalidad* (cada sujeto posee un diverso potencial de crecimiento que debe ser tenido presente en la socialización intelectual, ético-afectiva, expresiva, etc.).
c) Derecho a una *cultura seria y rigurosa* (capaz, al menos en parte, de neutralizar los condicionamientos pseudoeducativos, inducidos por los instrumentos de masificación existentes dentro y fuera de la escuela).
d) Derecho a una *disciplina ética* (en disposición de combatir todos los permisivismos que impiden al sujeto enfrentarse concretamente con las propias necesidades de un crecimiento libre pero responsable). (En Volpi, 1981, pág. 97).

Estas condiciones de funcionalidad de la escuela se ven perfectamente asumidas por el modelo de educación preescolar que nosotros proponemos en la medida en que se trata de potenciar tanto el desarrollo de los componentes egodinámicos del sujeto (confianza, autonomía, iniciativa, etc.) como la adquisición de los componentes culturales y relacionales que permitan el mayor nivel posible de efectividad social y técnica de los alumnos.

Necesidad de educación infantil

La importancia en este sentido de la etapa preescolar ha sido reiteradamente señalada por Bloom (1964) para quien el factor *tempestividad* convierte a este periodo en un momento clave.

En el proceso de desarrollo del sujeto suelen darse intervenciones tempestivas (aquellas que se producen en el momento adecuado, esto es, aquel *momento óptimo* para el desenvolvimiento de ciertas capacidades y/o habilidades) y, por supuesto, intempestivas (por adelantarse o demorarse más allá del momento óptimo en función del ritmo particular de los sujetos). Pues bien, Bloom señala con respecto a la inteligencia general la agresividad en los varones, la dependencia en la mujeres y los intereses intelectuales en general que están sujetos al más rápido ritmo de desarrollo dentro de los cinco primeros años de vida. Ese es el mejor momento para intervenir sobre tales dimensiones. Después se produce una estabilización precoz de las características fundamentales del sujeto humano:

"Se producen tantos cambios en los cuatro primeros años de vida, escribe Child (1986), como en los trece siguientes".

De hecho, corrobora también Bloom, más de la mitad de las diferencias de rendimiento registradas a través de tests de inteligencia pasados a los alumnos al final de la enseñanza secundaria se explican por diferencias constatadas ya a la edad de 6 años, esto es, al finalizar la escuela infantil.

"En cuanto a la inteligencia medida a los 17 años aproximadamente el 50% del desarrollo tiene lugar entre el momento de la concepción y los cuatro años de edad, el 30% entre los cuatro y los ocho años y aproximadamente el 20% entre los ocho y los diez y siete años" (Bloom 1964, pág. 279).

La necesidad de educación infantil se justifica, pues, evolutivamente en función de la necesidad de una intervención tempestiva, en las condiciones óptimas en cuanto a edad y sobre todo en cuanto a momentos evolutivos del niño. Hay datos muy significativos que señalan cómo la capacidad intelectual de los sujetos aumenta con una estimulación ambiental-escolar temprana.

El proyecto Milwauke (Garber y Herber, 1977) ha tratado de comprobar empíricamente esta idea: un grupo de niños negros provenientes de un medio pobre y cuyas madres poseían escaso nivel intelectual (un C.I. inferior a 80) fueron incluidos en un programa intensivo (35 horas semanales) de desarrollo sensorio-motor, de lenguaje y pensamiento. Un grupo de niños de características similares que seguía los programas de educación normal hacía de grupo control. A los 12 meses las puntuaciones de ambos grupos se parecían, al año y medio había ya ventajas a favor del grupo experimental que se acrecentaron en los años siguientes: de los dos a los cuatro años y medio las puntuaciones fueron de 123 en el grupo experimental y de 95 en el de control; de los ocho a los nueve años, el grupo experimental seguía manteniendo casi 30 puntos de diferencia sobre el de control (108 frente a 80).

Sin duda quedan muchas preguntas en el aire pese a resultados tan llamativos, pero de lo que no cabe duda es de la influencia de un programa escolar que potencie, estimule y enriquezca el desarrollo del niño pequeño.

¿Cómo, desde qué marco de referencia se ha de producir la intervención de la escuela en el nivel infantil para potenciar el desarrollo global de los sujetos?
Pues bien la escuela infantil está llamada a actuar sobre un sujeto con un *bagage* de experiencias previas que están marcadas por el medio familiar y socio-cultural de pertenencia, sobre un sujeto con un particular ritmo de aprendizaje fruto de su particular desarrollo efectivo y en tercer lugar sobre un sujeto dotado de un determinado potencial de desarrollo.

Su actuación institucional estará además condicionada por el nivel de recursos disponibles y por la particular concepción educativa y didáctica a partir de la que se haya diseñado el *currículum* o si se quiere la gama de actividades a desarrollar. La escuela infantil es, por tanto, un espacio de influencias múltiplemente condicionadas en el que inciden *el propio sujeto* (su pasado experiencial, su desarrollo previo, su potencial, su ritmo, su pertenencia social), *la escuela como institución* (recursos, *currículum*, concepción pedagógica, el propio maestro) y el *medio social* en cuanto coagente, y en cierta manera mediador, de las influencias ejercitadas por la escuela.

Pellerey (1981, págs. 111 y ss) habla, en este sentido de cuatro ejes de estructuración de la acción educativa en estas primeras fases de desarrollo del sujeto, ejes que se repiten igualmente en los restantes niveles de la enseñanza, pero que adquieren especial relevancia en la escuela infantil porque es precisamente en este primer encuentro donde se sientan las bases de la posterior sincronía entre los componentes sociales extraescolares y la dinámica intraescolar.

Estos cuatro ejes que la educación preescolar ha de tener en cuenta son:

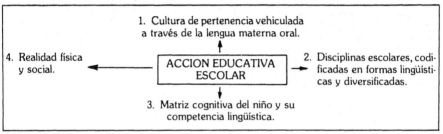

Cultura de pertenencia

La *cultura de pertenencia* de los niños que entran en la escuela, en la acepción más amplia de la palabra cultura que abarca la lengua, las formas habituales de comportamiento, percepción de la realidad, etc. En ella podrían distinguirse, según Pellery cuatro subsistemas culturales:

— subsistemas de *representación* referidos a esa peculiar forma en que cada grupo cultural ve el mundo e interpreta los fenómenos habituales y ocasionales en que se ve envuelto (sentido antropológico de la cultura);
— subsistemas *normativos* en los que se integra todo el contexto axiológico de atribución de valor desde el que se enjuician-justifican las acciones, situaciones, etc.;
— subsistemas de *expresión* o diversas modalidades de explicitación externa de las representaciones y normas antes señaladas así como las formas en que el sujeto, a partir de los modelos asimilados en los grupos de pertenencia, vehicula sus vivencias y da significado a su propia realidad;
— subsistemas de *acción* que incluyen tanto las modalidades técnicas como relacionales a través de las cuales los sujetos resuelven los problemas que se presentan y se manejan en su ambiente.

"Cultura y subcultura, señala Pellerey, tienen un rol fundamental en la estructuración de base de la personalidad, en la interiorización de modelos de comportamiento, en el desarrollo de actitudes, en la adquisición de modalidades de participación, en la aceptación de reglas de vida social y personal" (Pellerey, pág. 113).

De ahí que la escuela no pueda perder de vista en este momento de encuentro inicial con el sujeto todo su *background* cultural, su aprendizaje previo, que actuará como *input* o precondicionamiento de la intervención escolar.

Disciplinas escolares

El segundo eje de referencia viene constituido por las *disciplinas escolares*, esto es, "los actos, los conceptos propios de una particular elaboración del saber y, en la medida de lo posible, de las teorías que las encuadran en un cuerpo de conocimientos coherente a nivel lógico y válido y aplicable a nivel operativo" (Pellerey, pág. 113).

En un ámbito de la educación infantil este aspecto posee una incidencia no menor pero sí diferente de la que posee en los niveles posteriores la enseñanza (donde ésta está más centrada en las disciplinas, en sus conceptos y procedimientos de aproximación y tratamiento de la realidad). En la etapa infantil importa esa diferenciación disciplinar, no en cuanto campos de saberes ya constituidos, sino en cuanto a las peculiares modalidades de pensamiento y experiencia que posibilitan.

No se trata de que el niño haya ya de adquirir una cultura diversificada por áreas de conocimientos pero sí la capacidad de aproximarse a la realidad manejando recursos operativos y de representación diferenciados y hacerlo de manera consciente: visión mágica, poética, plástica, dramática, verbal, etc., de la realidad y todo ello con una flexibilidad y riqueza acorde con su propio desarrollo.

La escuela se constituye así en un espacio de experimentación de la realidad desde diversos códigos. Se ofrece al niño una nueva y cada vez más amplia gama de experiencias que permita ir poniendo a prueba y afirmando diferentes modalidades de contacto. No es, pues, una escuela de saberes, ni siquiera de habilidades específicas (lectura, escritura, numeración) cuyo logro se imponga como condición y propósito universal, sino una escuela experiencial, de expansión sensorial y relacional, de apertura intelectual genérica, de tránsito flexible de lo subjetivo a lo objetivo configurando las primeras estructuras cognitivas que le aproximen a una asunción lógica y racional de la realidad cultural.

La escuela juega, pues, un papel de estructura mediadora a nivel cultural dosificando los contactos del niño con la realidad, dotándole de recursos que permitan afrontar a nivel emocional, psicomotor, intelectual y lingüístico situaciones cada vez más complejas.

Características personales del educando

El tercer eje básico de la acción educativa a este nivel es el *propio educando y sus características personales,* los recursos de contacto personal e intelectual de que viene pertrechado, el propio nivel de desarrollo logrado, etc.

Especial importancia adquiere, a este respecto, la competencia lingüística del niño en cuanto a su capacidad para referir la realidad y referir sus propios estados internos. Fundamentalmente su capacidad de codificación-decodificación, esto es, el manejo fluido de signos verbales a los que es capaz de atribuir adecuadamente los significados comunes a su medio y todo ello tanto en el proceso de actuar como emisor como cuando actúa como receptor (saber explicarse-saber entenderse).

De ahí la importancia de centrar la acción educativa inicial en la adquisición de una *comunidad de repertorios significativos* que permitan la *contingencia* comunicacional y la adecuación del juego perceptivo-comunicacional entre los componentes del grupo clase (profesor y alumnos).

Realidad física y social

Este cuarto eje, redundante en cierta manera respecto al primero, eleva a categoría funcional básica la realidad próxima en que el proceso educativo se produce. De hecho en el manejo educativo de las rutinas diarias, de los fenómenos y situaciones familiares al niño, de los segmentos de realidad (espacios, cosas, costumbres, etc.) habituales radica el principal recurso didáctico y experiencial de esta etapa.

El alumno no sólo experiencia y conoce estas realidades a través de la acción y por contacto directo, sino que a medida que se desarrolla cognitivamente es capaz de elaborar otro tipo de enfrentamiento con ellas, tal como ya hemos señalado, y eso mismo va operando como movilizador, a través de los procesos piagetianos de asimilación-acomodación, del desarrollo intelectual.

Desarrollo de la acción educativa

En definitiva, en el desarrollo de la acción educativa del preescolar cuenta de manera fundamental lo que Bloom (1976) ha denominado *la historia del sujeto* y en la que incluye tanto el *mapa cognitivo* como las *características motivacionales,* pero a lo que cabría añadir aspectos más genéricos y básicos como los *estilos de enfrentamiento, patrones de adaptación y relación interpersonal* y desde luego el *nivel de desarrollo biológico* (a nivel neuronal y motor fundamentalmente). Todo niño ingresa en la escuela tras haber aprendido en su vida diaria muchas cosas, tras haber vivido (vivenciado, conocido, manejado) muchas experiencias en las cuales ha ido gestando, poniendo a prueba y consolidando diversos patrones de pensamiento, de adaptación, de resolución de problemas. Existe, preexiste, pues, una historia individual que afecta por separado y conjuntamente a los cuatro niveles del desarrollo infantil que anteriormente hemos señalado como ámbitos de lo educable en la etapa preescolar (lo afectivo, lo sensorial-psicomotor, lo relacional, lo intelectual).

La cuestión está en cómo puede hacerse cargo el maestro de ese estado anterior de sus alumnos, cómo puede darse cuenta de aquello que el niño ya sabe y sabe hacer, de su nivel de comprensión, de su estilo motivacional y de relaciones, de sus sentimientos básicos. También ha de plantearse qué estrategias ha de utilizar para comenzar el recorrido escolar justo en ese punto de entrada tratando de no hacer saltar al niño ninguna fase de su desarrollo en cualquiera de dichos ámbitos. Desde luego para ello ha de partir de una atenta observación del alumno dejando que éste actúe en situaciones naturales y espontáneas inicialmente y proponiendo tareas específicas con posterioridad. Ha de mantener también entrevistas con los padres, etc., y por encima de todo ha de ser capaz de crear un clima de comprensión, afecto y aceptación, de alegría y desinhibición expresiva que permita a cada niño situarse de manera natural en aquella forma de ser, estar y actuar que le es propia.

En último término la escuela infantil parte de los aprendizajes incidentales previos del sujeto, incluso los asume en su propia dinámica institucional (ya veremos más adelante diversas modalidades de organización de las actividades en clase) a la vez que va introduciendo formas de trabajo sistemático. El espacio de influencia educativa y sus límites son, en este sentido, más difusos en la etapa infantil que en los niveles posteriores: el aula se mezcla con su ambiente social de pertenencia. Se entremezclan los estímulos provenientes del ámbito familiar, del medio ambiental, de los grupos de nuevos compañeros de clase, de la propia estructura institucional en que están enclavados el aula y el docente (se trata de un trasvase osmótico permanente entre los distintos sistemas de encuadramiento experiencial del niño): la intervención didáctica sirve un poco de crisol de ese espectro múltiple de estimulaciones e influencias.

Una crítica que se hace al planteamiento evolutivo de Piaget es precisamente la escasa dependencia que establece entre el desarrollo cognitivo de los sujetos y el marco social en que se desenvuelve su actividad: una subevaluación del contexto. Se hace, tanto en el tratamiento de Piaget como en otros estudios del desarrollo del niño, un discurso sobre éste como ser individual cuyo desarrollo se va produciendo de manera casi autónoma desde su interior o a partir de sus potencialidades innatas. De esta manera se margina prácticamente su estructura y naturaleza social (clase social, sexo, nivel cultural de la familia, ambiente socio-cultural, etc.).

Por ello parece importante que la educación infantil atienda no sólo la naturaleza intra-personal de los procesos que generan el desarrollo cognitivo y social, sino también el marco ambiental en que tales procesos se cumplen y que va a afectar tanto al proceso en sí como a los ritmos evolutivos.

Esto significa que podemos concretar la función de la escuela, en palabras de Pellerey (1981), en:

> "Ayudar al alumno a poner orden en la confusión, relacionar de manera lógica o al menos razonable los diversos conocimientos y experiencias que posee, a tomar conciencia de los límites y del valor de los conceptos y de las explicaciones conquistadas hasta ese momento y a seguir adelante" (Pellerey, pág. 111).

Podríamos decir en ese sentido que lo que busca la escuela infantil es dotar de *significatividad* a la experiencia diaria del sujeto. Una significatividad que tiene tanto un sentido *afectivo* como *cognitivo*. Esto es, lo que se hace, se dice, se vive, etc., se convierte en un material con sentido personal (se vivencia, se disfruta) y cognitivo (se comprende, se experimenta, se verbaliza). De esta manera, las experiencias tanto ocasionales como sistematizadas se integran de manera plena en el desarrollo de cada sujeto. El niño no sólo avanza escolarmente a través de experiencias, sino que participa en ellas a nivel emocional, cognitivo y operacional de manera que la experiencia escolar adquiere para él un valor doblemente significativo. La lengua materna juega en este trabajo de significación de la experiencia un papel fundamental.

ENFOQUE COMPENSATORIO

En este análisis panorámico de la función de la escuela infantil no podemos dejar de considerar su papel fundamental con respecto a *los sujetos menos favorecidos socialmente*. La función de homogeneización del desarrollo infantil o lo que se ha venido en llamar igualdad de oportunidades en cuanto a la enseñanza básica constituye uno de los fundamentos sociales que justifican la existencia de esta fase educativa ("enfoque compensatorio de la educación infantil"). Se entiende así que es preciso que todos los niños inicien la enseñanza básica en idénticas condiciones de partida y para ello resulta imprescindible un período previo de escolarización formal (pero no formalizada) en la que los niños vayan adquiriendo los prerrequisitos mínimos para poder acceder en condiciones mínimas suficientes a la enseñanza reglada.

De alguna manera se pide a la educación preescolar que *recupere* los *déficits* que en desarrollo intelectual, en riqueza experiencial, en madurez emocional, etc., presentan los niños en general pero especialmente los que provienen de medios familiares y/o sociales desfavorecidos. Ellos, o alguno de ellos más bien, no han tenido la posibilidad de realizar experiencias lo suficientemente ricas o diversificadas o de realizarlas en su correcta graduación (han sido hiper o hipoestimulados) en las fases anteriores de su desarrollo y no pueden, por tanto, acceder en unas condiciones mínimamente favorables a los aprendizajes establecidos con vistas a un nivel medio de desarrollo sin haber procedido previamente a la recuperación de las experiencias.

De todas formas, probablemente este punto necesite ser matizado para no caer en el error de preconizar una transculturización de los sujetos de clases bajas o de ambientes menos favorecidos.

Las primeras propuestas de Bernstein en torno a la necesidad de una educación compensatoria que ampliara el "código restringido" de las clases bajas homogeneizándolo con el más extenso de las clases medias altas, han merecido diversas críticas por cuanto suponen una desnaturalización del proceso de desarrollo de los sujetos y una mala interpretación de sus deficiencias.

También Riessman (1962 y 1977) cometió un error parecido al hablar de "sujeto no verbal" al referirse a los niños menos favorecidos social y/o culturalmente.

No es que no posean sus propios recursos y códigos de comunicación, sucede que no poseen los convencionales de la clase media, pero sus propios registros son tan válidos como los de las otras clases sociales para poderse desenvolver en la vida y desde luego más útiles y adecuados para afrontar las situaciones que se les presentan en su propio medio.

No se trata por tanto de forzarles a adoptar pautas o formas de lenguaje y expresión ajenas a su situación, sino de ampliar para ellos la gama de experiencias posibles, posibilitar el que ejerciten lúdicamente y de forma espontánea aquellos recursos perceptivos, expresivos y operacionales que más adelante les serán necesarios para el desarrollo exitoso de la instrucción sistemática en la EGB:

1. Suelen tener necesidad de nuevas formas de relación con los adultos y con la tarea.
2. Necesitan con frecuencia ejercitar y flexibilizar el manejo de los registros sensoriales.
3. Son deficitarios con respecto al manejo de códigos simbólicos para representar su habilidad, pese a que ello suele venir sobrecompensado por su habilidad en el manejo práctico y directo de las cosas.

En este caso, quizá con mayor radicalidad que en su opuesto (entiéndase que lo mismo cabe decir, en otro ámbito, con respecto a la problemática planteada a nivel escolar en relación a los niños de clases acomodadas que nadan en la abundancia pero que, pese a su usual buen desarrollo lingüístico, carecen de motivación para las tareas que exijan un cierto esfuerzo de concentración, se relacionan de manera muy dominante con sus compañeros y son incapaces de controlar-diferir el mundo de sus propios deseos o intereses), la escuela ha de desempeñar una función auténticamente revulsiva en el ámbito social desfavorecido culturalmente. En este aspecto conviene también apartarse de la ingenuidad de mitificar a los desfavorecidos, a los inadaptados, a los sujetos situados en las zonas marginales del bienestar social/cultural. A veces se oye decir que son precisamente estos sujetos la única fuerza capaz de cambiar la sociedad, el único estrato con potencia revolucionaria, porque todavía no han sido absorbidos/seducidos por los poderes de la cultura en manos de las clases dominantes.

Este planteamiento nos parece decididamente incorrecto o por lo menos incomprobable a nivel de hechos. La no cultura no enriquece a los sujetos, sino que les deja inermes. Las sociedades o grupos menos desarrollados a nivel cultural no son más revolucionarios, creativos, equilibrados; más bien sucede exactamente lo contrario. El maestro que trata de que el niño asimile la cultura, que se dote de los instrumentos sensoriales, motores o mentales, que vaya aceptando las limitaciones del vivir en sociedad, o se vaya acostumbrando a los patrones generales de pensamiento y actuación de la sociedad adulta, no es un mercenario de las clases dominantes que trata de defender sus (de ellos) parcelas de poder y de neutralizar cualquier posibilidad de cambio.

Se nos plantea, pues, una cuestión fundamental en cuanto a la legitimidad de una acción sobreintensificada de la escuela con respecto a los sujetos desfavorecidos, marginados o inadaptados: *¿el medio social desfavorecido es* *fuente sólo de diferencias o es además fuente de deficiencias?* A este respecto cabe recordar que existen fuertes corrientes, fundamentalmente de origen/ orientación sociológica, que defienden que no se puede hablar de *deficiencias* (en inteligencia, en motivación, en aptitudes o en desarrollo), sino solamente de *diferencias*. Los bajos resultados obtenidos por los sujetos, en las pruebas de inteligencia, en el rendimiento escolar,etc., los atribuyen a una lectura "clasista" de tales resultados. Tanto las tareas que los tests plantean, como las actividades-contenidos de la escuela están sesgados, se dice, y pertenecen a aquellos ámbitos o dimensiones que resultan valiosos únicamente para la clase dominante, sin tener en cuenta o recoger aquellos otros relevantes y habituales en las clases sociales bajas. Se hipotetiza, pues, que no existen deficiencias sino diversas formas de expresión de las capacidades de los sujetos de las distintas clases sociales.

Pourtois (1979, pág. 214) se ha planteado este tema. En su investigación pidió a un grupo de madres pertenecientes a distintas clases sociales que enseñaran a sus hijos, en una situación de laboratorio, 8 tareas diversas, seleccionadas por el propio investigador de manera que abarcan tanto la dimensión afectivo-emocional como la psicomotriz y la intelectual. Pues bien, en sus resultados queda claramente demostrada la existencia de diferencias: el 58% de los factores psicosociales analizados diferencian entre sí a los grupos sociales. Al margen de las posibles deficiencias comparativas, sin tener por ahora en cuenta esa cuestión, Pourtois concluye que los medios sociales diversos *se diferencian netamente entre sí* por lo que respecta a los comportamientos de enseñanza de las madres y a los factores que influyen en ellos.

Los medios sociales, señala Pourtois, vehiculan las experiencias (conjunto de comportamientos de enseñanza, conductas, perfil, actitudes educativas, rasgos de personalidad, características de la adaptación personal y social) que les singularizan en mayor proporción que aquellos que les identifican.

"De esos factores diferenciadores, el 71,41% están asociados a las diferencias observadas en las capacidades intelectuales del niño, y el 64,51% están en relación con la cantidad de las adquisiciones escolares del niño" (Pourtois, pág. 215).

La diferenciación existe pues entre los diversos medios sociales analizados. *¿Se puede hablar también de hándicap o diferencias por existencia de deficiencias en los niveles menos favorecidos?* La conclusión de Pourtois es contundente: el 88,87% de los factores diferenciadores son además portadores de *hándicaps* en los medios sociales desfavorecidos. No todas las diferencias entrañan *hándicaps* pero sí lo hacen la casi totalidad de ellas.

"En resumen, la diferenciación interna de los grupos sociales nos remite a la antropología psico-cultural según la cual la experiencia adquirida a través de prácticas educativas familiares, derivadas de diferentes subculturas, singulariza a los grupos sociales no solamente en cuanto a sus vínculos sociales, sino también en función del desarrollo y fracaso escolar que les siguen (...). En resumidas cuentas se puede afirmar que la identidad psico-socio-cultural de las familias vehicula diferencias de nivel de desarrollo y adaptación escolar. Por otra parte, existen efectivamente diferencias estructurales que no son reductibles a diferencias de nivel entre los grupos sociales. Estas diferencias estructurales son, sin embargo, cuatro veces menos numerosas que las diferencias de nivel" (Pourtois, páginas 215-216).

El papel reequilibrador a ejecutar por la escuela en este caso parece evidente. En términos simples, quizá incluso simplistas, podemos decir que el niño de medio ambiente desfavorecido llegaba antes a primero de EGB en una situación fuertemente precaria tanto a nivel de prerrequisitos cognitivos ("mapa cognitivo" en Bruner) como de interés y fuerza motivacional. Introducido así de golpe en una enseñanza plenamente reglada y sistemática, forzado a seguir unos niveles básicos de aprendizaje junto a niños con una mayor riqueza experiencial y más habituados a las tareas y cometidos escolares, entra en una escalada de fracasos (respecto a los compañeros) y desestima de sí mismo que harían poco menos que irreversibles sus deficiencias de partida, provocando en muchos casos el desinterés e incluso el precoz abandono de la enseñanza.

¿Qué le puede aportar la educación preescolar? Un proceso de inserción escolar más graduado, flexible, adecuado a sus características individuales. No es sólo el mundo de los conocimientos previos el que precisa nuevo enriquecimiento sino, y probablemente en mayor medida, su mundo emocional-afectivo y relacional, su seguridad en sí mismo, sus estilos habituales de relacionarse con los demás (incluido el maestro) y de enfrentarse con tareas de tipo intelectual (académicas), etc.

Claro que tampoco hay que dramatizar. En la mayor parte de los casos el simple hecho de incorporarse al nuevo ambiente escolar, la constatación vivencial de lo divertido e interesante que resulta lo que allí se hace, normalmente basta, sin necesidad de ningún programa individual de acción especializada, para que se neutralicen sus deficiencias iniciales y adquiera un *bagage* de recursos equivalentes, e incluso superior, al resto de los niños.

La neutralización de los *hándicaps* originados en un medio ambiente social desfavorecido exige, qué duda cabe, una serie de acciones de tipo social global que vayan a atacar directamente las causas. En ello la escuela infantil puede prestar una gran colaboración como un agente social capaz de dinamizar su medio, de extender la cultura, de diseminar criterios para una mejora en la educación familiar y en las condiciones ambientales que afectan al desarrollo integral del niño. Nos referimos más expresamente a ello en otro capítulo.

Pero su función específica y primordial, aquella de la que es responsable en sentido exclusivo, es la mejora, a nivel de aula, de las condiciones que han caracterizado el desarrollo cultural de los sujetos en el plano familiar. Nos referimos a ello en otro apartado posterior, pero ya podemos dejar reseñado aquí cuál ha de ser el sentido básico de esos cambios.

"El ambiente cognitivo, señala Pourtois citando a Hess y Shipman (1968), de los niños culturalmente desfavorecidos se compone esencialmente de imperativos comportamentales; además los adultos prestan poca atención a las características individuales, y utilizan raramente el lenguaje para etiquetar, ordenar o manipular los estímulos que se presentan" (Pourtois, pág. 219).

Hallazgos estos que confirma la investigación del propio Pourtois, quien señala que los comportamientos de enseñanza de las madres de medio desfavorecido se caracterizan, en su investigación, por:

a) Un sistema de control o de regulación de carácter imperativo-normativo que exige un mínimo de reflexión por parte del niño. Las madres del medio social desfavorecido presentaban cierta tendencia a marcar oposición hacia la acción del niño, desaprobar de forma estereotipada, subestimar al niño o su trabajo, entorpecer su actividad, limitar su libre elección y reducir su campo de acción, y manejar con autoridad el ambiente.

b) Tener poco en cuenta las capacidades del pequeño e imponerle formas de proceder. Tanto las preferencias del niño, como los sentimientos personales y las motivaciones son poco valoradas.

c) Atribuir raramente una significación más precisa a la respuesta del niño y/o una mayor estima a su persona. El lenguaje es poco utilizado en tanto que útil de razonamiento que permite suministrar una explicación racional adicional al niño y que le posibilitará observar y descubrir nuevas relaciones entre los sucesos o sus acciones.

Pues bien, la escuela puede-debe cambiar el signo de estos comportamientos de la enseñanza materna relacionados con los resultados insatisfactorios de los niños. Es una función eminentemente didáctico-correctiva que debe ejercer. Ello no supone, por lo demás, algo que haya que hacer sólo con los alumnos provenientes de medios desfavorecidos, sino que obviamente se ha de convertir en característica general de toda la educación infantil. A saber:

— frente a un sistema de enseñanza basado en la directividad, enseñar al niño a buscar y descubrir por él mismo las informaciones;
— suministrarle *stándards* de realización (señalarle un nivel de logro adecuado);
— aceptar sus demandas y/o aprobar su producción;
— exigir y/o aportar una justificación y/o una explicación a su respuesta y manifestar una actitud de confianza (Pourtois, 1979, pág. 230).

De esta manera la educación preescolar cumple la función de romper el típico designio de un círculo vicioso de naturaleza social: medio desfavorecido→niños portadores de deficiencias →dificultades de adaptación al medio escolar y a sus exigencias →fracaso escolar. En este círculo vicioso la escuela no hace sino reflejar en las realizaciones escolares la calidad de desarrollo del niño, esto es, traducir en calificaciones o informes diagnósticos la deficiente calidad que ha tenido lugar fuera de ella y al socaire de un medio familiar y social a su vez deficitario. La política escolar ha tenido que plantearse al fin que por mucho que la EGB sea gratuita y obligatoria y por tanto todos los niños puedan acceder a ella, las diferencias de entrada son tan notables ya a esa edad, que en ese estado de cosas no cabe ya sino esperar que los resultados al cabo de los ciclos básicos no harán sino reproducir esas diferencias sociales e incluso constatar su aumento. No se trata, por tanto, de hablar de igualdad frente al derecho a la educación ("todos los niños de cualquier clase social pueden acceder a la enseñanza") puesto que ello sólo supone considerar formalmente iguales frente a la enseñanza a aquellos cuyo desarrollo previo, sus condiciones de vida, sus experiencias cognitivas, relacionales y culturales, su historia preescolar en definitiva, les han hecho notablemente diferentes. Más que de igualdad de oportunidades hemos de hablar en pedagogía de *igualdad de condiciones de entrada,* o cuando menos de posesión general de aquellos prerrequisitos mínimos exigibles al inicio de la EGB que permitan a todos los niños incorporarse a ella con posibilidades de aprovecharla plenamente.

No es seguro que en la actualidad estemos trabajando en este sentido. La presión de lo académico es tan fuerte en los diversos ámbitos de la educación infantil que lo que está sucediendo es que tareas que antes se realizaban en EGB, como la enseñanza de la lectura, de la escritura, la iniciación a las operaciones matemáticas, se han ido adelantando en el tiempo y ahora se desarrollan antes, con lo cual las diferencias entre los niños siguen subsistiendo, incluso se hacen más tempranas y por tanto más radicales.

La educación infantil debiera parecerse a esos momentos de "avance neutralizado" que se producen en las carreras ciclistas. Todos los corredores avanzan agradablemente, quizá van situándose adecuadamente pero sin romper el grupo. Cierto que algunos querrían ya hacer su escapada desde los primeros momentos, pero eso es precisamente lo que se "neutraliza". En el caso de los niños pequeños todos irían poniendo a punto sus estructuras básicas, afianzando sus recursos, preparándose en los diversos ámbitos del desarrollo escolar.

Pero no siempre se ha entendido así. Para muchos, obsesionados porque los niños progresen a gran velocidad y logren leer y escribir cuanto antes, todo está en función de ganancias escolares conseguidas a cualquier precio. No todos tienen claro que el éxito de una escuela infantil no viene determinado por la rapidez con que algunos alumnos avancen, ni siquiera por el número de éxitos individuales logrados, sino por el número de fracasos que sea capaz de evitar. Pero discutiremos este punto en el capítulo siguiente.

6. Concepto de educación infantil

¿Cabe después de todo este desarrollo analítico una definición integral de la educación infantil que asuma-resuma los distintos aspectos hasta aquí revisados?

El séptimo informe del Club de Roma (1979) resaltaba la importancia de prestar en nuestros días una particular atención al desarrollo interno del sujeto cuyas capacidades presentan, se dice, una potencialidad de desarrollo sin precedentes. Se marcan así las líneas de un "proyecto hombre" que sea capaz no sólo de crear tecnologías sino de controlarlas, de poseer no sólo conocimientos aislados e inconexos sino un campo integrado, inter y transdisciplinar de conocimientos que le permitan abordar como un todo los problemas que le va a presentar el mundo de hoy en día; un hombre, en definitiva, capaz de explorar, poner en marcha y disfrutar plenamente de sus espacios y recursos internos personales, de relaciones interpersonales constructivas y eficaces (la naturaleza compleja de los problemas a resolver va a exigir la aportación diferenciada y bien coordinada de grupos de personas), y de una relación con el medio ambiente creativa y ecológica.

Desde una concepción antropológica similar se puede plantear la educación infantil como un período de formación plena. La formación no excluye la instrucción, pero no se reduce a ella: *la educación infantil estaría, desde un punto de vista psicodidáctico, más sustantivamente ligada a procesos de desarrollo global y globalizado de los niños que a procesos de desarrollo sectorial* (sectorial bien porque se pretenda la intervención sobre una sola dimensión, la racional-cognitiva, con exclusión explícita de las demás, bien porque se afronte de manera sectorial y fragmentaria tal desarrollo desvinculando unas dimensiones de otras). El concepto de formación tal como aquí se ha ido postulando, incluye la organización, elaboración y dominio de las pulsiones y necesidades básicas de los sujetos; incluye una superación graduada y armónica de las diversas fases del desarrollo que conduzca a la constitución de un yo fuerte (seguro), expansivo, socializado. Todo ello enmarcado en un sentimiento positivo hacia sí mismo que supone, a su vez, el establecimiento de unas relaciones interpersonales gratificantes y reforzadoras y la adquisición progresiva de un conjunto de habilidades y conocimientos que permitan al sujeto responder a su necesidad de un suficiente sentimiento de competencia.

La escuela infantil es el *marco institucional* que suministra un espacio estimulante, higiénico e intencionalmente organizado con vistas a que ese proceso se produzca en óptimas condiciones. La escuela suministra al alumno toda una amplia y polivalente gama de oportunidades formativas de manera que cada niño se acerque a su teórico techo potencial, lo que la pedagogía definió siempre como "el máximo desarrollo personal y aptitudinal de cada sujeto". Hotyat y Delépine (1973) definen la educación del niño pequeño como:

> "Una arquitectura de medios por los que el niño es ayudado en su desarrollo personal y en la adquisición de capacidades, de modos de comportamientos, de valores considerados como esenciales por el medio humano en que está llamado a vivir" (Hotyat y Delépine, página 110).

A lo que habría que añadir que esa idea de la adaptación al medio buscada no es una adaptación pasiva o funcional, sino una integración activa, constructiva, relacional (en el sentido de un permanente intercambio-enriquecimiento mutuo sujeto-medio). Este intercambio sujeto-medio (medio físico, social, educativo, etc.) se produce en y afecta a los cuatro niveles de desarrollo que hemos señalado anteriormente al hablar de nuestro modelo de aprendizaje.

Bradford (1973) plantea dos principios básicos con respecto a la acción escolar:

1. El objetivo básico de la educación es el *cambio y crecimiento o maduración* del individuo: esto es, una meta más profunda y compleja que el mero aprendizaje intelectual.
2. El proceso de enseñar-aprender es una *transacción humana* que une al maestro, al alumno y al grupo en un conjunto de interrelaciones dinámicas que sirven de marco a un aprendizaje entendido como cambio permanente que se incorpora al proyecto vital de cada individuo.

Para Bradford en el proceso de aprendizaje escolar cada individuo ha de enfrentarse con la tarea de organizar, configurar de nuevo y relacionar su mundo interno y su entorno. Ello lleva consigo la idea de la integralidad y dinamismo intra e intersubjetivo a que nosotros nos venimos refiriendo. Resulta así evidente la necesidad de combinar la comprensión profunda de la motivación, vida emocional, afectiva e intelectual de los niños y del profesor con las habilidades concretas en una atmósfera de aprendizaje y cambio.

Refiriéndose más directamente a la dimensión intelectual del desarrollo, Titone (1981) insiste también en esta visión holística de la educación escolar: el aprendizaje es formación cognitiva-racional que transciende los contenidos particulares de cada área. Es una formación que implica:

> "Explorar la realidad, elaborar interiormente los datos obtenidos de tal exploración y finalmente expresar y comunicar los contenidos interiores (conceptualización generalizada): en definitiva, esto quiere decir analizar y sintetizar de continuo, según una escala progresiva de asimilación y de estructuración, hasta el nivel del pensamiento científico" (Titone, pág. 66).

Y Mazzetti (1976) interpreta en la misma dirección la opinión-exigencia popular de concebir la escuela a esta edad como la escuela "del leer, escribir y hacer cuentas", concepción no sólo popular, sino que se ha convertido en el objetivo de una fuerte corriente pedagógica americana bajo el *leitmotiv* "Back to basics" (Jaeger y Tittle, 1980; Weber, 1975).

Para Mazzetti es válido exigir una escuela (él se está refiriendo sobre todo a los últimos años de la escuela infantil y primeros de la elemental) que "enseñe a leer" si por tal se entiende que salgan de ella niños que razonen con su cabeza, ya que saber leer es antes que nada haber aprendido los límites del propio saber y ejercitar el arte de documentarse; vale también el "saber escribir" si significa saber poner en orden las propias ideas, saber exponer correctamente las propias razones, y "hacer cuentas", en nuestro siglo, que es por demás el siglo de la organización y de las estadísticas, permite señalar que una persona es tanto más libre cuanto más sabe medir, comedirse.

En definitiva, esto que puede abarcar a toda la educación básica supone, sobre todo, buscar unos niveles de cambio más profundos que la mera adquisición de muchas habilidades. Es una educación elemental no sólo en cuanto que suministra los elementos de la cultura, sino sobre todo en cuanto educa las capacidades elementales del sujeto.

La escuela, dice Mazzetti, instruye en tanto que educa, pero no a la inversa. Por ello no sólo ha de saber transformar al *puer ludens* y al *puer faber* en *puer sapiens* (esto es, proveer a la formación básica de la inteligencia) sino que se espera de ella que atienda ante todo y sobre todo a la formación básica del carácter y, en tal sentido, eduque las capacidades fundamentales del hombre.

Vigotsky, Luria y Leontiev (1974), desde sus postulados de que la buena enseñanza ha de preceder y estimular el desarrollo de los sujetos, señalan:

> "El rasgo esencial del aprendizaje es que él da lugar al área de desarrollo potencial, esto es, hace nacer, estimula y activa en el niño un grupo de procesos internos de desarrollo en el marco de las relaciones con los otros, que a continuación son absorbidas en la dinámica propia del desarrollo y se convierten en adquisiciones internas del niño" (Vigotsky, Luria y Leontiev, pág. 38).

El papel de la escuela infantil con el niño, su gran tarea, es potenciar el desarrollo de aquellas condiciones personales de todo tipo que haga posible su posterior buena marcha en la enseñanza reglada. No es que carezca de sentido referido a la propia edad de 2-6 años, que sí que lo tiene, pero su función no se acaba allí, sino que se amplía y está relacionada con todo el proyecto educativo del sujeto (especialmente aquel que afecta a su escolarización básica obligatoria) del que se están sentando las bases y condiciones de partida en este momento. Recordemos a ese respecto que Bloom señalaba como condiciones para un aprendizaje eficaz el "mapa cognitivo" del sujeto (que estuviera en posesión de los aprendizajes previos necesarios para afrontar el nuevo aprendizaje), su motivación y la adaptación mutua sujeto-método. Recordemos también que a esta edad los conocimientos dependen de la motivación y ésta a su vez está ligada a la acción desarrollada por el niño y a las consecuencias afectivas (refuerzo, aprecio, estima), intelectuales (comprensión del significado, ampliación del mapa cognitivo) que de ella se derivan.

En último término la enseñanza preescolar pone en marcha la curiosidad y despierta los intereses del niño a través de la creación de ambientes ricos en estímulos y oportunidades de acción:

> "La escuela de base, en este contexto, escribe Volpi (1981), tiende a ser concebida cada vez más como una gama de oportunidades formativas ofrecidas al potencial de desarrollo del niño, como una red de aprendizajes (cognitivo-intelectual, ético-social, físico, expresivo y religioso) claramente definidos según el modelo científico y justificados de manera diferente desde el punto de vista ético-axiológico" (Volpi, pág. 97).

Una y otra vez se podrá ver en la literatura especializada y en las disposiciones oficiales que se insiste en el papel fundamental que la escuela tiene ya desde la infancia de cara al desarrollo intelectual y de las habilidades instrumentales de los niños. Queremos insistir en que, sin rechazar tal planteamiento, lo encontramos reductivo y merecedor de ser ampliado a las cuatro dimensiones ya citadas. La escuela viene así entendida como una mediación (en el sentido de una estructura de medios puestos a disposición de) desarrollada en el marco del asentamiento-crecimiento intelectual, emocional, relacional, psicomotor y lingüístico de los alumnos.

> "Si el objetivo de estructuración del pensamiento, de desarrollo del mapa cognitivo y de

la capacidad explicativa de la propia estructura cognitiva, de canalización y ordenamiento de las necesidades, de los intereses y de las aspiraciones emerge como primario, todo ello no podrá ser cumplimentado si falta un adecuado clima de relaciones interpersonales, si se pierde el rol de compensación emotiva, y de objetivización de los sentimientos profundos que se desarrolla en la educación de la expresividad, si se descuida el esfuerzo de colaboración con la familia y las otras agencias educativas en la promoción del crecimiento personal y social de cada uno" (Pellerey, 1981, pág. 115).

En resumen, la forma en que concebimos la educación infantil, de la que es reflejo este libro, podría sintetizarse en dos dimensiones fundamentales en lo que se refiere a la función a desarrollar por la escuela:

La vitalidad como síntesis entre lo cultural y lo individual

La vitalidad en su doble sentido en referencia a lo específicamente humano de la realidad objetiva que se aborda como área de aprendizaje en esta etapa y como dialéctica entre adaptación-autonomía personal en el proceso de socialización.

El sentido humano (humanista) de la educación supone centrar el trabajo escolar en aquello más específicamente humano de las cosas o tópicos que se aborden. Desvelar a los niños aquellos aspectos quizás implícitos en las cosas, o en sus resonancias experienciales que afectan a su propia dimensión de hombre: aspectos de la relación social, de los acontecimientos sociales, de la propia naturaleza. Y eso no es simplemente un proceso de buscar unas referencias coyunturales sino centrarse en ello como aspecto sustantivo del aprendizaje a este nivel; este es un punto fundamental del cruce e interdependencia de las dimensiones del aprendizaje. En la educación infantil no se trata sólo de saber más cosas, sino de vivir más cosas. El principal instrumento que posee el niño para relacionarse con la realidad no es exactamente su intelecto sino su cuerpo. Es una idea clásica en el ámbito educativo la exigencia de la *periagogé* didáctica, esto es, convertir la ciencia en conciencia (conciencia y perdóneseme la reiterada insistencia, que es en preescolar mucho más que conocimiento o función mental). Es una idea que han operativizado a través de la psicomotricidad relacional Lapierre y Aucouturier (1977) que señalan oportunamente:

"Ya no se trata a este nivel de adquirir conocimientos sobre el modo de tener, sino de las posibilidades sobre el modo de ser".

Vitalidad en el sentido también aludido de síntesis dialéctica entre autorrealización individual e integración social de los sujetos, sin que haya de sacrificarse necesariamente lo uno a lo otro. El sentido de la vitalidad radica en el reconocimiento del sentido histórico y culturalmente circunscrito de cada sujeto (lo que permite una acción educativa racional y contextualizada) y a la vez en el reconocimiento paralelo de su indeterminación radical, de su potencia autoconstituyente y de la diversidad de sus formas características de ser y estar en y frente a la educación y el medio (lo que permite, o da al menos la oportunidad, de poder desarrollar un proceso educativo creativo y abierto). Como ha escrito Volpi (1981):

> "Con ello el niño cesa, por un lado, de ser el objeto de la reproducción social, el depositario de la cultura constituida y por el otro lado, por contra, cesa también de ser el agente de la revolución radical, el protagonista angélico o fetichizado de una metamorfosis histórico-social. En cuanto capaz de múltiples formas de experiencia a todos los niveles, es estimulado a asumir actitudes y comportamientos de progresiva autonomía respecto al contexto vigente, es educado en y para el ejercicio de una responsabilidad hacia sí y hacia los otros de tipo crítico, es respetado como valor en sí mismo y por sí mismo en el contexto de otros valores que constituyen el marco de referencia de un crecimiento lo más abierto y tolerante" (Volpi, pág. 88-89).

Esa es de alguna manera la idea de la vitalidad fuente de unos planteamientos educativos-didácticos que iremos desarrollando en los apartados siguientes como concreción de ese espíritu humano, relacional, vivencial que atribuimos a los aprendizajes escolares.

Nuestra propuesta conlleva un tipo de relación niño-profesor tal que los intercambios entre ambos se produzcan no solamente por la vía de la comunicación de conocimientos, sino mediante un intercambio mutuo (dual) y a través del grupo en los cuatro niveles antes señalados. El aprendizaje infantil resultará así, prevalentemente, un proceso de interacción con las personas, las ideas, el medio y las cosas. Un proceso vincular a través del cual el sujeto establece un tipo de vínculos con el objeto de aprendizaje que dependerán de las propias situaciones y necesidades del sujeto y de la situación en que tal aprendizaje se produzca (tanto a nivel de marco ambiental-social como de estructuración didáctica del proceso). De ahí la importancia que reiteradamente venimos atribuyendo a los componentes personales básicos de esa vinculación.

La competencia y autoconcepto como síntesis de lo tecnológico y lo espontáneo

Entre el centramiento en las materias y el centramiento en los sujetos en cuanto a las intervenciones didácticas.

Ha de quedar claro, también, que no se trata en absoluto de retornar a postulados antiintelectualistas de tipo roussoniano o neilliano, o a planteamientos espontaneístas drásticos, que tan severas críticas han merecido desde análisis tanto sociológicos como pedagógico-didácticos. Se trata más bien de propugnar planteamientos integradores desde los que se actúe respecto al párvulo como un todo y en los cuales lo intelectual-racional asuma un puesto, en la jerarquía de necesidades y en el cómputo de actividades, no excesivo y menos aún exclusivo. Y no porque no sea importante, que lo es, sino porque se ha de lograr el desarrollo intelectual a través de una serie de actividades y situaciones que creen las condiciones óptimas para que aquél sea posible y funcional al desarrollo integral de los sujetos. Por eso, no opondremos el desarrollo cognitivo al desarrollo afectivo o social de los sujetos, porque el uno no se opone al otro ni lo interfiere.

El trabajo de Fowler (1962) señala claramente que no se ha encontrado justificación empírica que avale el temor de que los estímulos cognitivos en la infancia pueden perjudicar el desarrollo a la personalidad infantil. Sugiere, que, en todo caso, podrían hacerlo los métodos y/o las condiciones en que tales estímulos se presentan o se exige su aprendizaje al niño, pero no por los estímulos en sí. Fowler señala que el proceso de estimulación en sí mismo, es siempre positivo.

Por su parte Staines (1956) sí que insiste en el papel importante que ejerce la atención escolar a las dimensiones no cognitivas para el desarrollo de los sujetos. Las conclusiones a que llega son que los maestros interesados por el autoconcepto de los alumnos obtienen notables mejoras en la adaptación de los niños aunque no hicieran nada especialmente planificado para procurar cambios, cosa que no sucede con los profesores que simplemente ignoraban ese factor.

El planteamiento del sentimiento de competencia como espacio de síntesis de ambos polos (una exhaustiva tecnologización de los procesos frente a un total espontaneísmo y dependencia de los intereses de los sujetos) es, de todas maneras, fundamental para poder plantearse comprensivamente esta cuestión.

Ya hemos señalado en otra parte cómo la pretensión de adecuar plenamente la intervención escolar exclusivamente a las preferencias de los alumnos plantea grandes dudas en cuanto a su sentido y resultados finales. El pensar que porque una actividad escolar esté planificada de antemano y busque la consecución de unos objetivos claros es, por ese solo hecho, manipuladora, resulta demasiado simplificador. Y también lo es pensar que ese riesgo se evita dejando que los niños escojan por su cuenta lo que desean hacer:

> "Lo que tiene máximo interés para los estudiantes, escribe Postman (1979), es todo aquello que el ambiente de información le suministra. Abandonar a los alumnos a las influencias dominantes de la cultura significa prepararlos a una instrucción unidimensional y a una personalidad semidesarrollada; significa, por así decirlo, dejarles a merced de los medios de comunicación, de los tecnócratas, de los utopistas. Porque, desde luego es también importante a nivel de escuela aquello que la cultura declara insistentemente como carente de importancia" (Postman pág. 108).

La escuela ha de ser tecnológica en la misma medida en que puede desarrollar esa función termostática a nivel social (Postman, 1979) y despertadora a nivel individual (Vigotsky, Luria, Leontiev, 1974).

Por otra parte, el desarrollo personal e incluso el académico de un sujeto está muy vinculado a su *autoconcepto* y a su *sentimiento de competencia* (Gimeno, 1976). Por tanto, tanto más ricos y constructivos serán los procesos escolares cuanto más refuercen-desarrollen esa dimensión del sujeto (ligada, como ya hemos visto, a la actividad del sujeto y a sus resultados positivos). A este respecto hay datos curiosos.

El estudio de seguimiento *(Folow Through)* desarrollado por Stebbins y otros (1977) presenta los siguientes resultados: durante 5 años se estudiaron casi 350.000 niños de preescolar. En ese estudio se sometieron a prueba 13 métodos diversos de actuación escolar a nivel de escuela infantil. Se llegó, entre otras, a la conclusión de que:

> "Los modelos de enseñanza que enfatizan las habilidades básicas producen mejores resultados en autoconcepto y responsabilización en los resultados que el resto de los modelos de enseñanza incluidos aquellos cuyo objetivo principal era precisamente el logro de tales resultados" (Stebbins y otros, pág. XXVI).

Lo cual, desde la perspectiva de la intrínseca integración de lo cognitivo y lo afectivo es fácilmente inteligible. Lo que fomenta, fija y fortalece el autoconcepto es precisamente el sentimiento de competencia del niño, esto es, el verse capaz de hacer cosas (de "hacerlas" inicialmente y después, de "hacerlas cada vez mejor"), el sentirse eficaz. No es, por tanto, sólo cuestión de sentirse querido y aceptado en clase, sino de ir aprendiendo cosas y, a esta edad, por lo general, cosas que le sirvan tanto en casa como en la escuela, que le sirvan también cuando está con sus compañeros para poder participar y ser relevante en el grupo de trabajo y de juego.

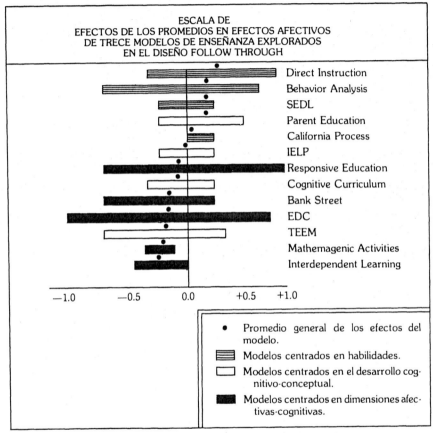

(STEBBINS, L. y otros: *An Evaluation of Follow Through.* Vol. IV-A. pág. XXVIII).

Ahí está, para nosotros, la clave de todo el aprendizaje. Divertirse, pasarlo bien, sentirse autónomo e independiente es importante en tanto que clima y marco general en el que actuar y aprender en el pleno sentido del término. En tanto que aprendizajes útiles para su desenvolvimiento en el medio (y lo es saber "leer" cuentos, saber hacer *puzzles*, saberse juegos, dramatizar, correr, etc.). Son aprendizajes atractivos por sí mismos y a la vez constituyen habilidades instrumentales cuya posesión da una gran seguridad al niño. Ese es precisamente (el saberse dominador de técnicas) lo que le hace sentirse autónomo, independiente e importante entre los suyos.

De ahí que la escuela y el docente, junto a actividades más expresivas y abiertas, hayan de ser capaces, también, de programar el aprendizaje de esas habilidades, poner en marcha procesos finalizados que conduzcan a logros concretos y utilizar técnicas específicas. Ello, naturalmente, sin menoscabo de la necesidad de una estructura flexible de condiciones, ritmos y formas de trabajo, ni de un clima relajado y gratificante en qué realizarlo.

7. Currículum, Programa y programación en la educación infantil

Quisiéramos plantear ya en este momento lo que significa la programación del trabajo en las escuelas infantiles y las condiciones en que ha de ser realizada para que se alcance un buen funcionamiento de esta etapa escolar.

Es probable que el principal reto a que haya de responder la escuela infantil, sobre todo en el nivel 0-3 años, pero también en el segmento de la etapa preescolar (4-6 años), sea el de tener un auténtico sentido educativo. Aún no nos hemos liberado de la etiqueta de *parking* colocada en los frontispicios de las guarderías. Su naturaleza educativa es, aún hoy, puesta en duda por muchos agentes sociales, por la propia Administración educativa que no considera la necesidad de profesionalizar a sus trabajadores, e incluso por las propias familias para las cuales lo fundamental no son los programas que existan en el seno de las guarderías, sino el número de horas que en ellas se mantenga a los niños.

Curiosa por lo que denota, aunque en este caso con final feliz, es la reciente anécdota del Impuesto de Valor Añadido de las guarderías. El reglamento exime de tributar el IVA a las actividades educativas pero ha hecho falta un recurso oficial, una consulta del Ministerio de Hacienda al de Educación, y que éste informara sobre el virtual carácter educativo de las guarderías, para que éstas se vieran definitivamente encuadradas, en términos fiscales, en la categoría de estructuras educativas. Eso sí, todavía fuera del sistema educativo formal del Estado.

Currículum

La fase del preescolar está más integrada en los supuestos y planteamientos en vigor de la educación, pero aún así una cierta difuminación de lo que se ha de pretender, una cierta tendencia de profesores e instituciones a definir el preescolar por contraposición a la enseñanza reglada (la EGB) y una cierta laxitud en la definición del *currículum* de esta etapa con posturas muy enfrentadas hace que también se resienta la estructura, posición y sentido de este nivel en el sistema educativo español.

La idea, sencilla, que pretendemos defender aquí es que Programa y programación son los dos baluartes más fuertes de que disponemos para fortalecer la posición de la escuela infantil en la percepción social y, de resultas, en el propio sistema educativo. La no curricularidad (esto es, que la escuela infantil no debe desarrollar un *currículum* formalizado, sino que los niños simplemente han de vivir la experiencia diaria sin otra pretensión que jugar, disfrutar y estar con otros niños) que no pocos, bien intencionadamente, defienden nos parece una trampa. Dejar a la improvisación, a la espontaneidad de cada iniciativa el organizarse a su manera, el plantearse como quiera la actividad con los niños, el abordar cualesquiera temáticas o el no abordar ninguna, etc., no significa, en el fondo, sino que la Administración se queda nuevamente al margen, no considera importante implicarse en este periodo del desarrollo infantil ni garantizar un servicio educativo público acorde con los principios de igualdad, organicidad y exigencia que rigen el resto del sistema de la educación.

La no curricularidad puede significar que las guarderías seguirán dependiendo de múltiples y variados organismos (Diputaciones, Ayuntamientos, Ministerios de Trabajo o Agricultura, Empresas, etc.) y seguirán desconectadas de preescolar (y éste seguirá desconectado de la EGB). Unas y otras carecerán de un planteamiento común y vinculado a una teoría general de la escuela y de lo que ésta ha de aportar a los ciudadanos.

Frente a esta situación de no estructura, de difuminación y marginalidad de la educación infantil adquiere gran sentido de actualidad una *escuela infantil reglada formalmente,* con un sentido unitario para toda la extensión 0-6 años que suponga y exprese el reconocimiento por parte del Estado de su responsabilidad frente al derecho infantil de ser educado, que es una condición para que se produzca la igualdad frente al desarrollo personal y social, y para que exista un disfrute compensatorio de los beneficios sociales sobre todo en estos momentos de la vida en que las carencias tienen efectos más irreversibles.

Así pues, *currículum, Programa y programación* son tres términos claros, en torno a los cuales se puede ir construyendo una nueva escuela infantil.

El concepto de *currículum* representa en este contexto el conjunto de los supuestos de partida, de las metas globales que se desea lograr y de los pasos previstos para alcanzarlas. Es también el conjunto de los aspectos, dimensiones o ámbitos que se considera importante y necesario abordar en y a través del trabajo en la escuela año tras año. En ambos casos, metas y ámbitos de aprendizaje y desarrollo, forman también parte del *currículum* las razones o consideraciones que justifican las opciones adoptadas.

Programa

El *currículum* se expresa y concreta en el Programa. El Programa es el Documento oficial de carácter nacional o autonómico en el que se indican los planteamientos generales y líneas de trabajo a desarrollar en un determinado nivel del sistema educativo; el Programa recoge el conjunto de orientaciones y prescripciones oficiales respecto a la enseñanza emanadas de la Administración educativa competente. El Programa sirve de base de referencia para las intervenciones de los distintos Centros y de los profesores tanto en lo que se refiere a las condiciones generales del trabajo a desarrollar, como a las de los contenidos, de los tiempos, de la organización, etc.

En España juegan este papel los Programas Renovados del MEC, por ejemplo, y los diversos Programas establecidos por los diferentes Gobiernos Autonómicos con competencias en educación.

Programación

Por su parte la *programación* se refiere al proyecto educativo-didáctico específico que cada Centro o cada grupo de profesores desarrolla para adaptar las previsiones generales del Programa a las características de un grupo de alumnos concreto, de una situación peculiar, de un modelo educativo o institucional particular.

El Programa al ser un instrumento con fuerza legal y que afecta por igual a todo el país, constituye el marco de experiencias vitales y de aprendizajes por las que han de pasar todos los niños de un sistema escolar; es la estructura de oportunidades a que todos los niños tienen derecho y cuya disponibilidad y calidad técnica la Administración educativa les garantiza.

Por contra, el principal sentido de la programación es convertir lo general en particular. Lodini (1984) la ha definido como sigue:

"Representa el instrumento principal para posibilitar que un proyecto general, cual es el contenido en los Programas nacionales y que se caracteriza por una precisa dimensión institucional pueda ir bajando poco a poco a la situación concreta representada por cada una de las escuelas, situada en un determinado contexto geográfico y social, con un determinado cuerpo docente, con alumnos y estructuras particulares (...). La programación es, por tanto, una serie de operaciones que los profesores bien como conjunto, bien en grupos de dimensiones más reducidas (por secciones en la escuela materna, por ciclos en la elemental o por cursos en la escuela media) llevan a cabo para organizar, a nivel concreto, la actividad didáctica y con ello poner en práctica aquellas experiencias de aprendizaje que irán a constituir el *currículum* efectivamente seguido por los alumnos" (Lodini, pág. 89).

A través de la programación, por tanto, se territorializan los supuestos generales de Programa. Se reinterpretan desde los parámetros de una situación y unas condiciones específicas las previsiones y compromisos *stándard* del Programa oficial.

La pieza clave, por lo que respecta a nuestro trabajo concreto en las aulas, es la *programación*. Sin programación no se puede hacer "buena escuela". Pero para que la programación responda a su sentido curricular ha de poseer ciertas características importantes que afectan tanto al proceso de su planificación como a su posterior puesta en práctica en el aula. Veamos algunas de estas condiciones de funcionalidad.

CARACTERISTICAS

Protagonismo del profesor

Una de las principales virtualidades de planificar el propio trabajo es que el profesor vuelve a cobrar un auténtico protagonismo en el quehacer educativo que tiene encomendado.

Wulf y Schave (1984) señalan justamente que los profesores tienen práctica como *consumidores* de *currículum* pero no como diseñadores de *currículum*. Por lo general, dicen, tienden más a acomodarse a los materiales ya elaborados (textos, guías, materiales impresos, etc.) y a sus sugerencias de trabajo que a lanzarse a la tarea de construir materiales nuevos o de acomodarse los existentes a las necesidades reales de la situación en que han de desarrollar la enseñanza.

El sentido de hacer las programaciones radica en ese retorno a un papel de confeccionadores de *currículum*, a una nueva actitud de compromiso, racionalidad y profesionalidad de los profesores. Son ellos quienes, a partir de las previsiones y mínimos del Programa general, plantean la opción educativa que mejor corresponda a la situación de sus alumnos y centros.

Mayor sentido

Eso va a significar paralelamente que el "dar clase", el "trabajar con niños" adquirirá un mayor sentido y relevancia. No se trata de seguir a ciegas unos textos, o de aplicar mecánicamente las prescripciones ajenas. Al hacer la programación se adoptan decisiones referidas a contenidos, métodos, recursos, prioridades, etc. Se eligen unos como más adecuados y se dejan de lado otros. Es decir, se busca dar un cierto "sentido" educativo propio a lo que se hace. Y eso exige del profesor una consideración permanente de los porqués (contexto de justificación) y los para qués (contexto de racionalidad y coherencia) de las decisiones que se toman. Eso es el "alma" de la profesionalidad docente hoy por hoy poco ejercitada.

Compromiso del equipo de profesores

El modelo de programación en el que más creemos no es aquel que realiza cada profesor para su clase y sus alumnos. Entendemos que la programación es un compromiso del equipo de profesores de cada Centro. En ese sentido desborda al profesor individual y lo que éste hace en su clase y da, en cambio, un sentido unitario, una significación educativa común a todo lo que se hace en un Centro.

Un centro no puede estar constituido por diferentes modelos educativos yuxtapuestos, sino por una línea común de actuación y enfoque.

Desde esta perspectiva la programación responde a tres condiciones básicas de todo proyecto curricular:

— *integración* de contenidos, propósitos y actividades. El conjunto posee un "sentido". Y es un sentido que aglutina los distintos momentos y niveles educativos: "continuidad educativa";
— *globalidad* que dote de una perspectiva amplia y pluridimensional a lo que se quiere hacer;
— *consenso* que una en ese proyecto curricular al conjunto de los que han de participar en su desarrollo (profesores fundamentalmente pero también alumnos, padres, miembros de la comunidad educativa implicados, etcétera).

Diversidad

Si algo aporta la programación es la *diversidad* dentro de unas líneas básicas comunes que nos ligan a todos a las exigencias del Programa. Cada escuela podrá adquirir una identidad propia en función del tipo de programación puesto en marcha en ella.

En este sentido la programación supone la *apertura al territorio*, al medio ambiente. En un doble aspecto:

— saber compaginar correctamente lo que son las exigencias a nivel nacional o autonómico (Programa) con los intereses locales, los niños con los que se va a trabajar, y las características peculiares de cada contexto socio-cultural;
— saber reconocer las posibilidades educativas de cada territorio para incorporarlas al propio proyecto educativo escolar, de manera que se produzca una especie de fusión de escuela y comunidad social en un proyecto formativo integrado y común.

De esta manera, esa escuela aislada, *stándard,* descontextualizada (en la que se hace lo mismo, se trabajan los mismos textos, se buscan los mismos objetivos tanto si se está en una zona superindustrializada como si se está en una aldea rural) deja paso, a través de la programación, a una escuela abierta al territorio, en contacto permanente con todas las agencias sociales de diverso tipo que en él actúan.

En definitiva *Programa y programación* son dos momentos interactuantes en una concepción curricular de la escuela. De todas formas, mantienen una relación dinámica en cuya delimitación y puesta en práctica es donde se fija el grado de autonomía de cada escuela con respecto a su particular "interpretación" y desarrollo didáctico de las previsiones curriculares del Programa.

La relación existente en cada caso entre Programa y programación, entre unicidad curricular y territorialización de la enseñanza, constituye uno de los nudos gordianos de la innovación educativa, de la contextualización y protagonismo de cada escuela en la configuración de un modo particular de "hacer la enseñanza".

Si volvemos a consideraciones más centradas en la escuela infantil, nuestra idea de la programación plantea dos nuevos puntos de reflexión curricular que la hagan funcional:

Equilibrio entre Programa y programación

Ha de producirse una ecuación equilibrada entre Programa y programación. Como ha escrito Frabboni (1984):

> "Es preciso dar vía libre al tándem Programa-programación de modo tal que se evite el proyectar *currícula*, bien demasiado prescriptivos (si se inclinan sobre el lado Programa), o bien demasiado discrecionales (si se inclinan hacia el lado programación). Por el contrario, los ejes formativos y las áreas disciplinares de los nuevos Programas de la escuela básica se han de estructurar de modo que recojan tanto elementos normativos (finalidades formativas, objetivos cognitivos, alfabetización primaria y secundaria) emanados desde el Centro (por el legislador) de cara a asegurar *stándards* culturales básicos comunes para toda la población escolar, como elementos opcionales (contenidos, itinerarios metodológicos, instrumentos didácticos) que surjan de la periferia (cada escuela podrá cocinar pedagógicamente a su propia "discreción") según las líneas de la programación concertadas y decididas por los profesores. Un proceso de este tipo, realizado sobre una adecuada ecuación Programa-programación, tiene el mérito de rechazar con fuerza tanto las tentaciones culturocéntricas (escuela del Programa, de la nueva transmisión-reproducción de conocimientos) cuanto las tentaciones puerocéntricas (escuela de la programación entendida unívocamente como exaltación de las necesidades —¿genuinas o inducidas?— de los niños y de la cultura antropológica —¿progresista o conservadora?— expresada por el ambiente social o por el territorio a cuyo servicio formativo se halla la escuela)" (Frabboni, páginas 51-52).

Estamos plenamente de acuerdo con la idea de Frabboni. Nuestra ventaja frente a la situación italiana, a la que él se refiere, es que aquí contamos con unos Programas oficiales cuya legitimidad, sentido y naturaleza de marco de referencia global nadie discute. La teoría del espontaneísmo, de los modelos más puramente puerocéntricos que defienden una pedagogía sin finalidades, que reniegan de objetivos, métodos de trabajo o contenidos en aras de la "naturalidad" de la situación o que plantean como principio básico del no intervencionismo didáctico el respetar el ritmo cognitivo de cada niño, sus propios procesos de búsqueda, etc., no han tenido entre nosotros esos efectos perjudiciales que ellos tratan de recomponer ahora (Signori, 1983).

Nuestro problema mayor radica, por el contrario, en la escasa capacidad y experiencia de programación que poseemos; lo poco que entre nosotros se ha valorado el desarrollo de iniciativas y proyectos educativos de Centro. En nuestro caso el equilibrio de la ecuación Programa-programación se ha de recomponer por el lado de la programación fortaleciendo su sentido y formando y habituando a los profesores a realizarla.

Equilibrio entre lo lúdico-expresivo y lo cognitivo

Otro eje de articulación del trabajo escolar en la escuela infantil viene constituido por la *ecuación entre lo lúdico y expresivo* por un lado y *lo cognitivo* por otro. Aquí se sitúa el principal debate curricular en torno al "qué hacer" en la escuela infantil.

En un punto anterior del libro hemos analizado este debate en torno a los contenidos de la educación infantil. ¿Son posibles los contenidos en esta etapa del desarrollo del niño? ¿Puede y/o debe hacer la escuela algo más que garantizar espacios en los que el niño se sienta libre y feliz? ¿Qué relación establecer entre la etapa preescolar y la etapa de la EGB?

El debate no está cerrado. Ni es fácil de cerrar. En este punto cada uno habrá de recurrir a su propio criterio y visión de qué es la escuela y cuál es el papel que le toca jugar en nuestra sociedad y momento cultural.

La idea que tratamos de transmitir es la de un *currículum* mixto, lleno de componentes expresivos y lúdicos, pero también de exigencias cognitivas.

> Estamos francamente interesados intelectualmente por las formas y contenidos en que se ha planteado este debate en Italia a la hora de diseñar los nuevos Programas para los niveles elementales de su sistema educativo (Zabalza, 1986). Vimos contestados en la discusión muchos de los tópicos con que aquí y allá hemos estado funcionando a la hora de presentar la educación infantil. Por ejemplo, la idea de que el niño es "todo creatividad, expresividad, fantasía e imaginación", o la idea de que la escuela infantil y más en concreto el preescolar es algo con sentido en sí mismo, que no ha de guardar relación alguna con la enseñanza formalizada de la EGB, o, en fin, el principio de que cualquier alusión al aprendizaje por parte de los pequeños de tareas instrumentales (lectura o prelectura, escritura, dibujo, etc.) o de trabajos sistematizados ha de ser considerado conservador, autoritario y enormemente perjudicial para los niños.

Todas estas ideas han figurado durante muchos años en los *leitmotivs* de los modelos progresistas de educación. Han tenido, sin duda, un gran mérito: han permitido salir a profesores individuales y a grupos de enseñantes de un "hacer escuela" anodino, funcionarial, pasivo y descomprometido. La nueva doctrina pedagógica que expresaban ha sido durante muchos años un importante revulsivo en el enfoque general y en los planteamientos metodológicos de la enseñanza en los niveles más bajos del sistema educativo.

Quizá sea llegada la hora de la reflexión para cuantos hemos vivido en profundidad esos planteamientos. Hay que buscarles un acomodo en las exigencias que el mundo moderno hace a la escuela, de manera que no se pierda lo esencial (precisamente lo que tuvieron de *leitmotiv*, de orientación general, de respeto al niño) y se gane en fundamentación, sistematicidad y apoyatura técnica.

Hoy se nos pide que afrontemos la tarea de satisfacer las expectativas y la avidez cognitiva de los niños actuales, que sepamos fortalecer y ampliar sus conocimientos y técnicas de manejo de la realidad y que les dotemos de recursos de sistematización e integración de ese caudal de estímulos e informaciones que recibe de muy diversas fuentes (el último informe de la Unesco señala que el 80% de los conocimientos de los niños son extraescolares) pero principalmente de sus relaciones sociales y de los medios de comunicación.

Todo ello significa que nuestra programación, sin dejar la dimensión creativa y el abordamiento de la afectividad y emociones de los niños pequeños, debe tener también muy en cuenta su desarrollo cognitivo y técnico.

Se trata de iniciar desde los albores de la escolaridad un progreso continuado en el camino hacia la "competencia" (ser competente, ser capaz de... cada vez mayores cosas). Y ese es un camino que cambiará en matices y contenidos específicos, pero que se mantiene en su aspecto sustantivo como una tarea continuada año tras año a lo largo de los diversos niveles de la enseñanza. Y todo ello sin dejarse conducir hacia programaciones inadecuadas, que pueden serlo precisamente por desdibujar el sentido preescolar y preacadémico de esta etapa. Como podrá verse a través del conjunto de propuestas que en estas páginas se irán desgranando, no consideramos en absoluto adecuadas las programaciones tomadas de o hechas a medida de la básica (que lo único que hacen es adelantar cada vez más los contenidos de otros niveles), ni las programaciones exclusivamente lúdicas o expresivas (que difuminan las posibilidades de desarrollo cognitivo de los niños) ni, por supuesto, las programaciones excesivamente centradas en procesos reproductivos y convergentes, que academizan y hacen rígido el proceso de evolución de los niños y les privan de todo el abanico amplio y plural de oportunidades de aprendizaje y expansión experiencial.

Lo didáctico y lo educativo configuran dos discursos que se entrecruzan y potencian mutuamente. Ya iremos viendo cómo.

8. Objetivos de la educación infantil

De cara a la práctica educativa concreta, los objetivos suponen la explicitación (la "confesión", el hacer públicas) las intenciones y propósitos que se persiguen a través de la acción escolar. Los objetivos concretan en afirmaciones globales ideas de procedimiento, resultados previstos o, en otras diversas fórmulas, qué es lo que se considera valioso para ese grupo de sujetos, lo que sería necesario, oportuno o deseable que lograsen a partir de su experiencia escolar.

Se ha discutido mucho, y se sigue haciendo, sobre la necesidad o no de objetivos para los profesores, sobre el papel de los objetivos a la hora de diseñar el proyecto educativo que deseamos poner en marcha en nuestras clases. No entraremos ahora en ese tipo de debate, aunque sí queremos dejar sentado que creemos importante saber qué se pretende. Los profesores han de someter periódicamente a revisión sus enfoques de trabajo y en ese proceso un punto importante tiene que ser el plantearse qué desean lograr con sus alumnos; cuál es su idea respecto a lo que es importante y lo que lo es menos en el trabajo escolar con niños pequeños.

Esta necesidad de clasificación por parte de los profesores fue la que llevó a Ashton y un grupo de investigadores ingleses (Ashton, 1975) a desarrollar un programa a nivel nacional para conocer e ir clasificando cuáles eran los fines de la educación primaria desde la perspectiva de los profesores. Se trató de un proceso largo y laborioso que puede sernos muy útil también a nosotros.

El proyecto constó de cuatro fases consecutivas, en cada una de las cuales se iban precisando más esos principios teleológicos de la acción educativa preescolar. En la primera fase los profesores fueron hablando y escribiendo espontáneamente en torno a los objetivos: 70 profesores trabajando en grupo generaron 225 afirmaciones en torno a los objetivos de la educación primaria.

Posteriormente se les pidió a los grupos que discutieran y respondieran a estas cuatro preguntas:

I. ¿Cuál es el mínimo deseable como logro final, al final o durante el proceso dentro de cada categoría señalada?
II. ¿Cuáles son los principales factores, si los hay, que se piensa que pueden afectar a que el profesor pueda lograr que se alcance o no ese objetivo particular (por ej. el lugar en que está situada la escuela, el nivel de experiencia del profesor, etc.)?
III. ¿Qué justificación (en función de los términos de su elección) puede Vd. ofrecer en cuanto a la consecución de ese objetivo particular?
IV. ¿Tiene Vd. claro qué es lo que realmente podría hacer en la escuela o en clase de cara a conseguir ese propósito particular? Dé, por favor, algunos ejemplos.
V. ¿Tiene Vd. ideas claras respecto a cómo podría evaluar el progreso hacia esos propósitos particulares? Dé, por favor, algunos ejemplos.

En una segunda fase (en esta fase participan sobre 400 profesores en 38 grupos) se buscó centrar las discusiones en una expresión de los objetivos que fuera satisfactoria para ellos. La fase tercera se centró en discusiones breves y estructuradas con el propósito de clasificar y reunir los objetivos en áreas congruentes. Se utilizaron dos patrones de clasificación:

a) La referencia a *aspectos del desarrollo global del sujeto;* con dos subapartados, el niño como sujeto individual (área emocional-personal) y el niño como miembro de un grupo (área social-moral).
b) La referencia a *conductas específicas:* si los objetivos se referían a lo que el niño debía saber, lo que debería ser capaz de hacer, o lo que debería ser.

La cuarta fase fue ya la de redacción definitiva de los 72 objetivos, categorizados convenientemente, que se convirtieron en un cuestionario aplicado posteriormente a 224 escuelas de diversas características. Un total de 1.586 profesores respondieron.

¿Qué podemos sacar de este interesante trabajo? (puesto que nos aproxima mucho a lo que es el pensamiento en los profesores sobre las finalidades a plantearse en la educación infantil):

— A medida que la discusión de los profesores progresaba fue haciéndose claro que la concepción de los objetivos está relacionada con otros importantes aspectos. (...) Apareció claramente que los objetivos a los que se adhería cada profesor individual tenían sus raíces en sus creencias fundamentales sobre el propósito global de la educación como un todo, esto es, en si ellos la percibían como principalmente interesada en desarrollar los talentos e intereses individuales de

los sujetos o, por el contrario, como algo dirigido a equipar al niño con habilidades y actitudes apropiadas a la sociedad en que vive. Ya hemos visto en páginas anteriores que esta doble perspectiva suele establecerse también en torno a la idea que se tenga de la escuela: si se pone el énfasis en su función institucionalizadora o bien en su función individualizadora (Volpi, 1981).
— También se hicieron explícitos distintos puntos de vista en torno a en qué aspectos del desarrollo de los niños debe centrarse la acción y las escuelas primarias. Para unos, lo fundamental era el desarrollo moral y en ello había que centrarse prioritariamente. Para otros, era el desarrollo intelectual lo fundamental y a ello había que dedicar el mayor esfuerzo.
— Los profesores variaban en cuanto a la percepción de su propio rol como profesores de manera paralela a como variaba su percepción de los objetivos de la educación primaria. Dicho de otra manera, los propósitos que los profesores manifestaron con respecto a la educación primaria fueron consistentes con respecto a la percepción que tenían de su propio rol.

Los profesores, y esto resume los puntos anteriores, aunque pueden tener dificultades para establecer o expresar los objetivos de la enseñanza, sin duda poseen esos objetivos, lo que junto a los otros aspectos antes señalados (la idea general del sentido de la educación, los aspectos prioritarios del desarrollo infantil, la idea de su propio rol, etc.) forma un patrón, intuitivo quizá, pero internamente congruente y lógico.

De los resultados de la investigación de Ashton sobre los profesores ingleses podemos extraer algunos como punto de referencia que podría clarificarnos por analogía la "posible" postura de los profesores españoles (o por lo menos servirnos de contraste):

1. Valoración promedio que se hace de las distintas áreas del desarrollo infantil:

Areas del desarrollo	Muy importante (%)	Neutro (%)	Poco importante	Total
Estética	6,2	43,2	50,6	100 %
Emocional-personal	53,6	38,6	7,8	100 %
Intelectual	52,9	34,4	12,7	100 %
Moral	22,7	67,0	10,3	100 %
Física	3,6	45,4	51,0	100 %
Social	53,6	40,6	5,8	100 %
Espiritual-religiosa	7,5	30,6	61,9	100 %

La tabla de la página anterior corresponde a los porcentajes de la muestra que juzgan cada una de las 7 áreas del desarrollo como una de las dos más importantes, como una de las dos menos importantes, o como ni una cosa ni otra (Ashton, pág. 43).

Si nos fijamos en las distribuciones del cuadro anterior se nos ofrece una imagen bastante precisa de la idea que esos profesores tenían respecto a la educación infantil y cuáles eran sus focos prioritarios (el desarrollo social, personal-emocional e intelectual) y cuáles los menos importantes (el religioso, el estético y el físico).

2. Esa visión anterior se completa con el siguiente cuadro. En una de las partes del cuestionario se hacían cinco descripciones cada una de las cuales reflejaba una perspectiva diferente respecto a la educación. Se pedía a los profesores que señalaran cuál de esas descripciones-perspectivas era la más cercana a su propio punto de vista.

Los investigadores trataron de reflejar en esas descripciones cinco posturas frente a la educación primaria: muy tradicional, tradicional moderada, progresista y muy progresista.

Se trata, por tanto, de la visión del propio rol como profesor y de la educación. Pues bien, partiendo de la adscripción de los profesores a cada una de esas posturas, ésta es la valoración que se hace de las distintas áreas del desarrollo.

Rol	Aspectos señalados como más importantes	Aspectos señalados como menos importantes
Muy tradicionales	1. El niño como ser social 2. Moral, físico Espiritual-religioso	2. Estético Emocional-personal
Tradicionales	1. El niño como ser social 2. Intelectual, moral, físico, espiritual y religioso	2. Estético Emocional-personal Social
Moderado	1. Individual 2. Emocional	2. Estético
Moderadamente progresistas	1. El niño como ser individual 2. Emocional-personal	2. Intelectual Moral
Muy progresistas	1. Desarrollo del niño como ser individual 2. Estético Emocional-personal	2. Intelectual Moral

Relaciones significativas entre el acuerdo con cada uno de los cinco roles del profesor y la valoración que se hace de los propósitos globales de la educación (1) y de las diversas áreas de desarrollo (2).

También este cuadro presenta una imagen clarificadora de cómo las distintas posturas globales frente a la educación suponen diverso enfoque de lo que es importante trabajar en la escuela infantil.

Hay que destacar las diferencias aparecidas en cuanto a cuál sea el propósito global de la educación. Los profesores más tradicionales tienden a privilegiar una visión social de la educación, esto es, ven su tarea centrada en lo que los alumnos tienen que aprender y en la dirección de ese proceso de aprendizaje. Por el contrario, los profesores con una visión de la educación centrada en lo individual ven su tarea como algo ligado al desarrollo personal de los pequeños, a la potenciación de sus características individuales, y en la consecución de esos propósitos el papel del niño es mucho mayor.

Dejaremos aquí el trabajo de Patricia Ashton para volver a la idea de los objetivos que del modelo de escuela y de educación expuesta en los capítulos anteriores se deriva.

Partimos de un planteamiento globalizador ("psicodidáctico") en el cual el desarrollo de los sujetos se entiende como un progreso simultáneo de lo emocional-simbólico, lo sensorial-psicomotor, lo relacional-social y lo intelectual.

Desde esta perspectiva, *¿qué sentido tienen los objetivos?, ¿cómo sintetizar en cuatro grandes ideas los propósitos a lograr en la educación infantil?*

El objetivo por antonomasia para este nivel educativo puede quedar bien recogido en la idea de *perfeccionamiento de las bases sobre las que ha de cimentarse la vida del ser humano* que recoge la Enciclopedia Santillana (1975, Tomo VI, pág. 15). Bases en las que siguiendo nuestro modelo teórico podríamos incluir el desarrollo de las aptitudes mentales y físicas, el apoyo a los procesos de formación del carácter, el favorecimiento de la libre expresión de la personalidad y el desarrollo de las capacidades naturales del sujeto.

Personalidad sana

Otra idea básica, previa incluso a la propia especificación de objetivos concretos, es el facilitar la consecución de una personalidad sana en los niños. Se trata, cierto es, de un concepto difuso y doctrinal pero se trata, sin duda, del eje básico de orientación de toda la acción escolar pero sobre todo en esta etapa infantil en la que se están sentando las bases de esa personalidad sana.

Heffernan (1978), recogiendo las conclusiones de la "Conferencia sobre la niñez y la Juventud" en la que participaron directores y superintendentes de las Escuelas Elementales de California, señala que en el concepto de personalidad sana se da una significativa importancia a los aspectos cualitativos de las relaciones humanas y a los sentimientos de los niños escolarizados. El problema a que debe hacer frente la escuela, sobre todo en estas primeras etapas del desarrollo infantil, es el determinar los medios para asegurar que ninguna de sus prácticas ponga en peligro un buen desarrollo.

La idea de Heffernan es a la vez *preventiva* (evitación de los peligros) y *constructiva* (creación de ambientes). Con ello volvemos a la idea ya expuesta de la función homeostática de la escuela. Es decir, la escuela infantil ha de poner en práctica todo aquel tipo de previsiones realizables tendentes a neutralizar los factores extraescolares (mala habitabilidad, carencias sociales y culturales de origen, alimentación inadecuada, relaciones sociales y culturales de origen, relaciones sociales empobrecedoras, desorientación vital, etc.) que pueden perturbar tal consecución.

Por eso resulta importante enfocar el desarrollo del niño como un todo global sin reduccionismos en lo intelectual, o en lo conductual, sino como una visión muy de conjunto de todas sus dimensiones personales.

Cierto es que las estructuras más globalizadoras en esta edad son los sentimientos, pero lo son precisamente porque en ellos se entrecruza lo emocional y lo intelectual. El sentirse a sí mismo surge como consecuencia de verse capaz de hacer y saber cosas. Así funciona, por ejemplo, el sentimiento de *confianza*, el sentido de *autonomía*, de *iniciativa*, de *productividad* descritos por Erikson (1972, 1974). Son un marco de referencia permanente de toda la acción escolar. Y es fácil y necesario saber si una determinada actividad escolar, o la organización habitual de nuestro trabajo educativo, fomenta la confianza o la desconfianza, amplía el margen de iniciativa o lo restringe, apoya la expansión vital del niño o coarta y centra su actividad en el aprendizaje mecánico o memorístico.

Objetivos: grandes líneas

Pues bien, siguiendo el modelo teórico ya expuesto, podríamos sistematizar los objetivos de la educación infantil en tres grandes líneas de trabajo que podrían concretarse posteriormente en objetivos de áreas o dimensiones más específicas de la vida diaria del aula.

Esas tres grandes líneas de orientación serían:

POSITIVIZAR LA DINAMICA Y FORTALECIMIENTO
DEL YO INFANTIL

Esto implicaría subsidiariamente:

*Liberar el deseo del niño y dotarle
de recursos de elaboración y autocontrol*

Un objetivo fundamental, y máximo en la etapa preescolar, debe ser pretender, y no sólo permitir, que el niño manifieste sus pulsiones, tanto las positivas como las negativas, porque las pulsiones son la base sobre la que se organiza toda la vida emocional y afectiva y cuya energía provocadora de tensiones, es necesario liberar de alguna manera.

Entiendo que es, pues, tarea del profesor promover cauces que permitan su elaboración y canalización a través de actividades físicas, simbólicas y catárticas que eliminen la energía acumulada y restauren el estado de homeostasis del sujeto, que quedó alterado cuando se suscitó la pulsión. De esta forma podrá ir controlando el niño su actividad pulsional.

El reprimirla o tratar de controlar sus manifestaciones, no nos llevaría más que a inhibir su expresión exterior concreta, pero el impulso subsistiría y la energía retenida trataría de liberarse por otras vías menos estructurantes, manifestándose a través de: estados de ánimo variables, respuestas sustitutivas, regresiones, explosiones emocionales.

Desde la perspectiva ya asentada de la búsqueda de una personalidad sana, resulta obvio que la dinámica escolar de esta etapa ha de ser dirigida más a estructurar, integrar, adecuar las estructuras egodinámicas que a reprimir sus manifestaciones. La idea básica es, pues, rescatar y encauzar, no impedir o penalizar. Y eso porque *del deseo pulsional surgirá el deseo cognitivo* y porque la agresividad en esta etapa no es sino la expresión de una apetencia destructiva primaria (pulsión de muerte) cuya elaboración positiva y control logrará el niño expresándola.

Eso sucede por ejemplo con niños caprichosos, que lo quieren todo, que presionan o agreden (mordiscos, tirones de pelo, etc.) a los otros niños. Con ellos procede un trabajo de elaboración del deseo, reorientar lo que inicialmente es una explosión motriz-emocional hacia cauces más racionales. La mera represión no resuelve la necesidad del niño.

Este es, a nuestro entender, el objetivo profundo de la liberación del deseo. La dialéctica ambivalente que a nivel interno se da en los niños, no tiene por qué ser excluida de la relación escolar. Ni el introducirlo en ella ha de llevarnos a confundir acción educativa con intervención terapéutica. Defendemos su introducción en el ámbito educativo como manifestaciones del niño normal. En caso de convertirse en indicadores de patología la perspectiva, naturalmente, variaría.

*Orientar la acción educativa a favorecer
un sentimiento positivo del niño hacia sí mismo*

Como ha señalado Combs (1978) esto supondría:

1. Mirar el Yo del individuo como una parte reconocida del *currículum.*
2. Todo aquello que disminuya el Yo del niño debe estar vedado en la educación; la educación ha de basarse más en las áreas de éxito que en las de fracaso.
3. Debemos aplicar nuestros criterios de autovaloración a cualquier experiencia educacional.
4. Aceptar al alumno, conocerlo en profundidad, saber qué piensa de él mismo y cómo ve el mundo en que vive.

De alguna manera esto supondría plantearse el encauzamiento del desarrollo emocional del pequeño. Dimensión ésta necesariamente presente en el desempeño del alumno preescolar en clase. La escuela buscaría así la felicidad personal y el equilibrio y armonía concomitantes a la denominada "personalidad sana". Emociones tales como la agresividad, la ira, los celos, la envidia, la necesidad de seguridad, afecto, aceptación, etc., son componentes de ese fondo dialéctico y primario del sujeto que exige una atención adecuada. En puntos posteriores veremos cómo puede realizarse dicha acción.

ENRIQUECER LA VIDA INDIVIDUAL DEL NIÑO

Reconocer el deseo del niño es, en definitiva, reconocerle como sujeto que siente, actúa, piensa y desea; y ése, decíamos, es uno de los aspectos básicos de la acción educativa preescolar que vuelve a aparecer aquí de nuevo. Este objetivo general puede, a su vez, ser especificado en diversos aspectos que lo concretarían.

Búsqueda del desenvolvimiento individual

La meta de la educación debe ser una creciente unicidad de los individuos y no un parecido cada vez mayor. Las ideas de autonomía, iniciativa, capacidad crítica, diversidad, optatividad, toma personal de decisiones, etc., estarían implicadas en este objetivo.

Como ha señalado Anderson (1963) los objetivos de la educación vendrían a coincidir con las preocupaciones autoidentificatorias de:

> "Cómo ser un individuo, cómo tener ideas propias, cómo constituir juicios basados en la propia experiencia, cómo pensar por sí mismo, cómo ser espontáneo en la conducta propia, cómo tener libertad de actuar sobre la base de las propias ideas y de los propios sistemas de valores y preferencias, cómo crecer y desarrollarse hasta el punto óptimo y también dentro de esta libertad cómo entender y comprender a los otros" (Anderson, página 131).

No todas ellas son búsquedas o dinámicas apropiadas a la edad infantil preescolar pero sí lo es el principio general que está en su base: la concepción positiva de la individualidad con todo lo que ello supone tanto de cara a la determinación de los objetivos como a la adecuación a las características diferenciales de los sujetos de los procesos de enseñanza, y sobre todo de cara a la aceptación plena del niño.

Dinamización de la vitalidad expansiva del niño

Como ha señalado Combs (1978) las personas que se autorrealizan están abiertas a sus experiencias. Afrontan las actividades de manera gozosa y no defensiva ni temerosa. Y concreta:

> "Esta apertura a la experiencia reclama para los individuos amplias oportunidades de explorarse y probarse a sí mismos... Por ello un exceso de orden, de procedimientos, de costumbres y de tradición (lo correcto como algo muy marcado) puede muy bien destruir ese tipo de apertura de que estamos hablando" (Combs, pág. 130).

En palabras de Cabezas Sandoval (1981) esto implica enseñarles "a vivir, a gozar, a disfrutar de la vida, a triunfar en el arte de vivir, lo que equivale a ayudarles a realizar en plenitud su vocación humana" (Cabezas Sandoval, pág. 456).

Aumento de su fondo experiencial

Partiendo de lo que el niño sabe, y más aún de lo que siente y/o vive (por ejemplo desde la pulsión sexual al espíritu investigador) y le gusta hacer. Fomentar a través de ello su espíritu investigador, de búsqueda, su curiosidad, el placer de descubrir cosas nuevas... promoviendo su iniciativa, proponiendo, facilitando y encauzando sus descubrimientos, dándoles cada vez más autonomía y marcándoles también ciertas reglas.

La escuela debe facilitar experiencias, materiales de investigación; utilizar los recursos propios y los que la naturaleza en torno y la comunidad les ofrece, de manera que el niño desarrolle progresivas experiencias de sí mismo y del mundo que le rodea.

Es, pues, estimular un aprendizaje concebido como búsqueda y expansión no sólo de conocimientos, sino de experiencias. Aprendizaje que recoja tanto aspectos formales como informales de forma que se multipliquen los campos de observación y desarrollo del niño. En este sentido, la didáctica medioambiental, las experiencias sensoriales, el trabajo en el campo del conocimiento propio y de los demás (psicomotricidad, juegos, etc.), la búsqueda de armonías tanto a nivel estático como dinámico, se hallan en esta línea de expansión global y totalizante del niño. Y todo ello dirigido a potenciar el espíritu de investigación, la actividad, iniciativa, curiosidad, etc.

ENRIQUECER - ENCAUZAR LA VIDA RELACIONAL-SOCIAL

La dinámica intrapsíquica del sujeto necesita completarse con la dinámica exteroceptiva y relacional, y en ese proceso la escuela infantil juega, sin duda, un papel fundamental. Y en esta dinámica de relación debemos incluir desde los procesos más complejos y profundos como son los de identificación y transferencia hasta los más superficiales de imitación y aprendizaje de reglas, y en general los procesos implicados en la socialización del niño.

Por concretar más nuestra propuesta señalaríamos aquí las siguientes subdivisiones a considerar:

Desarrollo de los instrumentos de comunicación

Un buen desarrollo implica para nosotros dos procesos conductuales paralelos y absolutamente relacionados:

— capacidad de autoexpresión;
— capacidad de conexión-vinculación comunicacional con el otro, posibilidad de sintonizar con él, de dialogar, tanto a nivel verbal como a nivel de "diálogo de gestos", de "diálogo de actitudes", usando la terminología de G. H. Mead.

El trabajo escolar en este sentido ha de estar, por tanto, orientado al desarrollo de una capacidad de comunicación en su sentido más pleno (no reductible al lenguaje); esto es, una comunicación no sólo verbal (desde luego, también verbal) sino también emocionalmente vehiculada a través de su cuerpo, gestos, gritos, plasmaciones gráficas y artísticas, a través del cuerpo del otro, etc. De esta manera todas las dimensiones del niño, tanto conscientes como inconscientes, se ven implicadas en ese proceso comunicativo. El maestro puede trabajar con el simbolismo, con las fantasías y de alguna manera puede ayudar al niño a elaborar instrumentos de contacto y maniobra con los demás y consigo mismo. En el fondo, la escuela ha de posibilitar que el niño posea recursos suficientes para codificar y decodificar la realidad con la que entra en contacto, realidad que le incluye a él mismo, a los otros, a los objetos, a las situaciones, a las ideas...

Desarrollo de la capacidad de adaptación

Más que hablar de adaptación habría que hablar de adaptabilidad según ha señalado Maslow (1965) puesto que una excesiva adaptación puede convertirse en neurosis como se ha señalado repetidamente en los trabajos de Fromm, Merton y otros muchos autores.

La adaptabilidad supone la capacidad para integrarse por un lado, y por otro la capacidad paralela de distanciarse del grupo, de mantener niveles de iniciativa personal y posibilidad de crítica.

El proceso de socialización es amplio, complejo y dialéctico. Los momentos y situaciones duales de la primera ambivalencia dialéctica que se produce en el niño entre la fusionalidad y la adaptación, se continuarán en una relación dual (niño-madre o sustituta) que luego se hace triangular en el Complejo de Edipo y se resuelve normalmente a través de los procesos identificatorios. Todo ello está inmerso en esta dinámica profunda del sujeto hacia la adaptación. Ya hicimos referencia a tales procesos y vivencias y volveremos a ellos al tratar de la relación profesor-alumno.

Por lo que respecta al objetivo socializador señalemos simplemente los aspectos que Kamii y Devries (1981) proponen como objetivos escolares socio-afectivos al desarrollar las implicaciones de la teoría de Piaget en la educación preescolar:

1. Animar al niño a que sea cada vez más autónomo en relación con los adultos.
2. Animar a los niños a que se relacionen y resuelvan sus conflictos entre ellos.
3. Animarles a que sean independientes y curiosos, a que usen su iniciativa, busquen sus intereses, tengan confianza en su capacidad de lograrlos, sean capaces de competir constructivamente.

En todo caso queda claro que el objetivo de socialización que la escuela propone es un objetivo bicéfalo, ya que si por un lado consiste en introducir al niño en un ámbito de normas básicas que potencien su autocontrol y favorezcan su adaptación a las condiciones y exigencias del medio socio-cultural, por el otro supone liberar al niño de la dependencia excesiva del deseo del otro para que sea capaz de actuar sobre sus propios deseos, dotarle de autonomía, capacidad crítica e iniciativa. Si la primera función socializadora implica el control de las pulsiones y tendencias egocéntricas, derivando tales impulsos hacia la constitución de hábitos de cooperación, solidaridad y adecuación al grupo a través del juego y de actividades colectivas fundamentalmente, la segunda de tales funciones socializadoras implica el desarrollo de la capacidad de expresión, de elección, decisión, autoafirmación y dirección autónomas.

La forma en que la escuela actual introduce este planteamiento general sobre los objetivos en la determinación y planificación de sus actividades concretas (esto es, cómo operativiza los objetivos), es francamente desilusionante. Por lo general se mantienen a nivel teórico, de planteamiento doctrinal o de principios, posturas similares a las aquí señaladas. Pero a nivel práctico, cuando se trata de descender de las formulaciones teóricas al proceso de educación y su sentido, al desarrollo operativo del diseño de instrucción, tales principios apenas sí encuentran reflejo.

Modelos

Por otra parte, el propio pensamiento didáctico actual se debate entre dos posturas contrapuestas en cuanto a la función y definición de los objetivos escolares dependiendo del paradigma de educación-desarrollo infantil que se utilice como referencia.

CONDUCTISTAS O TECNOLOGICOS

Los planteamientos que se basan en modelos conductistas o tecnológicos postulan definiciones muy operativizadas de los objetivos que describan conductas concretas observables, que señalen claramente el nivel de logro que se pretende y las condiciones en que éste se ha de producir (Skinner, Boyle, Mager, Estarellas, Bloom, etc., se encontrarían en esta línea).

INTEGRADORES

Y por el otro lado están los planteamientos basados en corrientes que se pretenden integradoras como la "psicología humanística", la "psicomotricidad relacional", la "pedagogía existencial", etc. (autores como Rogers, Weinstein: "enseñanza por el afecto", Stenhouse, Eisner, Steinaker, Bell, Lapierre-Aucoutourier, etc., se situarían en esta otra perspectiva).

MODELO EXPERIENCIAL

En tal sentido, próximos al enfoque de este libro, se encuentran los autores que defienden un *modelo experiencial* de objetivos de aprendizaje frente a los objetivos terminales de taxonomías como la de Bloom. Dichos autores critican de los objetivos conductuales de aprendizaje su carácter excesivamente reductivo, prefijado y minucioso. Se critica a los objetivos conductuales que cierran excesivamente el diseño del producto educativo, centran el valor del aprendizaje exclusivamente en la consecución de dicha meta final, desconsiderando las posibilidades educativo-instruccionales del proceso de búsqueda y llegada a dicho final.

Algo así como si al realizar un viaje, lo fundamental fuera llegar al destino con la máxima rapidez, eficacia y menor costo. No importaría entonces por dónde se pase, lo que suceda en el recorrido o las posibilidades de todo tipo que éste ofrezca, dado que está claro cuál es el destino y está también claro que hay que llegar a él lo antes posible, para lo cual es necesario tomar el camino más corto, el vehículo más veloz y el conductor más capaz.

Evidentemente los objetivos que se proponen son fundamentalmente adquisiciones intelectuales de diverso nivel (habilidades cognitivas o motrices: *skills*).

Frente a este tipo de posturas conductistas (el objetivo ha de venir clara e inequívocamente definido en términos de conducta observable) que sitúan el objetivo más allá del proceso de aprendizaje, surgen con un afán integrador los teóricos de las posturas denominadas "humanísticas" proponiendo lo que Pratt (1976) denominaba "fines humanísticos" frente a los "objetivos de conducta", y Eisner (1969) definía como *"objetivos expresivos":*

> "Un objetivo expresivo describe un encuentro educativo, identifica una situación en la cual el niño realiza un trabajo, un problema en el que se desarrolla un esfuerzo, una tarea en la que se ocupa, pero no es específico del objetivo expresivo lo que por medio del encuentro, el trabajo, el problema o la tarea se haya de aprender" (Eisner, pág. 2).

Esto es, que siguiendo con el símil del viaje, el objetivo no es el destino sino el propio viaje. Como profesor no me sentiré presionado por *tener que* llegar a un determinado lugar, sino que saborearé el viaje como una experiencia global aprovechando los estímulos que me ofrezca. Y hasta puede suceder que no llegue al lugar concreto donde pensaba ir, sino que a lo largo del camino haya cambiado de ruta para llegar a otros sitios que en ese momento parezcan de superior interés.

Lo importante es, por tanto, vivir las diversas experiencias que el proceso de enseñanza-aprendizaje me vaya ofreciendo. Y, es más, ello supondrá, desde la perspectiva del docente y/o planificador, entender dicho proceso de enseñanza-aprendizaje como una constante oferta de experiencias y posibilidades para el niño. Cuanto más completas sean, mejor; cuantos más recursos personales le exijan al alumno poner en marcha para abordarla mejor (esto es, que tenga que emplear no sólo su inteligencia sino también sus sentidos, sus miembros, su imaginación, su movimiento, sus estrategias de acceso a la realidad, sus formas diversas de comunicación, etc.).

Por su parte Wheeler (1976) presenta algunas posturas que desde una perspectiva aún más global e integradora traducen en objetivos postulados similares a los defendidos por nosotros en este libro.

Autores como Tryon y Lilienthal (1950), por una parte, definen y organizan los contenidos en lo que denominan *"tareas de desarrollo"*, y Havinghurst (1967), por otra, proponen, todos ellos, que la escuela asuma la tarea del perfeccionamiento del niño desde la triple perspectiva de las necesidades del sujeto, sus características individuales y las características-exigencias del grupo social del que forma parte. De esta manera una tarea de desarrollo es aquel tipo de actividad que, recogiendo las características de un determinado período de la vida del sujeto, y si se resuelve con éxito, le conduce a la satisfacción de sus necesidades (felicidad), a la inserción en el grupo y al triunfo en tareas posteriores (desarrollo cognitivo-operatorio).

Las tareas de desarrollo que Tryon y Lilienthal (1950) proponen son:

1. Conseguir un desarrollo idóneo de dependencia-independencia.
2. Conseguir un modelo idóneo de dar y recibir afecto.
3. Relacionarse con los grupos sociales cambiantes.
4. Aceptar y adaptarse a un cuerpo cambiante.
5. Controlar un cuerpo cambiante y aprender nuevas pautas motrices.
6. Aprender el propio rol sexual psicosociobiológico.
7. Aprender a comprender y controlar el mundo físico.
8. Desarrollar un sistema adecuado de símbolos y de capacidad conceptual.
9. Desarrollar la conciencia, la moralidad, una escala de valores y un sistema ético como guía de la conducta.
10. Relacionarse con el cosmos.

Todas ellas, aunque en diversa forma y nivel, pueden ser asumidas en cada edad, pero es claro que tanto la maduración físico-biológica como la psicológica han de ser más atendidas y priorizadas en esta edad preescolar.

Desde el campo psicológico son muchas las propuestas en este sentido identificando las áreas básicas de necesidad que todo sujeto ha de cumplimentar con vistas a lograr un desarrollo equilibrado y una personalidad bien integrada.

Así, ya hemos hecho referencia a la postura de Erikson (1974) que sitúa la personalidad normal en aquel sujeto que logra satisfacer sus necesidades básicas elaborando una fuerte identidad, lo que supone una previa asunción, en sí mismo, por parte del sujeto de un triple sentimiento de *confianza, autonomía e iniciativa*.

Muy interesante es, asimismo, la matizada y comprensiva propuesta de Maslow y Mittlemann (1965) que presentan un elenco de características básicas de una personalidad bien asentada: *sentimiento de seguridad, autoevaluación adecuada, espontaneidad y emotividad adecuadas, contacto eficiente con la realidad, deseos corporales adecuados y capacidad para gratificarlos, autoconocimiento adecuado, integración y congruencia de la personalidad, metas adecuadas, capacidad para aprender por la experiencia, capacidad para satisfacer los requerimientos del grupo, emancipación adecuada del grupo y de la cultura*.

En general ésta es la postura que defienden los autores encuadrados en la psicología humanística. Así, cuatro de sus más claros exponentes, Combs, Kelly, Maslow y Rogers (1962), señalan como eje base de la adecuación personal la *"realización del yo"* que ya analizamos en otro punto anterior.

Es evidente que se trata de modelos generales y no específicamente dirigidos a identificar las estructuras de idoneidad del párvulo, pero resulta igualmente claro que de sus puntos y propuestas se derivan directamente una serie de sugerencias y postulados tanto axiológicos como de organización de actividades. Si la escuela ha de afrontar el desarrollo integral del sujeto, ello significa que no ha de dar por supuesto el establecimiento previo de las estructuras básicas en el desarrollo de los sujetos. Este es en definitiva el sentido que para nosotros poseen los objetivos.

9. Organización de los espacios de la clase

Una de las variables fundamentales de la estructuración didáctica de la escuela infantil es la organización de contextos adecuados de aprendizaje, de espacios que inviten a la alegría, a sentirse a gusto en la escuela, que potencien el desarrollo integrado de los niños que van a pasar en ellos una parte importante de su tiempo diario.

Con respecto a este punto cabe resaltar y congratularse de la gran aportación que las clases del preescolar han hecho al sistema educativo en su conjunto. Ha sido en preescolar, y cabe pensar que lo será aún más en las escuelas infantiles, donde se ha ido quebrando el modelo rígido de estructuración física y funcional de las clases que prevalece en todos los otros niveles de la enseñanza.

Sin embargo, nos queda mucho trecho por recorrer, tanto en lo que se refiere a la conceptualización del papel jugado por el espacio en el desarrollo personal del niño pequeño, como en lo que afecta a modelos concretos de configuración de los espacios en la escuela infantil. A ambos aspectos quisiera referirme en este capítulo.

Sentido del espacio en la escuela infantil

RELACION PERSONA - AMBIENTE

Parece de sentido común aceptar que existen unas fuertes relaciones mutuas entre la gente y su ambiente. A su estudio se ha dedicado toda la corriente de la psicología ambiental.

Barker (1968) ha señalado que todo ambiente o contexto en que se produce la conducta posee sus propias estructuras (límites físicos, atributos funcionales, recursos disponibles, etc.) que facilitan, limitan y ordenan la conducta de los sujetos.

Para nosotros esto significa que distintos ambientes, a través de un juego dinámico de facilitaciones-limitaciones, darán pie a distintas conductas de los sujetos.

Spirack (1973, págs. 44-49) ha llegado a hablar de contextos empobrecedores *(setting deprivation)* para referirse a las situaciones en que el ambiente físico es incapaz de facilitar las actividades y de resolver las necesidades de quienes actúan en él.

Claro que también podemos hablar de ambientes ricos y facilitadores.

Todos los profesores tenemos experiencia a este respecto. Nos hemos visto en situaciones en que todo eran limitaciones, dificultades (de tipo físico) para poder llevar adelante nuestros propósitos de trabajo y a la vez nos hemos quedado maravillados al ver, en la realidad o en fotografías, otros diseños de clases más dotados o más imaginativamente dispuestos. En esas ocasiones uno suele tender a exclamar: "¡Vaya! ¡Así cualquiera podría trabajar y obtener resultados excelentes!".

EL ESPACIO COMO
ESTRUCTURA DE OPORTUNIDADES

El espacio en la educación se constituye como una *estructura de oportunidades*. Es una condición externa que favorecerá o dificultará el proceso de crecimiento personal y el desarrollo de las actividades instructivas. Será facilitador, o por el contrario limitador, en función del nivel de congruencia con respecto a los objetivos y dinámica general de las actividades que se pongan en marcha o con respecto a los métodos educativos e instructivos que caractericen nuestro estilo de trabajo.

Proshansky y Wolfe (1974, págs. 557-574) hablan de dos tipos de influencias ejercidas por el ambiente: influencias directas (cuando provocan, impiden, facilitan o dificultan una determinada conducta, o proceso a desarrollar) e influencias simbólicas (cuando no es el ambiente en sí mismo sino la percepción e interpretación que los sujetos hacen de distintos aspectos del ambiente lo que condiciona su conducta y la marcha de las actividades.

Por ejemplo, el niño que es capaz de saltar pero que por miedo no se atreve a hacerlo, que no participa en una actividad porque no quiere separarse del lado de la profesora, etc.

Recuerdo el caso de una profesora que con vistas a atender de manera individualizada a los niños con carencias había habilitado una mesa cerca de ella. Pronto esa mesa se convirtió para los niños en la "mesa de los burros" y obviamente nadie quería ir a ella; la percepción condicionaba claramente el comportamiento.

CONTEXTO DE APRENDIZAJE
Y DE SIGNIFICADOS

Esto nos lleva a una consideración bidimensional del espacio escolar: como *contexto de aprendizaje y crecimiento personal* por un lado y como *contexto de significados* por otro. ¿Qué quiere decir con esto?

La primera dimensión la hemos visto ya en el primer punto: todo lo que el niño hace-aprende sucede en un ambiente, en un espacio cuyas características afectan a esa conducta o aprendizaje. Según cómo organicemos el ambiente obtendremos unas experiencias con unas prioridades u otras, más o menos integradas, con un determinado perfil.

El tipo de experiencias a lograr en un aula de pupitres individuales alineados es muy diferente a las alcanzables en un aula sin pupitres o con mesas colectivas.

El ambiente de clase, en cuanto contexto de aprendizaje, constituye una red de estructuras espaciales, de lenguajes, de instrumentos y, en definitiva, de posibilidades o limitaciones para el desarrollo de las actividades formativas.

El espacio es también un contexto de significaciones. La distribución y equipamiento del espacio escolar resulta ser un fondo sobre el que actúan las figuras de los mensajes educativos. "Es precisamente en esa relación figura-fondo donde se genera el significado, esto es, el efecto de la figura sobre nosotros" ha escrito Zanelli (1984). Y continúa:

> "Podemos decir también que cada uno de nuestros comportamientos, así como cada actuación en que nos vemos implicados, adquiere sentido para nosotros, y por tanto ejerce sus efectos, según el contexto en que nos encontramos" (Zanelli, pág. 5).
> "Si varía el contexto varía también el sentido de nuestro comportamiento y variarán también los efectos que la misma realidad produce sobre nosotros" (Zanelli, pág. 29).

En su conjunto bidimensional el espacio escolar constituye lo que podríamos denominar, siguiendo a Bateson (1972), el nicho ecológico en que se desarrolla el proceso educativo. En cuanto tal, potencia determinados estilos mentales y dificulta otros (al igual que cualquier ecosistema, potencia unas formas de vida y relación y hace desaparecer otras), condiciona la organización de los momentos del proceso educativo y permite atribuir significado, sentido e incluso legitimidad a nuestras experiencias (Salomón, 1981). Lo que puede parecer inadecuado en un contexto puede parecer aceptable e incluso deseable en otro: moverse, hablar con los compañeros, mancharse, gesticular, etc.

ACTITUD DEL PROFESOR

Y ¿qué nos suele pasar como profesores? Que con mucha frecuencia desconsideramos las variables espaciales, no les prestamos atención, no les concedemos el papel importante que juegan en la programación o en el desarrollo curricular de este nivel educativo. No nos sentimos protagonistas del manejo del espacio con fines educativos.

> "El problema, en particular en el ámbito educativo, no es el de reconocer o no el condicionamiento que los diversos fondos producen sobre nosotros, sino el interrogarnos si es posible, y hasta qué punto, estructurarlo. En efecto, renunciar a estructurar el fondo no equivale simplemente a renunciar a los efectos positivos que ello puede acarrear, sino que quiere decir someterse a los efectos de un fondo no reconocido como tal y por tanto no controlable; el fondo, en efecto, tanto si lo estructuramos nosotros como si no lo hacemos se nos impone de todas maneras" (Zanelli, 1984, pág. 5).

La cuestión está en cómo podemos hacer para "adueñarnos" del espacio, para manipularlo, para actuar educativamente no sólo en él sino a través de él. Es decir, convertir el espacio y a cada uno de sus instrumentos en elementos de educación, en recurso didáctico. Necesariamente al configurar cada nuevo proyecto educativo hemos de pensar en cómo vamos a establecer y organizar los espacios de manera que se conviertan en un marco adecuado y facilitador de lo que pretendemos hacer y a la vez en una estructura de estímulos y oportunidades de expansión experiencial para los niños.

En cualquier caso, se lo concedamos nosotros o no, el espacio físico ejerce siempre un papel activo en el proceso educativo. La única respuesta didácticamente válida es aprovechar esa capacidad de influencia para potenciar un desarrollo integrado de nuestros alumnos. No podemos estar en nuestra aula como quien está en un piso alquilado en el que no se puede cambiar nada. Muy al contrario, el aula es uno de los principales instrumentos con los que contamos para desempeñar nuestra tarea educativa. Y uno de los cometidos fundamentales, quizá el principal, en el nivel de escuela infantil es *crear un ambiente adecuado:* no se trata de enseñar nada, en sentido convencional, sino de crear ambientes ricos y estimulantes que permitan-potencien el desarrollo global de los niños. Estemos en el medio en que estemos, nuestra tarea básica va a ser aumentar la capacidad motivacional de nuestra aula, ampliar el espectro de experiencias posibles en ella, enriquecer sus componentes en cuanto a variedad de estímulos, diversidad de situaciones, integración de niveles de desarrollo (lo cognitivo, lo fantástico, lo motor, lo social, etc.), y complementación de lenguajes y modos de relación.

Ya iremos viendo cómo es posible aproximarse, al menos, a este propósito.

ELEMENTO DE CONTINUIDAD

Una aportación importante del espacio manejado como instrumento educativo en la escuela infantil es que se convierte en *elemento de continuidad entre los distintos momentos, contenidos, experiencias, etc., a desarrollar en el aula.*

Parece claro que no tiene mucho sentido diseñar de manera cerrada el trabajo con niños tan pequeños. No se pueden hacer programaciones en las que todo esté previsto de antemano: la plasticidad de intereses, dedicaciones y comportamientos de los niños, la discontinuidad de su esfuerzo y de su atención, hacen más funcional un modelo abierto de programación. Modelo en el que el espacio organizado actúa como elemento integrador entre lo previsto y lo coyuntural (lo que surge bien por iniciativa de los propios niños, bien porque sea un evento casual que se introduce inopinadamente en la marcha del proceso).

La dialéctica evento-estructura a que se ha referido Morin (1972) la puede salvar muy bien el profesor de escuela infantil a través de los recursos espaciales de que disponga. Dada la variedad de oportunidades potenciales que nos ofrece una buena organización del aula (rincones, ángulos o zonas funcionales y diversos instrumentos situados en posiciones estratégicas) cualquier cosa que surja puede ser introducida con facilidad en el proceso global de las experiencias posibles; ese hecho nuevo e inesperado se convierte en ocasión de nuevas experiencias a vivir en el contexto de aprendizaje previamente organizado.

Supongamos que trabajando en clase se oye un enorme ruido provocado por la colisión de dos coches en la calle de al lado. Inmediatamente la atención perturbada de los niños, sus emociones desencadenadas (¿habrá heridos?, ¿iría algún niño en el coche?, ¿se habrán estropeado mucho los coches?, etc.) pueden dar lugar a un inmediato trabajo en las diversas zonas de la clase: dibujo, dramatización, lenguaje, disfraces, familia, etc.

Es decir, el espacio y su organización (previamente planeada y por tanto constante y por tanto también dirigida al logro de las prioridades de desarrollo acordadas) actúa como estructura consistente, como fondo capaz de dar sentido a cualquier suceso, capaz de integrar lo casual, lo anecdótico, lo iniciado por los propios niños en el proceso global, permanente y bien fundado de su desarrollo.

La preocupación de los profesores por qué programar, por ir a las clases con suficientes actividades como para llenar la jornada pierde dramatismo una vez que uno ha logrado montar un ambiente capaz de absorber y potenciar educativamente cualquier tipo de actividad. Con ello gana en riqueza, en variabilidad, en diversidad de matices y en naturalidad la experiencia escolar de los niños, sin perder esa discrecionalidad, ese enfoque general que nosotros como educadores deseamos darle.

REFLEJO DEL MODELO EDUCATIVO

Resumiendo y a la vez llevando a su máxima expresión todo lo anterior, podemos señalar que la forma en que organicemos y manejemos el *espacio físico de nuestra clase constituye por sí mismo un mensaje curricular*, refleja nuestro modelo educativo.

Esto parece evidente. En cuanto entramos en un aula y vemos cómo está dispuesta nos hacemos de inmediato una idea de cómo trabaja aquel profesor, de cómo ve y entiende el trabajo en la escuela infantil (¿podríamos aplicar incluso aquello de "dime cómo tienes organizada la clase y te diré qué clase de profesor eres"?).

La forma en que cada uno de nosotros (en la medida en que esté en nuestras manos actuar sobre el espacio, claro) organizamos los espacios y cada una de sus zonas y elementos refleja directa e indirectamente el valor que les damos y la función que les otorgamos y dice mucho, además, con respecto al tipo de comportamiento instructivo y comunicacional que esperamos de nuestros alumnos.

Criterios a tener en cuenta en la disposición espacial

A la hora de diseñar los espacios de nuestra aula hemos de tener en cuenta una serie de principios de diverso tipo: psicológicos (las necesidades del niño), arquitectónicos, estéticos, médicos, de seguridad, etc., y, claro está, también de tipo didáctico.

La literatura pedagógica ha ido estableciendo y especificando esos principios y pueden encontrarse en la mayor parte de las obras sobre educación infantil. Tratando de hacer una síntesis operativa vemos que hay que atender, cuando menos, a las siguientes exigencias:

NECESIDAD DE AUTONOMIA

Quizá el aspecto más llamativo del niño de estas edades es su *necesidad de autonomía*. Está en un proceso de construcción de su identidad individual a base de ir sumando logros en la conquista de su autonomía operativizada en términos de *desplazamientos*, de *actividad física*, de *relación con las cosas y con los otros*.

A nivel de espacio eso significa espacios abiertos y libres para moverse y libertad para hacerlo, cosas que coger y manipular, oportunidades de contacto con los demás, etc.

También supone solventar las exigencias de seguridad física y afectiva que hagan posible que el niño afronte ese proceso de autonomización sin riesgos. El poder usar las cosas y moverse por los espacios sin peligros (de golpes, intoxicación, de producir daño a los demás, etc.) y el crear un clima de seguridad y afecto que arrope todo el proceso (presencia o quedarse un ratito de los padres que haga menos dolorosa la "separación", disponibilidad del educador para atender las solicitudes individuales, etc.), ambas son las principales condiciones para crear un ambiente rico, seguro y tranquilizador.

DIALECTICA ENTRE LO INDIVIDUAL Y LO GRUPAL

Otro aspecto crucial de esta etapa, como ya lo hemos visto en capítulos anteriores, es la *dialéctica entre lo individual y lo grupal*.

El espacio que creemos en el aula ha de salvaguardar la posibilidad de comportamientos individuales (deseo de estar solo, rabietas, juegos egocéntricos, etc.) con los estímulos hacia actividades en grupo (juegos, pinturas, construcciones, dramatización, incluso peleas).

Esto supone la sectorización de las zonas, la creación de microambientes donde el niño que lo desee pueda refugiarse; la aceptación colectiva de que existen las dos opciones a experimentar y que conviene que el grupo las respete.

Un aspecto concreto de esta dialéctica es el ritmo vigilia-sueño que ha de tenerse muy en cuenta sobre todo con los niños más pequeños. El sueño requiere su espacio y su clima de afectividad y seguridad. Y dadas las grandes diferencias al respecto entre los niños convendrá establecer pautas que hagan posible el descanso de quienes lo requieran.

CURIOSIDAD Y DESCUBRIMIENTO

El niño de 2 a 6 años es por encima de todo un *descubridor*. Todo, o casi todo, es nuevo para él o presenta matices y retos a su curiosidad. Es una curiosidad multinivel: perceptiva y sensorial, motriz, táctil, experiencial. Está descubriendo el mundo y se está descubriendo a sí mismo. El aula no puede convertirse por ello en una jaula sino en un balcón. Nuestro papel no es el de poner orejeras al niño para que aprenda a mirar en una dirección, sino multiplicar los estímulos, las perspectivas, los paisajes, los detalles.

A nivel de espacios eso significa enriquecer y diversificar los estímulos. Las formas que seamos capaces de dar a los espacios van a influir de manera clara en el desarrollo perceptivo-sensorial, motor e intelectual de nuestros niños. El ambiente se ha de convertir en un reto constante por hacer algo (con la posibilidad de hacer cosas diferentes), por hablar de algo, por mirar y tocar algo, por preguntar sobre algo, etc.

Eso se convierte en la exigencia de una triple riqueza:

— *instrumental y de objetos* por un lado (objetos duros y blandos, móviles y fijos, descomponibles, etc.);
— *arquitectónica* (con configuraciones horizontales a diversos niveles, con escaleras reales o "puestas", con ángulos, con lugares inclinados para trepar y deslizarse, con superficies de distintos tipos y texturas, etc.) por otro;
— y finalmente *estética* (pero con una visión de lo estético que va más allá del adorno adulto: lo estético como estímulo, como reclamo, como

referencia, para el desarrollo cognitivo y artístico). Zanelli (1984) lo ha dicho bellamente: "El espacio se ha de convertir en un metabolizador de los *inputs* educativos".

COMPREHENSIVIDAD EDUCATIVA DE LOS ESTÍMULOS

Muy unida al punto anterior está la consideración en torno a la necesidad de *comprehensividad educativa de los estímulos* ofertados a través de los componentes espaciales del aula: la disposición del aula y los componentes y objetos incorporados a ella han de referirse a los múltiples niveles en que deseamos potenciar el desarrollo del niño.

Así habríamos de introducir espacios y componentes denotativos (que reflejan la realidad) junto a otros connotativos (que la adjetiven, le den matices, la coloreen). Elementos o estímulos objetivos junto a otros que llamen a la fantasía, a la imaginación, a la creación de mundos personales. Espacios cognitivos junto a otros motores, y otros afectivos (por ejemplo, rincón del lenguaje, de la dramatización y de la familia respectivamente). Lugares de hacer cosas y lugares de estar solo, etc.

En el fondo, como ya ha quedado dicho, el qué y cómo de las oportunidades de experiencia que montemos no es sino un reflejo de cómo concebimos el desarrollo infantil y la función de la escuela con respecto a él.

INICIATIVA

El niño normal de 2-6 años expresa *un alto nivel de iniciativa*. Y eso es bueno para su crecimiento y por tanto la escuela infantil ha de potenciarla en los niños que la posean y tratar de conseguirla en los menos decididos o más inseguros.

El cometido del espacio es dar opción a la iniciativa del niño. El del educador, el proveer de un clima de seguridad y reconocimiento que estimule la desinhibición de los pequeños.

Ciertamente esa iniciativa se ejerce a través de experiencias sensoriomotrices. Así que se han de ofrecer oportunidades para actuar con-sobre los objetos: objetos descomponibles y manipulables, materiales con opciones diversificadas de uso y disfrute experiencial como son el agua, la arena, las telas, el barro, las formas y los colores para componer diversos conjuntos; el papel para romper, apilar, disfrazarse, esconderse, etc.

EXPERIENCIA

La clase, patio, pasillos, baños, etc., van a constituir para el niño escolarizado un *nuevo microcosmos que ha de experimentar* en su totalidad. De ahí que una de nuestras preocupaciones haya de ser que no existan espacios muertos educativamente. De todos ellos hemos de tratar de sacar el máximo partido.

TERCERA DIMENSION DEL ESPACIO

Un aspecto importante, que a veces olvidamos, es el de la *tercera dimensión del espacio* que nuestra cultura adulta olvida pero que para el niño resulta fundamental: la anchura, la amplitud.

Como nos recordó Arbant (1984), inspectora pedagógica regional de París, en unas recientes jornadas sobre escuelas infantiles, los adultos restringen sus espacios a las dos dimensiones de alto-largo.

Pero los niños necesitan un espacio de tres dimensiones, y la anchura juega en ese aspecto un importante papel. Todos estamos acostumbrados al uso constante que los niños hacen del *suelo,* de las superficies anchas, etc. Les gusta tirarse al suelo y estirarse, esparcir las cosas, se mueven a disgusto en una zona estrecha. Sin embargo los adultos estamos más acostumbrados (o más forzados a sobrevivir en) a los espacios verticales y longitudinales.

Y a nivel escolar restringimos con frecuencia el espacio a la dimensión vertical (estar sentado o de pie) y se concede menos opción al uso de las dimensiones extensivas. A veces incluso se prohibe o descalifica su uso ("no os tiréis al suelo que os mancháis, y que no es una postura respetuosa"; "no desperdiciéis tanto sitio, juntad más las cosas").

Sin embargo es importante trabajar el espacio en todas sus dimensiones. No simplemente en aras de la exactitud geométrica, sino de la integralidad vivencial y el desarrollo conceptual y lógico de la mente infantil. El niño precisa experimentar corporalmente los conceptos espaciales para poderlos entender con plenitud.

Cuestiones prácticas en torno a la distribución y organización del espacio

LEGISLACION

La orden de 22 de mayo de 1978 da normas específicas para la construcción de los Centros y la distribución de los espacios.
Los mínimos que establece la citada Orden son:

— relación niño-espacio: 1,5 metros cuadrados por alumno,
    50 metros cuadrados por 40 alumnos,
    30 metros cuadrados por 20 alumnos;
— dos baños por cada unidad;
— una sala de usos múltiples de 60 metros cuadrados;
— un patio de recreo con una extensión de 2 metros cuadrados por alumno.

UBICACION DE LOS CENTROS

Esta es una cuestión que desborda el contenido y propósito de este capítulo pero que no queremos dejar de comentar porque sería bueno, y cada vez con más intensidad, que los profesores fuéramos teniendo ideas claras sobre las cuestiones que afectan tanto a nuestro trabajo y a los modelos educativos que deseamos poner en marcha. Una de esas cuestiones es sin duda la ubicación y la estructura del Centro escolar.

Habría que apoyar firmemente el principio de la *contextualización socioambiental de los Centros* y por ende su ubicación en la propia zona de proveniencia de los niños que asisten a ellos. La tendencia de los últimos años a realizar concentraciones escolares y a sacar a los colegios a las afueras de las ciudades ha comportado para la educación infantil un doble drama: la descontextualización de la tarea educativa (el propio medio ambiente queda alejado y no puede ser utilizado como material educativo privilegiado; el trabajo coordinado por los otros agentes educativos del territorio desaparece; la familia queda fuera de la dinámica educativa) y el drama de unos niños tan pequeños y cuya necesidad de espacio ya conocemos sometidos a unos horarios, unas servidumbres de traslado en autobús, una falta de contacto con la familia verdaderaente exagerada.

CARACTERISTICAS MEDIO-AMBIENTALES DE LOS CENTROS DEDICADOS A ESCUELAS INFANTILES

Al margen de las consideraciones de tipo arquitectónico, sanitario, urbanístico, etc., que, obviamente, corresponderían a tratados más específicos, quisiera sólo comentar aquí una cuestión: *la necesaria vinculación de las escuelas infantiles a los municipios.* Aun manteniendo la conveniencia de una coordinación general, e incluso una normativa homogénea dependiendo de las respectivas Administraciones educativas competentes, seguimos defendiendo la necesidad de vincular la caracterización y gestión de los Centros por parte de la comunidad educativa y los municipios. Es la única forma de lograr escuelas adecuadas a su contexto y capaces de resolver la problemática específica que éste le plantea.

En mayo de 1984, en una visita casual al Ayuntamiento de Bolonia, me encontré con esta sugerente declaración del Consejo Municipal de la ciudad referida a las escuelas infantiles por él gestionadas (estaba expuesta en el pórtico de entrada al Ayuntamiento). Decía así:

"En el análisis de la escuela han de tenerse en cuenta tanto los espacios internos como los externos.

Los tres principales aspectos que han caracterizado el empeño de la Administración municipal han sido:

1. Ahorro energético (con utilización de fuentes energéticas alternativas).
2. Cualificación de los espacios (dentro de la propia escuela).
3. Programación (Plan de construcciones educativas teniendo en cuenta las exigencias funcionales de la escuela, la caída demográfica y las perspectivas de desarrollo de la ciudad)".

Se añadían a continuación una serie de planos de la ciudad donde se señalaban en colores distintos:

— los límites de cada distrito;
— los límites de cada barrio;
— las áreas destinadas a recursos escolares previstas en los planos vigentes y confirmadas para su uso escolar y/o mixto;
— áreas de zonas verdes públicas de uso mixto para recursos deportivos existentes o previstos con los planes vigentes;
— áreas para recursos colectivos existentes o previstos en los planos vigentes;
— áreas y edificios escolares existentes confirmados;
— delimitación de las ampliaciones previstas para las áreas escolares existentes;
— áreas previstas para zona verde pública;

— diversas indicaciones para identificar la ubicación de los distintos tipos de escuelas existentes en el municipio.

La cuestión que se planteaba después el Consejo Municipal era qué hacer con los edificios dedicados a escuelas en ese momento, y establece una serie de criterios muy interesantes para determinar qué escuelas viejas han de ser destinadas a otros usos:

"1. Las escuelas sometidas a la contaminación del tráfico urbano y en general aquellas que se hallen en una situación ambiental malsana.
2. Las escuelas alojadas en locales de alquiler que no sean propiedad de entes públicos.
3. Las escuelas que desarrollan la propia actividad provocando la "trashumancia" de estudiantes entre barrios y que requieran la organización de transportes.
4. Las escuelas que no dispongan de terreno (un parque próximo, una zona libre, etc.) o que éste esté muy descuidado.
5. Las escuelas que usan locales difícilmente restructurables, por ejemplo, ambientes demasiado estrechos, mal iluminados, etc.

Los edificios actualmente dedicados a escuelas y que presentan sólo una de las condiciones antedichas deben ser destinados a otro uso".

A continuación se especificaba el proceso a seguir para llevar adelante este plan antes de 1990.

Nosotros ¿podríamos ser tan ambiciosos, habremos llegado al nivel de sensibilidad hacia lo educativo que haga posible estos planteamientos? Ahora que empezamos a debatir y programar nuestras escuelas infantiles sería bueno aproximarse a modelos tan sugerentes.

Modelos de organización del espacio-aula en las escuelas infantiles

Antes de entrar a analizar esquemáticamente algunos modelos de organización del espacio (básicamente de organización del aula) quisiéramos dejar sentadas algunas ideas previas.

AMBIENTE DE VIDA

El aula es antes que nada, y más en la escuela infantil, un *ambiente de vida*. Y no sólo por el tiempo que profesores y niños pasamos en él sino por su sentido totalizante, de construcción general de lo que serán los recursos vitales de cada alumno.

> "Es vital sólo aquello que se logra asimilar, hacerlo propio, asumirlo en uno mismo. Cada uno de nosotros tiene su propio medio de estar entre las personas y las cosas, tiene su modo personal de realizarse a sí mismo" (Alliprandi, 1984, pág. 280).

QUE LOS NIÑOS SE SIENTAN A GUSTO

Por esto, el prerrequisito básico de un aula bien configurada es que haga *que los niños se sientan a gusto.*

Y esto implica factores externos e internos. Externos en cuanto al saber poner con gusto la propia clase (lo mismo que uno se esmera en poner con gusto su casa para que la estancia en ella le resulte agradable) manejando los volúmenes, los objetos, la armonía de líneas y ambientes: hacer bonita la estancia.

El sentirse a gusto implica también aspectos internos relacionados con la cordialidad, el buen trato, el que uno pueda sentirse como en su propia casa (e incluso mejor que en ella). Por eso:

> "El educador debe preparar un lugar en el que todos y cada uno sientan que pueden estar a sus anchas, donde los objetos (mesas y armarios, instrumentos, juegos, utensilios y carteles) no sean mantenidos a distancia, no infundan temor, sino que merezcan amor y respeto; un lugar que permita verdaderamente moverse, expresarse, vivir con serenidad incluso la vida 'bastante difícil' de los pequeños alumnos de la escuela de la infancia" (Alliprandi, 1984, pág. 281).

ESPACIO ABIERTO

Nunca lo debería estar, pero desde luego en la escuela de la infancia el aula no es en absoluto un espacio cerrado en sí mismo.

> "Es la célula de intimidad en la cual el grupo de niños se forja-ofrece a la vez a cada individuo y al grupo un sistema de referencias en el tiempo y en el espacio" (Quilghini, 1980).

Pero esto no ha de significar, en absoluto, su clausura dentro de las cuatro paredes (ni siquiera debería tener tabiques cerrados, sino grandes cristales que la abrieran al exterior).

Ha de ser un espacio abierto, que se amplía funcionalmente hasta las otras dependencias en que se desenvuelve la vida y los ritos de la jornada escolar, las otras personas adultas de la escuela, los pasillos, el *hall*, el comedor, el baño, el patio, etc. Todos ellos desempeñan claras funciones experienciales para los niños.

El papel del aula es servir de centro de operaciones.

> "Nuestra hipótesis no va en la dirección de la desacralización del aula como centro de la vida educativa. Quiere, al contrario, devolver al aula los valores y la especifidad didáctica que le son propios, para los cuales, por otra parte, es preciso considerar el uso de otros espacios, de otras zonas de trabajo. Un aula que pretendiese autárquicamente dar respuesta a todas las necesidades infantiles, no sólo aparecería como un espacio totalizante, sino que correría el riesgo, en tal esfuerzo educativo omnicomprensivo, de desperdiciar numerosas ocasiones didácticas, restringiendo con ello los posibles 'centros de interés' e impidiendo a aquellos pocos activados por ella ofrecerse como zonas de amplia socialización (siendo utilizadas al máximo por 2/3 niños cada vez)" (Frabboni, 1984, pág. 67).

Criterio de distribución espacial del aula

Weinstein (1981) señala:

> "Una de las primeras decisiones que el profesor ha de adoptar a la hora de diseñar el ambiente de clase es si organiza el espacio de la clase en términos de *territorios* personales o bien en términos de *funciones*" (Weinstein, pág. 13).

Estos dos serían los modelos más frecuentes de organización del aula: bien señalar a cada niño un puesto propio (en el que realizaría las diferentes actividades), bien especializar las distintas zonas de la clase en actividades diferentes de manera que los niños vayan pasando por ellas para desarrollar las diversas tareas.

A nivel de escuela infantil no tiene mucho sentido la distribución de los espacios en territorios personales. Hemos señalado en puntos anteriores que el niño necesita moverse, actuar, tomar iniciativas, manejar el espacio en todas sus dimensiones, etc. Es muy importante por eso que el aula permita ese desenvolvimiento motor, pero también intelectual y actitudinal, sin someterlo a las bridas de un pupitre fijo y de tareas estandarizadas y prefijadas. Una

© narcea, s.a. de ediciones

distribución del aula por zonas o por núcleos de interés es mucho más sugerente para los alumnos, permite un espectro de acciones mucho más diferenciadas y refleja un modelo educativo más centrado en la riqueza estimular y en la autonomía del pequeño que en el mantenimiento del orden.

A continuación nos referiremos a algunas propuestas de organización del aula que nos puedan servir como marco de referencia.

Las Alliprandi (1984) hablan de nueve *ángulos* para configurar un aula infantil que ofrezca un auténtico ambiente de vida.

Las autoras se basan en el principio general de que:

> "El aula debería acoger no sólo armarios, sillas y mesas, sino todo aquello que el educador entiende que podrá ser útil de cara a una más completa realización y expresión del niño" (Allipandri, pág. 279).

Para lograrlo proponen los siguientes ángulos:

1. *Angulo de limpieza y orden* de la clase. Con los pequeños objetos que ayuden a mantenerla (escoba, estropajos, esponjas, bolsa de la basura, etc.). Aquí se colocará también el *material de primeros auxilios* (alcohol, agua oxigenada, esparadrapo, tiritas, etc.). Y también un *buen espejo*.
2. *Angulo de los juegos* (que variarán según la edad, exigencias e intereses de los niños). Sería conveniente que tuviera una alfombra (que pudiera ser su distintivo además) y que a través de algún armario o biombo lo aisláramos del resto de la clase.
3. *Angulo de las actividades cognitivas.* Normalmente es una estantería con varios estantes con:

   — libros (obviamente de manipulación o ilustrados);
   — instrumentos de investigación, para medir, comparar, probar (metro, balanza, botella, barreño, embudos, etc.);
   — aparatos para hacer experiencias (un hornillo, un imán, un reloj, una lupa, etc.);
   — materiales estructurados (tómbola, lotería, billetes, bloques lógicos, números de colores, etc.).

4. *Angulo de las actividades expresivas: manuales y gráficas.* Podemos colocar allí una mesa para trabajos manuales, algún caballete para pintar que sea plegable y en el que haya grandes cartulinas blancas. O también, incluso es mejor, entrepaños de corcho fijados en la pared sobre los cuales se pueda poner con chinchetas materiales de diverso tipo: para observar, para pintar, para dejarlo expuesto, etc.
5. *Angulo de los audiovisuales.* Colocados sobre mesas o estantes. Se puede reunir algún instrumento de música y ritmo (tambores, campanillas, maracas, castañuelas, armónica, etc.) tocadiscos, proyector, cassette, etc.

6. *Angulo de los instrumentos de educación física,* pero no reduciéndolo al material de gimnasio, sino incorporando también aros, cuerdas, balones, bolos, etc.
7. *Angulo de "aire libre"* en el que situar desde las herramientas para el jardín (azadillos, rastrillos, regaderas) hasta aquellos utensilios destinados a la observación (una gruesa lupa) y para la recolección (cajas y botes bien limpios y cerrados).
8. *Angulo del teatro.* Normalmente vale con una tarima y un cestón que contenga de todo (telas, disfraces, etc.). También los títeres y su castillo. Y si no fuera posible basta con una cuerda entre dos armarios de la que cuelgue un paño que haga de escenario y permita ocultarse al que maneja las marionetas o títeres.
9. Finalmente *el ángulo del cuento* (es el más recogido). En él se pueden mirar tranquilamente libros situados en un estante bajo y que los niños tienen a mano.

La idea de las Alliprandi es, como se ve, muy funcional. Muchos de sus ángulos suponen sólo espacios señalados dentro de un armario o en la estantería. Su idea es que es importante que los niños sepan dónde situar cada cosa y cuáles son las posibilidades que les ofrece su clase. Ya veremos más adelante que eso juega un importante papel en la configuración de las rutinas de funcionamiento de las clases.

Con respecto a los diferentes modelos de distribución del espacio hemos de tener en cuenta que las edades de la escuela infantil (principalmente 2-6 años) son muy diferentes en cuanto a sus necesidades de espacio, y que por tanto su organización física y funcional ha de acomodarse necesariamente a las características de cada edad.

DIDACTICA DE LA EDUCACION INFANTIL

Una representante de la Inspección de la zona de París, propuso en la I jornadas sobre Educación en la Primera Infancia (1984) la configuración de los siguientes espacios en las aulas para niños de 2-3 años (esta propuesta es la síntesis de las respuestas de una encuesta realizada entre profesores). Sobre su aportación se puede especificar el siguiente cuadro-síntesis:

Area	Espacios implicados	Sentido	Actividades a desarrollar	Materiales
Area de deambulación	pasillos vestíbulos exteriores protegidos	—responder a la necesidad de movimiento y ejercicio físico, —afinación con ductas motrices amplias,	a) actividades con movimiento corporal y desplazamiento correr, andar, ir en triciclo, b) actividades de arrastre y transporte de cosas,	—vehículos de transporte. carretilla, triciclo, camión, —bloques y objetos a desplazar, apilar, tirar, etc
Area o espacio de movimiento	una sala amplia el gimnasio	—realizar o resolver situaciones, —ejercicios y movimientos reglados, —trabajo colectivo	a) en un medio estructurado por el niño —construcción y acondicionamiento de espacios para determinados juegos, —imitación de roles sociales y gestos motores, —reforzar y fijar movimientos ya adquiridos, —crear nuevas situaciones y soluciones, b) en un medio estructurado por el adulto —desplazamientos reglados, —juegos grupales —acciones de colaboración y participación	—cubos con diferentes posibilidades, —planchas de goma espuma, —mantas, telas, palos, cajas, etc.

ESPACIOS DE LA CLASE

Area para la *experimentación y manipulación*	la propia aula incluyendo los servicios y la vabos (trabajos con agua)	—desarrollar aprendizajes sensorio-motores: manipulativos, sensoriales-exploración —establecer relaciones corporales y sociales —crear y transformar objetos. investigar	a) manipular los objetos y recrearlos sin inhibiciones: vaciar, llenar, trasvasar, pegar, etc. b) establecer relaciones constantes con los objetos, otros niños, adultos, etc c) imitar roles sociales con juegos apropiados d) aprender cosas nuevas, construcciones, conceptos, relaciones, etc e) crear y transformar los objetos, las estructuras, etc	—materiales de desecho —telas, lonas, cuerdas —papel, cajas, frascos —serrín, barro
Area de *descanso*	una zona recogida que esté aislada de la destinada a movimiento y manipulación pero a la vez cercana a ella	—responder a la necesidad de descanso —mantener el ritmo de vigilia sueño de cada niño	a) los niños pueden ir a descansar siempre que lo deseen. b) se van a ella bien para dormir, bien para aislarse	—un suelo cálido —cojines de distintos tamaños y colores —objetos de transición que los niños pueden traer consigo como objetos segurizantes. muñecas, peluches, telas cálidas, etc. —colchonetas —una decoración relajante
Area de *reagrupamiento*	una zona amplia y acogedora	—facilitar la acción grupal —situaciones de estar juntos	a) actividades de diverso tipo pero a realizar en grupo b) preferiblemente en grupos no excesivamente amplios	—los precisos para desarrollar las actividades planeadas

(Actas I Jornadas sobre Educación en la Primera Infancia. Comunidad de Madrid. Dirección General de Educación 1984, págs. 116-119).

© narcea, s.a. de ediciones

La aportación de esta especialista francesa responde bien a gran parte de los criterios que he ido señalando en puntos anteriores (el aula como algo unido a los otros espacios del Centro, responder a las necesidades del niño, etc.) pero no clarifica mucho la distribución interna del espacio del aula ni diferencia con nitidez sus funciones específicas.

Modelos de organización del espacio-aula

Los modelos que presentamos a continuación estan ya más elaborados y corresponden a modelos doctrinales bien dominados por sus autores que lo que hacen es traducir en la organización de clase los supuestos y principios del modelo educativo del que parten.

MODELO DE FRABBONI

Expondremos en primer lugar *el modelo de Frabboni,* profesor de Pedagogía de la Universidad de Bolonia y de quien me siento deudor, pues en sus ideas y escritos están basados buena parte de los planteamientos e ideas que se desgranan en este libro. Frabboni y toda la línea de pensamiento radicada en el Departamento de Ciencias de la Educación de Bolonia defienden un modelo de escuela muy enraizado en su medio ambiente y muy expansivo en cuanto a las dimensiones del desarrollo personal que han de ser abordadas desde la escuela. El planteamiento que hacen de los centros de interés desborda el concepto de zona física especializada en una función específica. Más bien integran las diferentes zonas en un proyecto curricular que les da sentido. Proponen ocho centros, de los cuales seis quedarían situados o tendrían, en todo caso, sentido de intersección esto es, estarían abiertos a niños de diversas aulas (una especie de espacio común) y los otros dos serían a desarrollar en la propia aula.

Los centros de interés son los siguientes (Frabboni, 1984, págs. 68-83).

Centro gráfico-pictórico

a) *Sentido.* Que sea una nueva vía expresiva polivalente, válida tanto para la liberación de los sentimientos y emociones, sensaciones e ideas de los niños como para la transcripción iconográfica de la realidad objetiva. Y a la vez como instrumento de integración didáctica de otras experiencias escolares (teatro, música, juego de los oficios, de la familia, etc.).

b) *Principios de acción.* Sí al trabajo directo (transcripción gráfica o pictórica por parte del niño del ambiente de vida). No a la reproducción indirecta (copiar lo que ha dibujado la maestra) y a la artificial (copia de bodegones).

c) *Posición.* (En la sala común, en el pasillo, etc.). Próximo al centro teatral y musical y al de los oficios.

NECESIDADES DOMINANTES
A QUE RESPONDE: "FANTASIA, IMITACION, SEXUALIDAD"

Estructura y articulación interna	*Inventario de los instrumentos y materiales*	*Actividades posibles*
1. Es un centro móvil y que puede situarse incluso al aire libre. En todo caso siempre junto a los ventanales. 2. Zona con grandes caballetes (pintura de grupo). Zona con mini-caballetes (pintura, individual o por parejas).	1. Caballetes, tableros grandes y pequeños. Carrito para las pinturas o lugar para depositarlas. 2. Recipientes o vasos pequeños, estrechos y altos (se seca menos la pintura). Vasos de plástico. Cesta para vasos de plástico. 3. Materiales múltiples, témperas, colores para los dedos, esmaltes, tizas de colores, pinceles, óleos, ceras, lápices.	1. Dibujo y pintura puramente fantásticos e imaginativos. Proyección de los propios desconciertos afectivos y de los propios conflictos edípicos. 2. Dibujos y pinturas en función de las actividades teatrales y musicales (pinturas al son de la música), del centro de los oficios y del adorno de la clase. 3. Copia de lo real tanto dentro como fuera de la escuela. 4. Actividades de máxima comunicación verbal de los niños entre sí y con los profesores.

Centro teatral-musical

a) *Sentido:* desarrollar la sensibilidad expresiva en sus diversas formas.
b) *Principios de acción.* El trabajo teatral desarrollado a través de juegos dramáticos (en su sentido más abierto y lúdico) y teatro didáctico (con textos construidos o adaptados por los niños):

— el trabajo musical con dos momentos: el disfrute auditivo y el ejercicio ejecutor (uso de instrumentos);
— en una y otra dimensión buscando contenidos en el propio medio social y natural (magnetófono para recoger sonidos, dramatización de situaciones reales).

c) *Posición.* Adyacente al Centro gráfico-pictórico, al de los oficios y al plástico-manipulativo.

ESPACIOS DE LA CLASE

NECESIDADES DOMINANTES A QUE RESPONDE:	COMUNICACION, AGRESIVIDAD, FANTASIA, IMITACION, SEXUALIDAD

Estructura y articulación interna	Inventario de los instrumentos y materiales	Actividades posibles

1. Zona de guardarropa y de maquillaje
2. Teatro de guiñol (títeres)
3. Zona con tarima para escenificaciones
4. Zona de audición musical tocadiscos, cassette)
5. Zona de producción musical (instrumentos de percusión y de aire para los niños; de cuerda, piano, acordeón y otros para el profesor)
6. Zona de recogida de fragmentos sonoros tomados del ambiente natural y social (prados, bosque, calle, fábrica)
	1. Vestidos diferentes de adultos, cosas de lana, sombreros, bolsos, papel arrugado, máscaras (polichinelas, etc.)
	2. Espejo rectangular que refleja todo el cuerpo del niño
	3. Zona de maquillaje: pinturas, postizos, pelucas, gafas, collares, etc.
	4. Títeres y fondos escenográficos construidos por los profesores y los niños
	5. Biblioteca discográfica o de cassettes: canciones populares, cantos de excursión, canciones infantiles, piezas clásicas adecuadas, etc.
	6. Instrumentos adecuados para marcar tiempos y ritmos: tambores, maracas, cañas, castañuelas, triángulos, etc.
		1. Juego-drama: invención escénica libre sobre experiencias (conflictivas o no) vividas por los niños (con marionetas o sin ellas)
		2. Teatro didáctico (con un texto y una escenografía de referencia). Producido por los niños, llevando a escena historias inventadas por ellos o cuentos o fábulas (con marionetas o sin ellas)
		3. Soluciones didácticas para el teatro didáctico:
		  a) presentación de un texto libre registrado por los niños
		  b) presentación escénica de un texto libremente recitado por los niños sobre un esquema inventado por ellos
		  c) presentación escénica de un cuento o fábula recitado libremente por ellos
		  d) juego de la orquesta que se puede usar en el teatro didáctico o en forma de banda en espectáculos colectivos
		  e) juego de la organización lógica de ruidos-sonidos recogidos en el ambiente natural y social

© narcea, s.a. de ediciones

Centro plástico-manipulativo y de los oficios

a) *Sentido:* proporcionar un contacto activo y directo de los niños con un conjunto de profesiones todavía íntegras (artesanos): conocer esas realidades y reproducir actividades análogas en clase. Se trata de modelos de trabajo que son "perdedores" desde el punto de vista histórico-económico pero que aparecen como ganadores desde el punto de vista ético-pedagógico por el alto coeficiente que poseen de humanidad, de originalidad inventiva y creativa; cada objeto, cada estructura elaborada atestigua la existencia de un perfil personal, un rostro, un núcleo de vida social.

b) *Principios de acción.* Aprovecharse del valor educativo del trabajo recorriendo todo su itinerario desde la ideación y el proyecto hasta su confección total y la valoración del producto.

c) *Posición.* Junto al centro gráfico-pictórico (para dar el toque cromático a los trabajos) y el de la familia (para simular roles profesionales).

ESPACIOS DE LA CLASE

NECESIDADES DOMINANTES A QUE RESPONDE:	CONSTRUCCION, IMITACION, FANTASIA, AVENTURA, COMUNICACION	
Estructura y articulación interna	*Inventario de los instrumentos y materiales*	*Actividades posibles*
Talleres, tiendas, artesanos (concepto de trabajo como ideación y producción de un objeto en su totalidad) 1. Taller del escultor 2. Taller del carpintero 3. Taller del sastre 4. Taller del mecánico y electricista 5. Taller del peluquero, barbero 6. Taller zapatero 7. etc.	1. Mesa con yeso, arcilla, y diversos tipos de espátulas para trabajarlas 2. Trozos de madera (de diverso tamaño, grosor, calidad) dispuestos para ser clavados, encolados, recortados, martillos, tenazas, pinzas, destornilladores, clavos, tornillos, etc. 3. Tejidos de diverso tipo, patrones, maniquíes, metro, tijeras, etc. 4. Pilas, linternas, objetos estropeados con pequeños motores eléctricos o con sistemas eléctricos (tocadiscos, cafetera, batidora, etc.) 5. Espejo, laca, pelucas, peines, brocha, paños, etc. 6. Moldes de zapatos, cartón y cartulina, trozos de papel, colas, tijeras, punzones, etc.	1. Juegos imitativos del mundo artesanal en los que el trabajo no está en proceso de descomposición: niños y niñas. 2. Juegos predominantemente individuales (escultor, sastre, zapatero) y colectivos (carpintero, mecánico, electricista, barbero, etc.) 3. Juegos dirigidos a producir objetos (escultor, carpintero, sastre, zapatero), y juegos sociales y lógico-conceptuales (peluquera, barbero, mecánico, etc.)

© narcea, s.a de ediciones

Centro familiar

a) *Sentido.* Elaboración afectiva e intelectual de la dinámica familiar como entidad representativa de un medio vital altamente socializado. Eso permite además realizar un recorrido experiencial por las diversas formas de familia (situar la familia en distintos momentos históricos, en distintos espacios-ciudad, campo, mar) y los diversos momentos familiares (nacimiento, enfermedad, muerte, etc.).
b) *Principios de acción.* Trabajar como experiencia directa los temas de las actividades domésticas (elaboración de comidas, solución a pequeños problemas), aprovechando su fuerte carga manipulativa y de elaboración con elevados componentes conceptuales y lógico-racionales.
c) *Posición.* Junto al centro comercial (para poder adquirir en él lo necesario para el consumo familiar) y de los oficios (referencia laboral de los miembros de la familia).

NECESIDADES DOMINANTES A QUE RESPONDE: SEXUALIDAD, IMITACION, CONSTRUCCION

Estructura y articulación interna	*Inventario de los instrumentos y materiales*	*Actividades posibles*
	Imágenes de la familia patriarcal	
1. Zona de la elaboración y conservación de alimentos (cocina)	1. Hogar y cacerolas, cosas de cocina. Alimentos, etc.	1. Juegos de modelos parentales (invirtiendo también el sexo de los papeles para obtener perspectiva: niños de mamás, abuelas, etc. y viceversa)
2. Zona del descanso (sitios donde acostarse, muñecas, armarios, caja de primeros auxilios)	2. Palangana y lavado con cántaros, orinal, palmatoria o candil de aceite, materiales simples para atención sanitaria	2. Juego del amasamiento (preparación) y coción de los alimentos
3. Zona del baño	3. Vasijas con salvia, romero, plantas de interior, peces y tortugas de agua, pájaros, etc.	3. Juegos de médicos y enfermeras
4. Zona de custodia de las plantas: herbarios, peces, pájaros, etc.		4. Juegos de contar historias (un niño cuenta historias a otros que fingen adormecerse)
		5. Juego de arreglo-limpieza de la cara, cuidado de la vestimenta (y cómo van vestidos) de los niños más pequeños por parte de los mayores.

Centro lúdico puro

a) Sentido. Exaltación máxima del juego practicado en la multiplicidad de sus facetas educativas: espontaneidad, socialización, autonomía, creatividad, gratuidad, inmediatez, humor, azar, etc.

b) Principios de acción:

— cada niño ha de poder localizar y consumar hasta el fondo sus propias tensiones y motivaciones desconocidas;
— contraponerse a la galopante mercantilización del juego infantil en que el niño pasa a ser espectador de sus sofisticados juguetes más que creador de situaciones divertidas;
— trabajar el gusto por el juego socializado e inventivo, por el movimiento, la autonomía, el azar.

c) Posición. En una zona (trastero, habitación aislada) en donde se pueda gozar de mucho espacio y de una sana confusión y desorden.

NECESIDADES DOMINANTES A QUE RESPONDE: AGRESIVIDAD, AVENTURA, EXPLORACION

Estructura y articulación interna	Inventario de los instrumentos y materiales	Actividades posibles
LUDOTECA		
1. Zona de grandes juegos 2. Zona del escondite, de acurrucarse: zona desconocida 3. Zona de los juegos de inteligencia y de azar	1. Mecano gigante: grandes piezas de plástico o goma espuma o de tela. Grandes bloques, dados, etc. Columpios y juegos de jardín. Ruedas de coche o tractor. Tubos por los que atravesar 2. Micro-juegos (individuales o en pareja). Puestos en una zona desconocida del adulto (no a la vista) 3. Dominó, lotería, cartas, juego de la oca, etc.	1. Juegos de descarga de la agresividad y de socialización 2. Juegos individuales o de pareja con juegos usuales en una zona, en parte fuera de la vista del adulto: zona del ocultamiento 3. Juegos de tranquilidad de inteligencia y de azar

© narcea, s.a. de ediciones

Centro comercial

a) *Sentido:*

— vivir la experiencia de una venta de productos a través del contacto directo (no tipo supermercado);
— esa venta se realiza a través del establecimiento de una vasta red de relaciones sociales y operaciones lógico-conceptuales entre quien vende y quien compra.

b) *Principios de acción.* Los productos aparecen como materiales plásticos (flexibles) sobre los que hay que informar, que hay que pesar, valorar, controlar el cobro, las vueltas, etc.

c) *Posición.* Junto al centro de la familia. Y también próximo al plástico-manipulativo y de los oficios (que serían los que proporcionarían los productos puestos a la venta).

NECESIDADES DOMINANTES A QUE RESPONDE:	EXPLORACION, CONSTRUCCION, COMUNICACION	
Estructura y articulación interna	*Inventario de los instrumentos y materiales*	*Actividades posibles*
	Mostradores de venta por sectores comerciales (como alternativa al supermercado donde todo está ya confeccionado y en paquetes de diverso peso)	
1. Tienda de cereales 2. Frutería 3. Droguería y Estanco 4. Papelería y Prensa	1. Judías, garbanzos, habas, etc. Bolsas o contenedores de diversos tamaños y con carteles para que indiquen lo que contienen 2. Gama variada de frutas, verduras de plástico 3. Azúcar, cacao, jarabes, sal, cigarrillos de chocolate, etc., cajas vacías de detergentes y de productos no comestibles, carteles con nombres y precios 4. Cuadernos, lápices, colores, gomas, periódicos, etc. 5. Instrumentos de pesar. Diversas vasijas para los trasvases. Monedas de papel y de metálico para las operaciones de compraventa.	1. Modelos de imitación del vecindario 2. Juegos de tiendas: comprar-vender 3. Juegos de pesar, trasvasar 4. Juegos de la prensa o degustación de productos comestibles

Angulo lógico-matemático

a) *Sentido:*

— presentar numerosos estímulos didácticos para la percepción, conceptualización y reflexión lógica;
— potenciar el desarrollo de estrategias cognitivas tipo observación y experimentación científica. Comenzar los contactos iniciales con la botánica, zoología, ecología, etc.

b) *Principios de acción.* Se ha de trabajar haciendo que coexistan materiales formalizados con otros informales en una especie de comunión entre el modelo montessoriano (valedor de las secuencias programadas) y el agazziano (defensor del manejo didáctico de fragmentos de la realidad familiar al niño, los cacharros).

c) Está muy unido al ángulo del lenguaje.

ESPACIOS DE LA CLASE

NECESIDADES DOMINANTES A QUE RESPONDE:	CONSTRUCCION, ACTUAR-VALERSE POR SI MISMO, MOVIMIENTO	
Estructura y articulación interna	*Inventario de los instrumentos y materiales*	*Actividades posibles*
1. Zona del material estructurado para ejercicios de percepción y desarrollo del pensamiento lógico. (Este material es similar al referido para el ángulo lingüístico) 2. Zona de material ocasional, no estructurado para juegos de percepción y desarrollo lógico 3. Zona de las ciencias y de las medidas (con materiales refinados y otros vastos)	1. Fichas-guía para ejercicios de reconocimiento de las cualidades perceptivas de la realidad (forma, tamaño, color, textura, etc.) Por ej. material montessoriano, fichas de Brauner, bloques lógicos de Dienes. Material estructurado para ejercicios de clasificación y seriación; ejercicios sobre conjuntos y subconjuntos, relaciones, correspondencias, invarianzas, etc. Loterías, *puzzles*, dominó, juegos de construcciones 2. Materiales ocasionales para juegos perceptivos y lógicos: —pajas para pompas de jabón —espejos cóncavos y convexos —cajas con materiales diversos en su forma, etc. 3. Básculas, balanzas, cajas para arena y tierra. Materiales hiperfértiles para un crecimiento rápido de las plantas. Instrumentos de medida de líquidos, pesos, distancias, etc. Relojes, cronómetros, etc.	1. Juegos de base sensorioperceptiva; de orientación espacio-temporal; de clasificación (reconocimiento de las igualdades-diferencias) entre objetos y de agrupamientos. De inclusión (elemento que une a los objetos en subconjuntos); de invarianza (capacidad de conservar la cantidad pese al cambio de forma), etc. Juegos de construcción: montaje y desmontaje de elementos 2. Juegos de análisis de los aspectos básicos de la realidad. Descubrimiento de las relaciones de causa-efecto. 3. Los materiales y los instrumentos del centro lógico-matemático pueden posteriormente pasar de la familia, al de los negocios, al de los oficios.

© narcea, s.a. de ediciones

Angulo de los lenguajes

a) *Sentido:*

— estimar la verbalización;
— constituirse en depósito de materiales escritos polivalentes.

b) *Principio de acción.* Zona también de creación de cuentos, historias, etc. que se graban.

c) *Posición.* Lindando al ángulo lógico-matemático (de hecho la distinción entre uno y otro es puramente metodológica).

NECESIDADES DOMINANTES   SOCIALIZACION, FANTASIA, IMITACION
A QUE RESPONDE:

Estructura y articulación interna	Inventario de instrumentos y materiales	Actividades posibles del niño
1. Zona del material estructurado con esquemas para ejercicios de vocabulario, de percepción, de prelectura 2. Zona de recogida de los textos libres producidos por los niños. Cesto de las palabras, de las sílabas, de los fonemas. Biblioteca de las "frases modelo" para ejercicios de descomposición de frases y de palabras 3. Zona de las fábulas y cuentos (álbum, discos, magnetófono)	1. Batería de esquemas o fichas dirigidas al reconocimiento del objeto, construcción de historias, percepción de formas, tamaños, dimensiones, orientación espacial. Material didáctico de prelectura tipo Doman, Freinet, Montessori 2. Actividades de prelectura a través de "frases modelo" tomadas de los textos libres; extracción de la palabra clave, descomposición y recomposición de frases. Murales, cuadros magnéticos o auto-adhesivos 3. Biblioteca de cuentos infantiles y de las historias inventadas por los niños. Libros, álbumes, cintas de audio, discos, etc. 4. Tipografía escolar (prensa, caracteres tipográficos, rodillos, etc.)	1. Juego de lectura de imágenes (enriquecer el vocabulario y primera aproximación a la palabra escrita 2. Juego de la conversación colectiva y de la construcción de textos libres 3. Juegos sobre textos libres, búsqueda de imágenes de las situaciones contenidas en los textos libres; montaje y desmontaje de palabras y frases 4. Juegos colectivos de prelectura: dirigidos a la extensión del vocabulario 5. Juegos con la tipografía. Reproducción de las frases modelo y construcción de nuevas frases

ESPACIOS DE LA CLASE

El modelo de Frabboni es, como puede verse, casi un programa de actuación didáctica en la escuela infantil. Es, quizá, un poco complejo pero muy sugerente. Responde a la totalidad de los criterios que en este mismo capítulo hemos ido señalando de cara a una distribución de los espacios que permita un trabajo integral con el niño, en el que se trate de potenciar tanto la dimensión expresiva, como la social y la cognitiva. Todo ello arropado didácticamente por un contexto experiencial muy rico y diversificado.

MODELO BASADO EN LA
TEORIA DE PIAGET

A continuación pasamos a analizar, siquiera sea de manera muy resumida, otro modelo de organización del aula. En este caso basado en los planteamientos doctrinales de Piaget. En 1971, Weikart, Rogers, Adcok y McClelland publicaron el *The Cognitively Oriented Curriculum*, presentando un modelo de desarrollo instructivo que aplicaba a la organización de las actividades didácticas la teoría piagetiana.

Sobre la base de dicha obra, e incorporando las mejoras que ha ido aportando la experiencia de su aplicación en las aulas, Hommann, Banet y Weikart (1985) han desarrollado un modelo curricular completo para la escuela infantil.

Como es natural abordan también el tema de la distribución espacial del aula y proponen el siguiente modelo de áreas de trabajo (Hommann, Banet y Weikart, págs. 57 y 55):

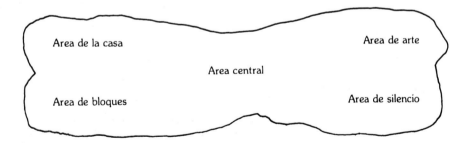

Y a esas áreas habrían de añadirse otras que podrían estar en el exterior del aula: área de arte, área de música, área de agua y arena, y área de construcción.

Cada una de esas áreas ha de estar cercada (definida espacialmente) para que los niños tengan la sensación de estar "dentro de un espacio especializado". Bastará para ello con colocar algún tipo de mobiliario (estantes bajos, armarios, biombos, etc.) que establezcan o bien simplemente simbolicen (una moqueta, un color distinto en la pared, un tipo de decoración especial) esa separación.

AREA DE BLOQUES

Sentido curricular	Actividades cognitivas	Equipamiento	Ubicación
1. Los bloques fascinan y constituyen un reto para los niños 2. Pueden usarse de muchas maneras y para diferentes finalidades. A nivel individual y en grupo 3. Dirigidas al desarrollo de la capacidad de manejar estructuras: verticales, horizontales, circulares, de inclusión, etc. 4. Se trabajan también en el pensamiento espacial: el equilibrio 5. Juegos de simulación combinados con músicas, coches, animales, etc.	1. Explorar 2. Construir individualmente y/o en grupo 3. Clasificar 4. Agrupar 5. Comparar 6. Ordenar 7. Representar experiencias 8. Desempeñar papeles	1. Materiales para construcción (bloques, cajas, tablas, trapos, etc.) 2. Materiales para desarmar y armar. Para acoplar y separar 3. Materiales para llenar y vaciar 4. Materiales para simular 5. (La mayor parte de este material pueden ser cosas traídas de casa o construidas por los padres o por los niños, etc.)	1. Requiere espacio amplio 2. Zona que no sea de tránsito (evitar tropiezos, caídas de construcciones, etc.) 3. Conviene situarla cerca del área de la casa. Los bloques pueden convertirse en camas, paredes, teléfonos, platos, taxis, almacenes 4. Si los bloques son muy grandes pueden trabajarse en el exterior, o dentro de la clase en un tiempo especial dedicado a la motricidad gruesa. Así se tiene espacio suficiente

AREA DE LA CASA

Sentido curricular	Actividades cognitivas	Equipamiento	Ubicación
—Se convierte en el centro de los juegos de simulación —Expresan, actúan, elaboran las cosas que conocen, que les son familiares, próximas y significativas de su medio vital: roles, situaciones, personas, conflictos —Eso va dando sentido a su experiencia —Da pie a trabajar juntos, a comentar cosas, a expresar sentimientos e ideas —Juega un gran papel la verbalización	—Dramatizar —Explorar experiencias —Imaginarse cosas —Usar herramientas, utensilios, instrumentos adecuados —Pasan el tiempo: —meneando-tocando —llenando-vaciando —agitando-mezclando —enrrollando-doblando —cepillando —vistiéndose, peinándose —trabajando con el espejo	—Materiales para simular, disfrazarse, etc. —Materiales para el juego dramático —Utensilios de cocina para manipular, clasificar, llenar, vaciar —Cosas de cocina y cosas para cocinar —Materiales necesarios para las actividades en la cocina: hornillo, tostador, cacerola, plancha, etc. —Dibujos, cuadros, referencias decorativas y mobiliario que simule parte de la zona como la cocina y otras partes como las distintas estancias de la casa —Para roles profesionales: cajas con utensilios de los diversos oficios	—Cerca del área de bloques. El juego de roles y el juego con bloques se apoyan y complementan entre sí

© narcea, s.a. de ediciones

AREA DE ARTE

Sentido curricular	Actividades cognitivas	Equipamiento	Ubicación
—Afronta el sentido de la curiosidad y la necesidad de experimentación del niño —Tiene más sentido el proceso de exploración, de elaboración, de captación, de funcionamiento, que los resultados finales o el producto elaborado	—Mezclan —Tocan —Enrollan —Perforan —Cortan —Tuercen —Doblan y pliegan los materiales —Generan y observan cambios en las cosas —las imitan —las separan —las ordenan	—Piso, plano —Mesa sólida y de media altura —Espacios para colgar (botes, pinturas) o secar utensilios y para exhibir los productos —Artículos para operar con ellos (yeso, arcilla, barro, telas, madera, etc.) —Para mezclar y pintar —Materiales para representaciones tridimensionales (cerámica, escultura, madera, etc.) bidimensionales (pintura, dibujos, puzzles, etc.)	—Cerca de un depósito de agua —Sobre un piso liso, fácil de limpiar —Protegerlo con un plástico o una alfombra vieja o con periódicos

Equipamiento

— Papel de diferentes texturas, tamaños y colores.
— Materiales para mantener cosas unidas y para separarlas.
— Materiales para clasificación y construcción: cuerdas, dominó, *puzzles*, etc.
— Materiales para ordenar y construir con ellos: cajas chinas de meter unas en otras, objetos de diversos tamaños, tuercas, tornillos, tubos, conectables.
— Materiales para acoplar y separar.

AREA DE SILENCIO

Sentido curricular	Actividades cognitivas	Equipamiento	Ubicación

—No es que haya de existir un silencio real sino que se da pie a actividades más reposadas
—Es el área de juegos estáticos y de libros
—Los niños pueden trabajar por sí mismos o con compañeros
—Se trata de trabajar también el reposo, la relajación: los niños pueden acogerse a ese clima reposado cuando lo desean
	—Juegos simples
	—Desarmar y armar
	—Reordenar
	—Juntar, clasificar, comparar
	—Unir
	—Formar clases y/o modelos
	—Ver libros (percepción y discriminación)
	  —escuchar cuentos
	  —contar cuentos
	  —oír música
	—En general se trata de habilidades motoras finas
		—Libros, rompecabezas, *puzzles* pequeños y materiales de manipulación
		—Un tapete o trozos de alfombra hacen que el trabajo en el suelo sea atractivo para los niños
		—Exhibidores de libros y juegos que los mantengan a la vista y al alcance de los niños
		—Materiales para descifrar y simular. Para discriminar y simular, hallar errores, diferencias, etc.
		—Lectura de imágenes y/o fotografías
			—Lo más lejos posible de las áreas ruidosas de la clase
			—Necesita espacio para que los niños se sientan cómodos en el manejo (por lo general en el suelo) de los materiales

Junto a las cuatro áreas fundamentales situadas en el interior de la clase Hohmann, Banet y Weikart (1985) proponen otras cinco áreas que pueden estar en el exterior de la clase, y trabajarse cuando el buen tiempo lo permita. De todas formas juegan también un importante papel en la configuración de un modelo de educación infantil bien integrado y pluridimensional. Esas áreas complementarias son:

AREA DE CONSTRUCCION

Sentido curricular	Actividades cognitivas	Equipamiento	Ubicación
—Los niños aprenden a usar materiales y herramientas reales (madera, martillos, clavos, etc.) y obtienen productos que luego incorporan a las otras áreas de la clase —En el fondo se trata de ir refinando las habilidades, capacitándoles en la resolución de problemas prácticos y a mantenerse constantes en la elaboración de un producto hasta completarlo	—Coordinación viso-manual —Golpear (martillo) —Pegar-conectar fragmentos —Planear un trabajo	—Una mesa o superficie de trabajo sólida —Herramientas para realizar el trabajo: lija, clavos, taladro, tuercas, tornillo, etc. —Un lugar para el almacenamiento de herramientas y madera —Trozos de madera de diversos tipos, tamaños, colores, etc.	—Ha de ser un espacio alejado del tránsito general

AREA DE MUSICA Y MOVIMIENTO

Sentido curricular	Actividades cognitivas	Equipamiento	Ubicación
—Les da a los niños la oportunidad de experimentar y disfrutar las habilidades rítmicas y musicales —Fomenta la estructuración de las coordenadas temporales: rápido-lento antes-después —Se trabaja la expresividad corporal	—Formar conjuntos —Mezclar sonidos, ritmos y movimiento —Coordinación psico-motriz —Explorar y comparar sonidos	—Estantes para almacenar los instrumentos —Tocadiscos y discos —*Cassettes* y cintas (grabadas y vírgenes) —Micrófono —Instrumentos musicales	—Necesita espacio libre para moverse —Cerca de un punto de luz para acometer los aparatos

AREA DE ANIMALES Y PLANTAS

Sentido curricular	Actividades cognitivas	Equipamiento	Ubicación
—Familiarizarlos con la naturaleza y sus ritmos —Aprenden a alimentar, cuidar y apreciar a los seres vivos	—Plantas, alimentos, cuidar seres vivientes	—Jaulas y materiales, alimentación adecuada —Mejor plantas que crezcan fácilmente (geranios) o productos que los niños puedan sembrar (patatas, lechugas, etc.) —Animales fáciles de cuidar: lombrices, hormigas, orugas, peces, gatos, pollitos, pájaros, conejos, etc.	—Algunos las incluyen en el área del silencio, otros en la de la casa —Hay que pensar en la compatibilidad entre los animales y las plantas que se posean (un conejo se puede comer toda la plantación)

© narcea, s.a. de ediciones

AREA DEL AGUA Y LA ARENA

Sentido curricular	Actividades cognitivas	Equipamiento	Ubicación
—El agua y la arena son a la vez un reto cognitivo (por la cantidad de cosas que pueden hacerse) y un placer sensorial para los niños —Se investigan y experimentan las texturas, cantidades y características —Sirven también como materiales básicos en la representación de roles	—Mezclar —Remover —Amontonar —Vaciar —Escarbar —Llenar —Verter —Golpear —Moldear —Medir	—Una mesa que facilite una superficie de trabajo —Junto a la arena y el agua puede tenerse arcilla, nieve en montón, pequeños guijarros, pedacitos de plástico, serrín, virutas, etc. —Herramientas para trabajar, la arena (crisas, rastrillos, palas) —Vehículos y vasijas para transportarla y verterla	—En un espacio abierto si es posible se puede tener una mesa amplia con contenedores a ambos lados de agua y arena —El agua en el peor de los casos puede estar en una bañera de bebé o similar —El piso ha de ser fácil de limpiar (como en la zona de arte); por eso es bueno colocar esta área próxima a la de Arte

AREA DE JUEGO AL EXTERIOR

Sentido curricular	Actividades	Equipamiento	Ubicación
—Amplía enormemente el espectro de experiencias posibles tanto a nivel motriz como cognitivo, relacional, etc. —En ella se mezclan actividades inestructuradas y abiertas con otras regladas y fijas	—Experiencias físicas activas, comer, saltar, esconderse, trepar, deslizarse, brincar sobre —Juegos colectivos libres y normales	—Materiales de diverso tipo: cajas, tubos, ruedas, etc. —Alteraciones del terreno que permitan un uso divergente: foso de arena, árboles para trepar túneles, montículos, zonas de deslizamiento, etc.	—Conviene que esté bien delimitado (no necesariamente vallado) para que los niños conozcan mejor los límites y se mantengan dentro de ellos —Dejar la zona central libre de objetos para los movimientos amplios

Hemos ido viendo diversas propuestas prácticas de organización del espacio del aula en la escuela infantil. Quizá haya resultado una descripción un tanto prolija, pero hay que tener en cuenta que tras el diseño de la organización espacial del aula queda prefigurado gran parte del proyecto educativo que pensemos desarrollar. Muchas de las cosas ya dichas en este punto evitarán posteriores referencias. Por algo señala Quilghini (1980) que el espacio (su organización, decoración, clima) es el alma de la escuela infantil. A través de él conquistaremos al niño que vivirá con nosotros una etapa verdaderamente difícil para él por cuanto supone de separación familiar, de aceptación de nuevos riesgos, de entrada en un mundo de iguales no siempre complacientes con sus deseos, etc. Un ambiente atractivo, rico en sugerencias, variado como para adaptarse a sus intereses y cálido emocionalmente hará más fácil que el pequeño se abra a la experiencia, que afronte el reto de esta nueva etapa escolar de su vida. Un ambiente formalizado, poco dúctil a los intereses del niño, centrado en el trabajo ordenado más que en el trato cordial, puede provocar en él un proceso de clausura que le lleve a no abrirse, a encerrarse en una especie de caparazón en el cual piensa que puede protegerse mejor.

Otros aspectos de la organización del espacio

Algunas cosas más quedan por decir respecto a la organización del espacio.

TIPO DE ESCUELA

Una simple visión panorámica de las propuestas analizadas en las páginas anteriores basta para que uno se dé cuenta que el tipo de escuela que está latente en esas propuestas no se parece mucho al tipo de escuela que nosotros conocemos y hacemos.

Se diría que esa es una escuela más vital, más sugerente, menos estandarizada. Cada clase, concebida en la línea de las propuestas de más arriba, tiene su estilo, su identidad. Trabaja en cosas distintas y con ritmos distintos y materiales distintos. La clase está abarrotada de cosas y herramientas (cada una de ellas constituida en una "oportunidad de aprendizaje", en un "reto cognitivo") no necesariamente caras o que sea preciso comprar. No hay pupitres, ni mesitas de cinco para que cada niño tenga su sitio fijo. No es que en esas clases los niños no trabajen, que sí lo hacen, sino que siguen un proceso peculiar de implicación en la tarea y de desarrollo personal en el que juega un importante papel la autonomía, la capacidad de iniciativa del niño, sus deseos. Algo que todos decimos buscar pero que luego no siempre acertamos a operativizar didácticamente.

PAPEL DEL PROFESOR

El tipo de ambiente escolar que se planifique hará variar el papel que vaya a desempeñar en esa clase el profesor.

En primer lugar, como ya he señalado antes, el propio hecho de manejar el ambiente, de usarlo educativamente, supone que se hace consciente, el profesor, del papel que juega el medio en el desarrollo del niño y de la necesidad profesional de controlar el ambiente como contexto de aprendizaje. Así el profesor adopta una postura constructiva y consciente con respecto al ambiente de clase, se siente protagonista de su manejo y lo cambia a medida que las condiciones del proceso se lo exigen.

Es un instrumento fundamental (prioritario) para muchas situaciones.

Por ejemplo, en los procesos de integración de niños deficientes en el aula normal; pensemos en situaciones relacionales disfuncionales; pensemos en niños con un *background* cultural nulo o con una carencia fuerte de estímulos en su familia. En todos esos casos el medio juega un papel fundamental. La influencia se ha de ejercer a través de la organización del contexto.

Pero, por otro lado, ese protagonismo del profesor en la planificación del ambiente supone el relegarse él mismo a un papel secundario de guía auxiliar en el desarrollo del proceso. Una vez organizada la clase es el propio niño quien se convierte en protagonista y opta por aquello que más le atrae. El profesor puede compensar lagunas, orientarle en su tarea, reforzar su trabajo, etc., pero son el propio medio y el propio sujeto quienes desempeñan los papeles más relevantes.

ESTIMULO

La riqueza estimulante que una clase así organizada ofrece está fuera de toda ayuda. No se trata de un simple amontonamiento de objetos diversos, sino de toda una estrategia formativa la que dirige el proceso de planificación del espacio.

Pensemos, como ejemplo, en los etiquetados. Cada área, ángulo, rincón, etc., ha de poseer su propia zona de almacenamiento. En ella se irán guardando juntos los distintos objetos e instrumentos utilizables con las correspondientes indicaciones (en letras, con dibujos, con colores, etc.) que dejen claro para los niños dónde va cada cosa.

Pues bien, ese simple hecho del etiquetado de estantes, armarios, cajas, etc., donde se han de guardar las cosas ofrece oportunidades (es un recurso didáctico de) para:

— actividades inducidas de prelectura;
— ejercicios cognitivos de discriminación (si los han de colocar según identificación por colores u otros símbolos);
— hábitos de orden (se van acostumbrando a dejar cada cosa en su sitio tras haberla usado);
— actitud de responsabilidad (comprender el por qué de ese orden, la importancia de la buena conservación de los instrumentos, etc.).

Una cosa tan sencilla como las etiquetas es un instrumento para un proceso muy global a nivel formativo. Y quien habla de las etiquetas podría hacer otro tanto con cualquier otro elemento del ambiente.

10. Los contenidos (actividades, experiencias)

No quisiéramos dar la sensación de estar moviéndonos en un modelo estrechamente tecnológico y sectorizado con la clásica estructura de objetivos-contenidos-actividades-evaluación. La diferenciación por capítulos de los diversos aspectos no se basa en una compartimentalización conceptual sino simplemente en un esfuerzo por seguir un esquema funcional y que ayude a los profesores a estructurar los conceptos e ideas de trabajo que tratamos de ofrecerles.

Esa es la única razón de que se encabece este capítulo con la denominación habitual de *contenidos y actividades*. La escuela infantil no aborda contenidos, en sentido estricto. Es un mundo de experiencias polivalentes en el que los contenidos juegan un papel puramente instrumental: sirven como oportunidad para la acción. Son las funciones que tratamos de desarrollar a través del contenido las que nos interesa clarificar, el sentido en el cual pretendemos que actúen: se puede trabajar la expresividad usando cuentos, noticias del periódico o descripciones del propio entorno. Para nosotros como profesores lo fundamental es saber qué estamos trabajando, qué posibilidades de enriquecimiento experiencial posee el contenido o material, planeado por nosotros previamente o bien surgido de manera casual, que en ese momento tenemos disponible.

De todas formas (en educación casi todo posee una naturaleza dialéctica y el planteamiento antes hecho sobre los contenidos también lo es) tampoco podemos quedarnos conformes con una visión excesivamente relativizadora del valor intrínseco de los contenidos. No ha de entenderse así la afirmación anterior. Cualquier contenido puede darnos pie a un proyecto didáctico de expansión experiencial: un buen profesor puede construir un magnífico ejercicio con una lata de conservas vacía (desde el lenguaje hasta la expresión artística, la motriz, la fantasía, etc., puede ser afrontado a partir de ese contenido-estímulo). Pero es igualmente cierto que el contenido posee virtualidades educativas y de significación que le son propias.

Si yo quiero organizar una función de títeres tendrá mucha importancia cuál sea el contenido que seleccione (no es lo mismo una historia intrascendente que un tema muy próximo y vital); si yo doy cabida en clase a un tema de conversación sugerido por los niños no me dará el mismo juego hablar del mal tiempo que está haciendo que hablar del ternerito que ha parido la vaca de uno de los niños.

Cada tema posee su propia entidad educativa, su propia riqueza interna en cuanto a las posibilidades de abordarlo, de sacarle punta, de referirlo a las diversas dimensiones del desarrollo infantil. En definitiva, de referirlo al propósito general de toda la educación infantil (y de toda la educación): ir conociendo cada vez mejor el propio medio para ser cada vez más capaz de integrarse en él y transformarlo.

Anotaciones generales

Algunas ideas fundamentales conviene tener en cuenta antes de pasar a la especificación de los contenidos de la educación infantil.

SENTIDO VITAL Y EXPERIENCIAL
DE LOS CONTENIDOS

El sentido *vital, experiencial* de los contenidos en este momento educativo creo que ya ha ido quedando claro en los puntos anteriores. Hablar de contenidos, en el contexto de la educación infantil, no tiene nada que ver con la dimensión informativo-cultural que tal denominación adquiere en otros niveles educativos. Aquí nos estamos refiriendo a las formas de contacto con personas, cosas, situaciones y realidades de diverso tipo que se le da oportunidad de establecer al niño escolarizado.

Desde la perspectiva en que se aborda la educación infantil en este libro podría decirse que el objetivo fundamental de esta etapa es proporcionar al niño recursos suficientes para poder *manejar* la realidad con que entra en contacto y *manejarse* con respecto a ella. A esa realidad que ha de ir descubriendo pertenece *él mismo,* que se constituye, en ese sentido, en el objetivo primario de conocimiento (tanto en la materialidad de su cuerpo como en la dinamicidad de sus funciones y características personales). Incluso el conocimiento de los otros, de las cosas, las situaciones, se hace en cierta manera por referencia a su relación directa o indirecta con uno mismo. Este es el sentido de vitalidad y experiencialidad que damos aquí a los contenidos.

PLURIDIMENSIONALIDAD DE LA ACCION DIDACTICA

Desde el sentido en que aquí hemos abordado la educación infantil y las experiencias de aprendizaje que tienen lugar en su seno, el sentido general de la acción didáctica no es tanto el adquirir nuevos conocimientos como el de producir un desarrollo integral. Desarrollo que incluye, ciertamente, la adquisición de nuevos conocimientos pero dentro de un conjunto mucho más amplio de elementos; conjunto en el que habría que situar también la adquisición de actitudes y valores, la armonía corporal, la salud, el desarrollo de las estructuras cognitivas, el control emocional y la expresividad.

Todas ellas, y otras más, se configuran, al igual que los nuevos conocimientos (cosas nuevas que se sabe o se es capaz de hacer), como dimensiones del niño cuyo desarrollo integrado ha de procurar la escuela infantil.

Lawton (1976) señalaba que cualquier *currículum* escolar ha de considerar tres tipos de realidades: la realidad personal, la realidad intersubjetiva y la realidad técnico-objetiva.

El modelo didáctico que ya he presentado en un capítulo anterior, y que retomaremos para analizar los contenidos, coincide con esta perspectiva pluridimensional: la escuela ha de pretender que el sujeto realice-obtenga progresos en el dominio de esos tres ámbitos de realidad. Para ello su conocimiento y desarrollo han de quedar organizados escolarmente en diferentes *frameworks* (formas de conocimiento y/o sistemas de trabajo). Ese es el enfoque que aquí daremos a los contenidos: *un conjunto de actividades y temas que permitan a cada niño poner en juego y desarrollar sus diversos recursos personales, y a sí mismo como un todo.*

ENCUENTRO

La peculiaridad del *encuentro* que se produce en una escuela infantil y la dependencia de los niños respecto a personas, situaciones y sugerencias educativas hace que hayamos de ir más allá de las conductas concretas y visibles a la hora de referirnos a los contenidos y experiencias de la educación infantil.

Ya ha quedado dicho que no es referible a la escuela infantil (ni a ningún otro nivel del sistema educativo) aquello de que enseñar es "transmitir conocimientos", porque ello resulta claramente insuficiente para reflejar la riqueza y variedad de los intercambios que se producen entre adulto-niño dentro del aula. En este momento educativo, y en mucha mayor proporción que cualquier otro aspecto destacable, la enseñanza (si es que podemos denominarla así) es ante todo *encuentro y comunicación interpersonal* (que para el niño se convierte en *descubrimiento* del no-yo). Coincidimos a este respecto con las dos hipótesis básicas que planteara Bradford (1973):

1. El proceso de enseñar-aprender en una *transacción* humana que une al maestro, al alumno y al grupo en un conjunto de interrelaciones dinámicas que sirven de marco a un aprendizaje entendido como cambio que se incorpora al proyecto vital de cada individuo.
2. El objetivo básico de la educación es *el cambio y crecimiento* o maduración del individuo; esto es, una meta más profunda y compleja que el mero crecimiento intelectual.

En la organización de los contenidos y experiencias de la escuela infantil hemos de pensar sin duda en aspectos funcionales específicos (qué trabajar y cómo; qué tarea proponer en una situación concreta o con un objetivo específico) pero no podemos perder de vista un sentido más global, es decir, la propia escolarización y la dinámica general en que se produzca se convierte en una experiencia fundamental para el niño, en el contenido básico de su educación infantil. Ya no se trata de qué cosas hace o qué temas se trabajan, sino *en qué dinámica de desarrollo se le integra*.

Por eso se puede hablar de experiencias globales, fundamentadoras de las estructuras personales y cognitivas de los alumnos. Y conviene recalcar que nos afectan mucho a nosotros como docentes. No es ya que nuestro papel sea seleccionar buenos contenidos o actividades, sino que entramos a formar parte, querámoslo o no, de un contexto experiencial cuya dinámica vendrá en gran parte determinada por el modelo de acción instructiva que pongamos en marcha. En ese sentido se refiere Pourtois (1979) a las experiencias de aprendizaje como algo

"que abarca el conjunto de los comportamientos de enseñanza (a nivel de conductas concretas y a nivel de perfil general de actuación), de las actitudes educativas, de los rasgos de personalidad y de las características de la adaptación social y personal" (Pourtois, página 215).

En el ámbito de la escuela infantil, frente a un modelo innatista que vincularía el crecimiento y desarrollo de cada niño al propio sujeto y a sus capacidades y características innatas, hay numerosas evidencias del importante papel que en ese desarrollo juega la riqueza experiencial de los primeros años. Ese es el gran papel encomendado a la escuela infantil como contexto experiencial y de ahí la relevancia de los contenidos y experiencias que pongamos a disposición de los niños.

VIDA INFANTIL

Otro aspecto importante a tener en cuenta es la búsqueda de contenidos y actividades significativas, surgidas de la propia vida del niño (lo que a la larga puede llevarnos incluso a preferir aquellos que surjan de la propia iniciativa de los niños).

A este respecto conviene volver a la idea, ya expuesta al hablar de Programa y programación, de distinguir una doble perspectiva en cuanto a contenidos y actividades a desarrollar en la escuela infantil: por un lado las líneas generales y específicas marcadas por los Programas oficiales establecidos por las Administraciones competentes, y por el otro los contenidos, temas, actividades, enfoques, etc., propios de cada situación (tomando como unidad de referencia el Centro escolar).

Acercar contenidos y actividades trabajados en la escuela a aquellas actividades y rutinas familiares para los niños constituye un eje básico de toda acción didáctica por lo que supone de vivencia consciente, racionalizada, reconstruida e incluso compensada de lo que son los procesos de la vida habitual de cada niño.

Pampaloni (1983) lo describe con claridad: debemos buscar, desde esta perspectiva, una programación que

> "debe nacer del ambiente particular en que opera cada escuela, de manera que los contenidos reflejen la cultura local; contenidos que nacerán de una lectura real del ambiente de vida de los niños y estarán orientados tanto a la recuperación, a la valorización y a la transformación de la realidad natural, social y cultural del lugar como a la adquisición de las competencias (...). Para realizar esto es necesario que los profesores se liberen de los esquemas tradicionales que ven repetirse año tras año los mismos contenidos aun sabiendo que se está en presencia de niños que son diferentes y que presentan, obviamente, exigencias y necesidades diferentes. Es importante que el profesor, antes de elaborar la programación, conozca el ambiente socioeconómico-cultural en que actúa la escuela. En

este contexto la elección de los contenidos se convierte en una secuencia lógica que se articulará a lo largo del conjunto de años que los niños permanecen en la escuela infantil" (Pampaloni, pág. 32).

Esto de tomar contenidos del propio ambiente de vida de los niños resulta fácil para un profesor que tenga claro el marco general de trabajo en que desea centrar su acción educativa en el aula. Asumido ese marco general (que especifica las dimensiones del desarrollo priorizadas y las competencias cuyo desarrollo se desea afrontar en cada momento o etapa del proceso: ésa es la programación general) el profesor puede huir de un, generalmente disfuncional, espontaneísmo sin dejar por ello de dar cabida a los temas del momento, a las iniciativas de los niños y eso no solamente en el rincón de la familia o en actividades coyunturales sino en relación con todas las áreas de trabajo (sociabilidad, lenguaje, expresividad, desarrollo lógico, etc.).

Ya lo iremos viendo al mencionar los distintos contenidos y su contextualización en el diseño curricular de la escuela infantil, pero el principio de adoptar preferentemente contenidos del propio medio, se refiere ni más ni menos que a centrar el trabajo en lo que los niños están acostumbrados a ver, o en lo que oyen hablar con frecuencia, o en las cuestiones que les afectan: fiestas populares, ritmos productivos, estaciones, materiales del entorno, historia de su familia y de su pueblo, dinámica social, enfermedades, sucesos, etc.

DIALECTICA

Muy unida al punto anterior se halla la dialéctica que con frecuencia se presenta al profesor al tener que optar entre lo *atrayente* o lo *funcional*, entre el *deseo de los niños* (deseo con frecuencia condicionado por los medios de comunicación y los usos sociales, por ejemplo en los juegos, en el desempeño de roles, etc.) o el *propósito de cambio* del proyecto educativo; entre las *expectativas sociales* o el *discurso educativo* que da sentido a lo que se hace en la escuela.

No siempre es fácil tomar decisiones ajustadas entre ambos polos de referencia. A veces los padres urgen la búsqueda de competencias instrumentales (sobre todo la lectura y escritura) y minusvaloran cualquier contenido o actividad que no les parezca vinculada a su consecución inmediata. Otras veces el seguir la iniciativa de los niños nos conduce a actividades estereotipadas o poco ricas, o bien a tener que responder a las propuestas de los líderes que aparecen como los únicos que sugieren algo o que siempre logran imponer sus puntos de vista.

No hay recetas para resolver estos dilemas. Los teóricos de la educación infantil han adoptado posturas diferentes y contrapuestas al respecto. Desde el modelo de una escuela infantil curricularizada y que trabaja con Programas y programaciones los dilemas mencionados y otros presentes en la educación adquieren un contorno más definido. Tenemos un Programa, somos capaces de adaptar sus líneas maestras a las condiciones concretas del medio y de los niños con los que trabajamos. Desde ese punto de partida, construimos nuestro proyecto educativo que funcionará como marco general de actuación. Con él estamos en condiciones de dar sentido a las novedades y sugerencias de cada día: podemos trascender lo que ese tema, actividad o cuestión tienen de coyuntural, episódico, descontextualizado e incluso de trivial para conectarlo con el proyecto, para conducirlo sobre la base de los principios, prioridades y dinámica operativa que en él se prefiguran.

Hay una hermosa y ecológica analogía de Ferrière que compara a la escuela infantil con un jardín. Cierto es que la sinonimia educación-jardín ha sido muy criticada por sus derivaciones voluntaristas y manipuladoras (sobre todo lo referente a la poda), pero este debate no viene al caso. Habla Ferrière de tres tipos de jardinero (tipología fácilmente trasposable a la de los estilos de enseñanza que plantearon también Lewin y Lippit, 1938: democrático, autocrático y *laissez-faire*). Pero de los tres el mejor es aquel, dice Ferrière, que con "arte, cuidados y paciencia" ha sabido preparar un espacio bien acondicionado (ha construido un ambiente funcional y con los medios suficientes como para convertirse en un auténtico espacio de crecimiento) dejando hacer a la naturaleza (dando autonomía a los niños, siguiendo su ritmo, respondiendo a sus demandas y escogiendo aquello que ésta produce de más bello, y apartando todo aquello que pudiera obstaculizar esa belleza y armonía, es decir adoptando decisiones dentro de un determinado proyecto en el que se definen los principios de armonía y belleza que se pretende conseguir).

De todas formas esta capacidad de discriminación es algo que afortunadamente los profesores vamos aprendiendo. Y en este proceso nuestro de aprendizaje, con frecuencia vamos ganando en flexibilidad y en capacidad de adaptación a los matices diferentes de las situaciones. En los estudios sobre cómo planifican y toman decisiones instructivas los profesores ha aparecido como una constante que mientras los profesores menos experimentados se aferran con una cierta rigidez a las programaciones y proyectos hechos de antemano, los profesores experimentados se sienten más libres, se conceden a sí mismos más capacidad de maniobra y adaptación a la dinámica de los procesos (Zahorik, 1970; Peterson y Clark, 1978).

En el desarrollo del Programa de educación infantil basado en la teoría piagetiana y denominado *Cognitively oriented curriculum*, encuentran Hohmann, Banet y

Weikark (1985) que pasaron por varias etapas o varios modelos de atención al niño. Son etapas que a medida que fueron ampliándose sus conocimientos y acrecentándose su experiencia fueron abandonando. El proceso seguido por ellos ilustra muy bien lo que estábamos diciendo. En síntesis la evolución seguida por ellos fue (páginas 13 y 14):

1ª etapa: el maestro instruye a los niños de una manera bastante relajada pero organizada en aquellas habilidades que estima importantes con respecto a la preparación para la escuela. Usa el "bombardeo verbal" para envolver masivamente al niño con el lenguaje y planea experiencias secuenciales en prematemáticas, preciencias, prelectura, etc., estimulando el aprendizaje gradual en cada alumno. El niño *recibe* educación a través de la instrucción del adulto.

2ª etapa: el maestro acepta la idea de que los niños se encuentran en diferentes etapas de desarrollo y trata de enseñar a cada uno las habilidades que tipifican su etapa a fin de que puedan avanzar a la siguiente. Instruye perfectamente mediante preguntas convergentes (de las que ya conoce la respuesta). Las preguntas son el principal instrumento de desarrollo cognitivo.

3ª etapa: el maestro ayuda a los niños a consolidar sus habilidades en forma evolutivamente correcta a través de la experiencia directa y representacional, sin tratar de acelerar su desarrollo ni de empujarlos al siguiente nivel. Se trabaja también sobre preguntas pero en este caso las preguntas se refieren a los planes de los alumnos, a sus intenciones, experiencias y observaciones. Se reconoce que cada niño es un individuo que estructura su propio conocimiento a través de iniciativas compartidas con los adultos que lo apoyan. Cada niño es activo.

Como puede comprobarse, la resolución de los dilemas antedichos tiene mucho que ver tanto con el modelo doctrinal en el que uno se sitúe (si es muy tecnológico tenderá más a garantizar la consecución de los fines previstos; si es más comunicacional o expresivo tenderá a sacar el máximo provecho a las distintas ocasiones o situaciones que se vayan presentando a lo largo del proceso; si es más naturalista preferirá que sea la dinámica diaria la que vaya marcando el ritmo y los contenidos del trabajo) y de la experiencia que posea en la aplicación de dicho modelo: cuanto más haya trabajado con él en la práctica mejor conocerá el modelo en sí y necesitará menos afirmarse en los postulados teóricos originales (lo que sabe desde los libros) pudiendo adoptar posturas más abiertas, quizá eclécticas (conexionando diversos planteamientos) y en todo caso ganando en perspectiva y flexibilidad (pues habrá tenido ocasión de constatar cómo funciona en la práctica, en su práctica específica, ese modelo teórico de referencia).

ESPECIFICIDAD-GLOBALIZACION

Otra cuestión previa al tema de la selección-organización de actividades y contenidos está relacionada con la eterna disyuntiva entre la *especificidad* y la *globalización* de los procesos desarrollados durante toda esta etapa.

Aquí no se habla de disciplinaridad e interdisciplinaridad (debate que es referible sólo a niveles escolares más avanzados cuando las disciplinas diferenciadas entran a formar parte del *currículum* escolar). A nivel de educación infantil la cuestión se plantea en términos de si será más eficaz y/o interesante plantear actividades específicas orientadas al desarrollo de alguna función concreta (trabajar el vocabulario, o la vocalización, o la coordinación visomanual, etc.) o bien buscar actividades más globales en las que tengan cabida diversas funciones específicas conectadas entre sí (por ejemplo los centros de interés).

Tampoco la respuesta a este tema es sencilla por mucho que pudiera parecer que lo único didácticamente congruente es la globalización. Sin embargo, los desarrollos funcionales específicos (modelos educativos centrados en la consecución de destrezas —*skills*— concretas) han demostrado una gran eficacia no sólo en las áreas concretas de desarrollo afrontadas, sino incluso en la maduración general, en la satisfacción y autoestima de los niños, etcétera.

Ya hemos aludido en un capítulo anterior a los trabajos de la ABT americana (Stebbins y otros, 1977) en los que los modelos de instrucción directa y centrados en el desarrollo de habilidades básicas (vocabulario, prematemáticas, deletreo y lenguaje) no solamente fueron superiores a los otros doce modelos instructivos con los que se compararon los resultados obtenidos (se trabajó con niños preescolares de ambientes desfavorecidos) en cuanto a dichas habilidades básicas, sino que fueron superiores incluso en cuanto a los resultados afectivos logrados (autoconcepto, responsabilización, etc.).

En nuestra opinión, lo más conducente es adoptar una postura plural a este respecto: tanto los contenidos segmentarios como los globales tienen su momento didáctico y juegan funciones necesarias en el desarrollo integrado del niño. Pellerey (1981) hace una propuesta a este respecto referida a la escuela básica y que podemos claramente trasladar, *salvatis salvandis*, a la escuela infantil.

> "La escuela elemental, dice Pellerey, cumple la función de introducir en las disciplinas un proceso articulado según la siguiente secuencia: aproximación global, diferenciación, integración; y eso pasando poco a poco de explicaciones e interpretaciones derivadas del

sentido común o de las tradiciones populares a aquellas que provienen de la reflexión y de la investigación más sistemática y controlada.

Existe además un tercer ámbito de alto valor educativo, el de la educación de la expresividad, de la iniciativa espontánea al escoger actividades lúdicas o exploratorias, del ejercicio físico en un contexto placentero y relajante, etc.

Se produce, por tanto, una tripartición del tiempo educativo de la escuela elemental. Uno más estructurado y sistemático, otro menos conectado a unos contenidos organizados sucesivamente sino más claramente dirigido a la educación general de la persona y finalmente otro desestructurado pero enormemente significativo para un equilibrio psicofísico y emocional del niño" (Pellerey, pág. 120).

De esta manera, y aplicando un esquema similar a la escuela infantil, podemos entender que contamos con momentos educativos de diversa naturaleza y sentido: en unos se abordan destrezas o funciones segmentarias (ciertos ejercicios de motricidad gruesa o fina, contenidos lingüísticos, elaboración de productos, etc.), en otros se abordan tareas con un sentido más global e integrador (se trata de poner en juego y ejercitar en el desarrollo de un tema amplio aprendizajes puntuales adquiridos separadamente: al hacer una obra de teatro intervienen los aprendizajes ya realizados de motricidad, lenguaje, expresión gráfica, ritmo, etc.). Y finalmente mantenemos espacios dedicados a la expresividad personal, para la actuación libre, creativa y espontánea de los niños que a su vez puede servirnos como material a abordar en los dos momentos anteriores, bien particularizadamente (por ejemplo si queremos racionalizar colectivamente un sentimiento de temor o angustia aparecido), bien integrado en una actividad amplia y pluridimensional (si ese mismo temor o angustia sirve como hilo conductor de todo un conjunto de actividades en las que se aborda el lenguaje, la motricidad, la expresividad corporal y dramática, etcétera).

Este saltar de la actuación concreta y finalizada a los procesos más amplios y globales y a los momentos totalmente abiertos puede ser, además, interesante y rico didácticamente tanto de cara a la mejora en la precisión en tareas concretas como en cuanto a la plasticidad conductual. También lo es de cara a la construcción de una visión unitaria y sistémica del conjunto de las actividades que realizamos diariamente. Esto es, de cara a ir configurando no sólo estrategias operativas eficaces o cadenas de conductas que lleven al niño al final o producto deseado, sino mapas cognitivos que permitan al niño captar el sentido de cada sección singular con respecto al conjunto; dicho de otra manera, el perfeccionar simultáneamente las destrezas conductuales implicadas en las acciones y el discurso mental y cognitivo sobre esas acciones. La actividad de hablar sobre lo que se va a hacer (planear) o sobre lo que se ha hecho (recordar) a que aludimos en el punto siguiente nos ayudará a cubrir esa doble dimensión (conductual y mental) de las actividades.

RUTINAS

Entrando ahora en el tema de la *organización* de las actividades quisiera señalar algo sobre el importante papel que cumplen las *rutinas* en el quehacer diario de una escuela infantil. La rutina se basa en la repetición de actividades y ritmos en la organización espacio-temporal de la clase y desempeña importantes funciones en la configuración del contexto educativo:

Marco de referencia

Constituye un *marco de referencia* que una vez aprendido por el niño (cosa que muy bien puede hacerse en el plazo de dos-tres semanas) da una gran libertad de movimientos tanto a niños como profesor: provee de una especie de estructuración mental que permite dedicarse y dedicar sus energías a lo que se está haciendo sin pensar en lo que vendrá después. En cuanto marco constante permite además al profesor introducir en él cualquier tema, asunto o actividad novedosa que haya surgido inesperadamente. De esa manera lo nuevo entra a funcionar como contenido o material de las rutinas diarias.

Como securizantes

Un contexto de vida que se conoce es de por sí *securizante*, así como otro sometido a fuertes variaciones y que mantiene a los sujetos *expectantes* sobre qué va a suceder provoca cierta ansiedad. Con niños pequeños las rutinas ejercen el importante papel de darles seguridad, hacerles sentirse cómodos: les liberan de la necesidad de estar aprendiendo siempre cómo se hace cada cosa. Una vez que saben hacer esas rutinas diarias se sienten mucho más dueños de su tiempo y más seguros, pues saben que lo saben hacer.

Captación del tiempo

La rutina, en tanto que una fijación de la secuencia temporal de las conductas o de los modos de realización de alguna de ellas, juega también el papel de facilitador en la *captación del tiempo* y de los *procesos temporales* (de la sucesión temporal). Este es un importante aprendizaje para afrontar la realidad diaria: el niño aprende la existencia de fases, el nombre de estas fases y su encadenamiento secuencial (qué va antes, qué va después, qué se hace al comienzo y qué en otros momentos de la clase).

Captación cognitiva

Como señalamos en el apartado anterior, la percepción sensorial de los momentos se completa en las rutinas con una *captación cognitiva* de la estructura de las actividades. Y si a ello añadimos actividades de planificación por parte de los niños, de lo que piensan hacer, esta rutina aporta también ganancias afectivas (en el sentido de la implicación personal en la tarea con importantes repercusiones en los resultados finales como han destacado Bloom, Fox, etc.).

Bloom (1971) ha organizado su taxonomía afectiva precisamente en torno al eje de la implicación del sujeto en las tareas instructivas e identifica la implicación como una de las tres variables esenciales que actúan como condición de eficacia en el aprendizaje escolar: la adquisición por parte del alumno de los prerrequisitos fundamentales para el aprendizaje que se desea alcance, el grado de adaptación de la instrucción al sujeto que aprende y el grado de motivación para implicarse en el proceso de aprendizaje (1979, pág. 28).

También para Fox (1971) la implicación del alumno en las tareas que desarrolla es una de las *variables críticas* que inciden en los resultados del aprendizaje.

Virtualidades cognitivas y afectivas

A nivel metodológico la rutinización de los grandes momentos del trabajo escolar (por ejemplo la secuencia formada por *planear, ejecutar, recordar* que proponen Hohmann, Banet y Weikart, 1985) introduce un modelo sencillo y claro de desarrollo de las clases pero que aporta grandes virtualidades cognitivas y afectivas en el desarrollo de los niños al ir planteando retos a las diversas funciones (explorar, autoorganizarse, conocimiento de la realidad y uso funcional de sus recursos, autonomía, codificación de la experiencia, toma de decisiones) cuyo desarrollo constituye la esencia de la educación infantil.

La realización de cada rutina aportará no sólo el producto inmediato de esa actividad, sino otras ganancias cognitivas o afectivas vinculadas a las actividades que la rutina contiene.

Por ejemplo la limpieza de la clase, además de procurarnos el tener más habitable el aula y cada objeto en su lugar, da pie a que los niños, al tener que colocar cada cosa en su sitio, cada cosa con sus iguales, realicen importantes operaciones cognitivas de clasificación, establecimiento de un orden, localización y reconocimiento de signos que identifican el lugar en que deben ir las cosas, etc.

Actividades

De cara al profesor, una vez tiene claro cuál es el proyecto educativo que pretende desarrollar, el establecimiento de las rutinas supone el garantizar que en la actuación diaria o en el esquema general de actuación (aunque es más complicado para los niños entender una organización por ejemplo secuencial de las actividades) se introducen las dimensiones principales del proyecto y sus matices más relevantes.

Así, una secuencia habrá de incluir "siempre" (aunque ciertamente desde la particular configuración de cada proyecto educativo y en función de sus propósitos):

— actividades individuales, en pequeño grupo y en gran grupo;
— actividades realizadas independientemente por el niño y otras que cuenten con la presencia y apoyo del profesor;
— actividades que impliquen desgaste físico y otras que supongan relajamiento y quietud (con niños pequeños incluso momentos de sueño);
— actividades de interior y de exterior;
— actividades de limpieza propia y de la clase.

Conviene dejar claro, de todas maneras, que al referirnos aquí a las rutinas no manejamos ese término en su acepción más vulgar de automatización o secuencia rígida e inflexible. Aunque la rutina fija una secuencia o procedimiento no lo hace inflexible (con niños pequeños sería impensable suponer procesos rígidos que fueran a ser siquiera posibles).

Las rutinas en la educación infantil no se sitúan ni definen un contexto de necesidad e imposición ("hay que hacer las cosas así y en este orden, obligatoriamente"), no son elementos de cierre sino de estructuración. Definen un contexto de seguridad a través de la conservación y mantenimiento de pautas. No hace falta para ello ser rígido ni impositivo. Cuando los niños se vayan adueñando de las actividades habituales irán ganando en posibilidades de introducir matices en su realización. Y en esa dinámica la flexibilización de las pautas, e incluso las dificultades ocasionales que puedan sobrevenir, serán bien recibidas (una actividad que se alarga, un vestido nuevo que no se sabe abrochar, un instrumento cuyo uso no se conoce, etc.).

Por otro lado hemos de tener claro también que las rutinas son aprendizajes, son algo que los niños han de aprender. Por lo general se recomienda dedicar a ello las primeras semanas de cada curso. Y suele facilitar su aprendizaje el que inicialmente se siga siempre el mismo orden en las actividades, que se mencione claramente y con frecuencia por el profesor el nombre de cada momento o rutinas:

> "Ahora nos toca *ordenar*, estamos en el momento de la *limpieza*, después empezaremos el *silencio*", "Juan, veo que estás en la fase de *trabajo*, ¿lo estás pasando bien?".

Podría ser también interesante establecer un signo explícito que marque la transición de una fase a otra, una especie de sintonía que abra cada nuevo momento o que señale al que se aproxima.

¿Qué rutinas conviene establecer?

Las propuestas suelen ser muy diferentes entre sí puesto que cada profesor puede convertir en rutina aspectos o momentos diferentes de la vida diaria de su clase en función de muchas consideraciones derivadas tanto de la organización y medios de su clase como de la organización y medios del Centro en que trabaja y, por supuesto, en función del proyecto educativo que quiere desarrollar.

A nivel de ejemplos citaremos dos. Uno referido a niños pequeños (2-3 años) y otro aplicable a niños mayores (3-4 años).

Mme. Arbant (1984), inspectora pedagógica regional de París, propone las siguientes:

1. *Entrada y recepción.* Que recoge actividades de ser recibido alegremente por la profesora, quitarse la ropa y colgarla en los percheros, elegir el rincón para jugar y tomar los materiales deseados.
2. *Ir al baño.* Cada niño va cuando lo necesita y la actividad incluye tirar de la cadena y lavarse las manos.
3. *Actividades fijas.* Utilizan diariamente dos tipos de actividades:

    a) *Manuales* (dibujar el tiempo que hace: para ayudarles a estructurar el tiempo y el ritmo diario).
    b) *Comunicativas:* cuentos, diálogos, poesía, gestos, teatro, marionetas.

4. *Salir al jardín.* Para dar cabida a actividades motrices con o sin desplazamiento. Incluye actividades con y sin la presencia del adulto.

5. *Comida*. Incluye actividades de juego con los instrumentos que se van a utilizar para provocar el placer de una comida alegre.
6. *Descanso*. Es obligatorio para todos que aunque no duerman deben respetar el sueño de los otros. La presencia de la profesora actúa como elemento securizante que facilita el sueño. También cualquier otro objeto securizante que los niños quieran traer de su casa (peluches, vestidos, etc.). Los que no duermen pueden ver libros, etc.
7. *Escuchar música*. La utilizan por lo general para irles despertando y adaptándolos de nuevo a la realidad. También en otros momentos mientras juegan o ven libros, etc.

Hohmann, Banet y Weikart (1985) parten de la idea de que cada segmento de la rutina diaria ha de proporcionar a los niños un tipo distinto de experiencia. Plantean los siguientes como elementos de esa rutina diaria:

1. Período de *planeación* en que los niños en compañía del profesor deciden qué les gustaría hacer durante la sesión de trabajo. Cada niño posee su propio distintivo (un trozo de material coloreado con su fotografía y un gancho para ser colgado) que tras la configuración de su plan colocará en el rincón donde corresponda desarrollarlo.
2. Período de *trabajo*. Cuando los niños llevan a cabo cada uno su plan personal. El profesor se mueve entre ellos, les ayuda, mejora con ellos sus ideas, etc.
3. Período de *limpieza*. A nivel individual con respecto a los materiales que uno ha utilizado y a nivel colectivo respecto a la disposición general de los objetos y los espacios. También la limpieza personal tras haber comido, jugado en el patio, etc.
4. Período para *recordar*. Para *tomar el bocadillo* o lo que haya y período de los *grupos pequeños:* los profesores de este Programa solían unir los tres episodios. Aprovechaban el momento del piscolabis para que los niños hablaran en pequeños grupos sobre lo que habían hecho.
5. Período de *actividades al aire libre*. Para actividades fuertes como correr, saltar, columpiarse, juegos con mucho movimiento, etc. En definitiva gastar energías.
6. Período de *reunión de gran grupo*. Toda la clase realiza actividades conjuntamente, como contar, cantar y actuar, tocar instrumentos, juegos de adivinación, hablar de cosas, etc.

Las rutinas son, como los capítulos, el guión vacío de la vida diaria de una clase que día tras día se van llenando de contenido y acciones. Los niños saben el nombre de cada fase, saben qué vendrá después, saben cuál es el procedimiento para realizar determinadas actividades, etc., y poco a poco se van adueñando de su vida escolar, van sintiéndose competentes y a la vez van comprobando vivencialmente cómo cada vez les salen mejor las cosas y saben mejor lo que hay que hacer y de qué forma salen bien y son divertidas las tareas.

Modelo integrado de acotación y organización de los contenidos

Desde las primeras páginas del libro hemos dejado claro cuál era el modelo de aprendizaje y desarrollo escolar que resume nuestra idea del qué y el cómo de la educación infantil: cuatro niveles de desarrollo (oréctico-expresivo, sensorial-psicomotor, relacional-social y cognitivo) que aglutinan y dan sentido al quehacer escolar para este nivel. En las páginas siguientes analizaremos los contenidos desde la perspectiva de dicho modelo.

Hemos de señalar de antemano que la estructura de los cuatro niveles no es en absoluto rígida. No lo es conceptualmente porque en cualquier proyecto educativo lo afectivo, social, motor y cognitivo se entremezclan y están siempre presentes en mayor o menor medida. Pero no lo es, tampoco, en cuanto enfoque porque precisamente la idea base de lo que tratamos de proponer es que, aunque se puedan abordar separadamente en momentos concretos aspectos específicos de alguno de los niveles, se busque, en general, la integración de los cuatro en cada una de las actividades que organicemos en clase. Pondremos numerosos ejemplos en que esa agrupación se realiza. De manera que el hecho de subdividirlos aquí ha constituido una opción instrumental destinada a facilitar el análisis en profundidad de cada una de las dimensiones y en absoluto una opción operativa que pueda sugerir, aunque sea implícitamente, la existencia de espacios separados del desarrollo infantil que pueden ser abordados de manera independiente como si se tratara de diversas asignaturas.

NIVEL ORECTICO-EXPRESIVO

Se trata de abordar aquí los aspectos más personales del desarrollo de cada niño. Como la propia denominación del nivel señala, no se trata de dar nuevos contenidos al pequeño para que éste los reciba e incorpore a sus conocimientos, sino de posibilitar que él exprese los contenidos de su mundo subjetivo personal. El niño pequeño escolarizado emite continuamente mensajes sobre su propio mundo personal a través de diversos códigos: su propia conducta, los dibujos y otras representaciones icónicas, las conversaciones y referencias verbales expresas (por ejemplo cuando un niño dice que tiene miedo o que tal persona no le quiere) u otras expresiones no verbales (llantos, automarginaciones, negatividad generalizada, etc.).

Es un campo por lo general olvidado por la escuela o marginado como algo ajeno a los propósitos o aspectos a abordar desde las actividades escolares. Hasta hace poco sólo la mente era objeto de desarrollo y perfeccionamiento escolar. Hace unos años fue introduciéndose la psicomotricidad y también el cuerpo y las funciones motrices ligadas a su desarrollo entraron a formar parte de lo que la escuela había de trabajar. Es ya más difícil encontrar profesores y proyectos educativos que otorguen un nivel similar de relevancia al desarrollo, desde la escuela y a través de las situaciones y recursos que ésta ofrece a los niños, del mundo personal de cada uno, y del mundo de sus pulsiones, sus deseos, sus temores, sus fantasías; en definitiva, del mundo de su dinámica personal.

Las cosas, afortunadamente, van cambiando y hoy no es aceptable un modelo de educación infantil en que no se aborde el tema afectivo y emocional. Pues bien, sobre esa base se establecen los contenidos del nivel oréctico-expresivo.

Podríamos distinguir cuatro tipos de contenidos en este nivel, distintos en cuanto al nivel de profundidad en que se producen o actúan dentro de los sujetos:

Contenidos o aspectos complejos y profundos

Pertenecen a la dinámica inconsciente y pulsional de los sujetos. Habría que situar aquí la temática recogida por las corrientes psicoanalíticas en torno al desarrollo de la líbido, las pulsiones, los procesos de transferencia y contra-transferencia, la temática fusional, los problemas edípicos y otros momentos críticos del desarrollo emocional, las defensas inconscientes, etc.

Tendríamos que hacer con respecto a este conjunto de aspectos las mismas consideraciones que en el primer capítulo hacíamos con respecto al nivel o dimensión bioneurológica del comportamiento. Decíamos allí que por su complejidad y la especificidad y especialización que su tratamiento exige, estos aspectos se sitúan fuera del espacio de intervención didáctica y, en todo caso, los profesores no suelen disponer ni de preparación ni de medios para abordarlos. Esto no significa, en absoluto, que no seamos conscientes de su importancia de cara al buen desempeño escolar de los niños, pero parece claro que su optimización y el tratamiento de los problemas que en ellos pudieran surgir corresponde más a una relación terapéutica especializada que a una relación educativa normal.

Numerosos autores han tratado temas de psicología profunda desde la perspectiva de la escuela analizando las importantes repercusiones de dicha temática en la dinámica del aprendizaje y el desarrollo personal en las primeras fases de la escolarización: Anzieu, 1970; Despert, 1973; Redl, 1970, 1975; White, 1973; Lapierre y Aucoutourier, 1977, 1980; Ana Freud, 1970, 1975, etc.

A la abundante literatura sobre el tema remito a quienes deseen profundizar más en esta perspectiva.

Contenidos emocionales y afectivos

Pertenecen a estructuras más externas de la personalidad.

Se trata de contenidos personales de más fácil y unívoca decodificación por parte de los profesores a partir de las conductas y manifestaciones expresivas de los niños. La dinámica escolar cotidiana permite observar (al igual que en cualquier otro espacio de comunicación interhumana) cómo en ella se suscitan constantemente emociones, actitudes, tendencias de diverso tipo, etc. No se exige un alto nivel de inferencia para poderlas constatar en prácticamente todas las actividades, planeadas o espontáneas, de clase. Si no se tienen en cuenta en el proyecto educativo es más por el tipo de enfoque didáctico que se sustente (generalmente es el afán de lograr una mayor eficacia cognitiva a través del trabajo en clase lo que nos lleva a olvidar o marginar esos aspectos emocionales) que por la dificultad que pueda implicar su identificación.

Entre los contenidos de tipo afectivo-emocional podríamos destacar:

1. El mundo de los *deseos* infantiles, con todo su simbolismo inconsciente y consciente, y el manejo que de todo ello hace el niño. Es la forma en que el propio niño traduce sus necesidades, expresa las pulsiones tal como las está viviendo en ese momento y también la situación en que se encuentra según su etapa de desarrollo.
2. Las manifestaciones de *seguridad-inseguridad, fusionalidad-autonomía;* conductas de *autoidentificación*-conductas de *imitación.* Todas ellas expresan la dialéctica ambivalente que el niño vive a nivel básico.
3. El mundo de la *fantasmática infantil:* temores difusos, creencias sublimadas mágicamente, etc.
4. El conjunto de *emociones* que configuran el patrimonio habitual de las conductas infantiles: alegría, tristeza, miedo, rabietas, asco, emotividad, agresividad, cariño-afectuosidad, etc.

Todos los aspectos son imprescindibles para el normal desarrollo perfectivo de la personalidad de los niños. Los proyectos de educación infantil han de ser muy sensibles a estos aspectos evolutivos. En tal sentido la escuela infantil juega un doble papel: por un lado abre espacios de libre expresión de las emociones y deseos naturales del niño, y por otro lado planea actividades y estímulos que susciten, fomenten y perfeccionen las *"emociones deseadas"*.

Posturas sociales básicas

Sobre todo en lo que tienen de componente egodinámico, de postura vital.

Hemos hecho ya alusión en un capítulo anterior al trabajo de Murphy (1974) en que identifica diversos niveles de funcionamiento en los niños por lo que respecta a la sensibilidad, reactividad e impulsividad y cómo todo ello influye en que se produzca un desarrollo más o menos armónico y también en la cantidad y tipo de problemas adaptativos que el pequeño pueda tener en estas primeras experiencias más allá del espacio protector de la familia.

Aquí ha de encuadrarse también la disyuntiva entre estilo vital de *enfrentamiento* frente a estilo de *defensa* que describe Bruner (1974) y que, como él mismo señala, tanta incidencia tiene en los aprendizajes.

Igualmente podemos incluir aquí:

1. El perfil conductual del niño en la dialéctica *aceptación-rechazo:* a quiénes o qué cosas tiende a rechazar y cómo.
2. Las conductas de *contacto:* tipo de contacto, frecuencia, permanencia en el contacto establecido. Si el contacto es a nivel individual, a nivel de pequeños grupos, etc. Si es siempre con las mismas personas o no, etc.
3. Las conductas de *imitación* en su sentido más profundo: en cuanto imitación de conductas, en cuanto a la configuración del ideal del Yo, en cuanto a los procesos de asimilación de actitudes, valores, de la identidad personal, etc. Obviamente aquí no se trata de las actividades de imitación del rol ("saber imitar a..."; "hacer de...", etc.). Se trata de una perspectiva más autoimplicativa de la imitación.
4. Los procesos de *autopercepción y autoestima* en cuanto ejes de estructuración de la personalidad.

El mundo de la fantasía

En cuanto vivencia de sí mismo y de las cosas más allá de la realidad, en un mundo configurado a la medida de las propias expectativas y deseos.

El papel de lo fantástico, del juego con situaciones imaginadas, en la educación infantil resulta fundamental. En el trabajo con niños pequeños lo fantástico no es sinónimo de irreal o falso. El mundo de lo fantástico nos permite pasar del mundo de las cosas "como son" al mundo de las cosas "como si fueran"; pero la dinámica personal que en su análisis, en su vivenciación y en las experiencias a que dan lugar se pone en juego es absolutamente real.

La principal característica de lo fantástico es su *ambigüedad* y la principal virtualidad didáctica que posee es que a través de esa ambigüedad podemos acceder a estructuras subjetivas del sujeto que no son abordables por la vía directa de las cosas "como son", y podemos además conectar el mundo intersubjetivo de la cultura (mundo objetivo, real, externo y a veces ajeno a uno mismo) con el mundo interior, intrasubjetivo (lleno de vivencias y resonancias personales únicas, con referentes y sentido individual). Zanelli (1984) señala al respecto:

> "El Yo del niño, así como el universo con el que está relacionado, son realidades lábiles, siempre a punto de perderse. Así como el niño pierde fácilmente su propia presencia, frente a los conflictos y a los cambios bruscos de la existencia, así también su mundo es un mundo discontinuo, no estable, amenazado siempre en cuanto a su existencia. Cada cambio brusco rompe el sentido de continuidad de los sucesos y pone al niño frente al riesgo de no ser. A través del 'como si fuera', esto es, la referencia a los personajes fantásticos, la realidad histórica fragmentaria (y por tanto negativa), esto es, el 'así es', queda absorbida por una ejemplaridad mítica que la resuelve. Lo fantástico puede ser, por tanto, interpretado como instrumento de una 'absorción de lo negativo', como elemento de reintegración. A través de la referencia a los ejemplos fantásticos el niño se asegura en su propia presencia y por tanto puede retornar a la realidad con una mayor confianza en su capacidad para afrontarla.
>
> Las figuras fantásticas son producciones culturales: elementos con que el niño se encuentra dentro de un contexto relacional. En el momento en que el niño objetiva en las figuras fantásticas la propia vida fantasmática entra en contacto con el mundo simbólico, esto es, con el mundo de la cultura. En cuanto producción cultural, esto es, conjunto de figuras surgidas de nuestra historia educativa, el material fantástico constituye un elemento que cada nuevo niño que entra en la escuela se encuentra frente a él. Objetivándolos a través del material propuesto, el niño no sólo reelabora sus propios fantasmas interiores, sino que entra a formar parte de una historia: y a su vez, esta historia, que se ofrece a través de sus símbolos, se subjetiva en el niño" (Zanelli: *Per un uso dello "sfondo" in campo educativo*, pág. 7).

Como puede verse, trabajar el mundo fantástico va mucho más allá de la referencia casual a contenidos mágicos o a un manejo sectorial de material figurativo ("leer" cuentos, dibujos, figuras, etc.). Supone sistematizar esos saltos e intercambios entre lo real y lo simbólico, ampliar los espacios de referencia constituyendo mundos en los que se mezclan lo visible y lo no visible; lo icónico, lo real y lo lingüístico; lo cognitivo y lo emocional...

Como ha señalado Read (1980, pág. 340) podemos trabajar la imaginación como fuente de experiencias vicarias, como creadora de espacios para el desarrollo del lenguaje, como teatro de experiencias y aprendizajes diversos, como vía de maduración de la personalidad y desde luego, aunque pudiera parecer paradójico, como material para el desarrollo del pensamiento lógico.

Tratamiento didáctico de los contenidos del nivel oréctico-expresivo

Las distintas experiencias y actividades didácticas tratarán de proporcionar espacios de encuentro consigo mismo, con los otros, con los objetos disponibles, con los propios componentes espacio-temporales. Todos ellos van a permitir (e incluso habrían de *potenciar*) la expresión-elaboración del componente vivencial de cada niño.

Tratando de concretar un poco más, el trabajo escolar ha de cumplir, con respecto a los contenidos del nivel oréctico-expresivo, una triple función:

1. Ofrecer al niño numerosas oportunidades e instrumentos para expresar, si lo desea o lo necesita, sus pulsiones más primitivas de manera que pueda manifestar e ir haciendo conscientes sus vivencias fantasmáticas y emotivas en los términos en que su situación personal lo requiera.
2. Permitir al propio niño ir elaborando (individualmente y en grupo, a solas o en compañía y colaboración del profesor) esas situaciones internas en sentido formativo y con vistas a un desarrollo emocional equilibrado. Aquí es donde hay que situar el aprendizaje del control emocional, la ampliación de los umbrales de tolerancia a la frustración, el equilibrio entre la tensión a la construcción y la destrucción, entre el egocentrismo y la participación, etc. La energía y tensión que se va acumulando en el niño a lo largo del día necesita encontrar cauces que permitan ponerla en acción para que el equilibrio quede restablecido. En ese sentido la mejor forma de canalizar las pulsiones y mejorar su control por parte del niño es ofrecerle vías o actividades físicas o simbólicas. Estos cauces pueden encontrarse a nivel escolar en:

   — actividades físicas violentas (en el sentido de requerir un gran derroche de energía e incluso de agresividad);
   — actividades simbólicas de descarga (pintura, juegos, dramatizaciones, narraciones, títeres, personajes fantásticos, etc.);
   — la catarsis directa (la aceptación de que un niño llore, destruya cosas preparadas para ello, etc.).

Si los niños pequeños no logran liberar de alguna manera la energía generada por sus pulsiones o emociones (bien porque la escuela infantil no les permite, o porque no son capaces de encontrar cauces adecuados para hacerlo) y se ven obligados a reprimirlas sistemáticamente, dicha energía se derivará comportamentalmente de diferentes maneras: estados de ánimo variables, respuestas sustitutivas o desplazamientos, regresiones, explosiones emocionales, conductas de *acting out,* etc. En términos de Postic (1981), que interpreta así las teorías freudianas, esto nos lleva a

> "pensar la acción educativa como una forma de orientación, flexible y negociada, de la energía pulsional hacia objetos que puedan ser investidos por el mismo niño, consistiendo la ayuda del educador en ofrecer una amplia gama de objetos y en invitarle a organizar su acción teniendo en cuenta las condiciones impuestas por el mundo exterior" (Postic, pág. 156).

3. Pluridimensionalizar cualquier tipo de aprendizaje o de tarea que queramos desarrollar en clase. Los diversos registros emocionales y afectivos del sujeto son llevados a participar directa y expresamente en la codificación y decodificación de cualquiera que sea la experiencia de aprendizaje que realicemos. Cualquier actividad que desarrollemos puede ser una buena oportunidad para que el niño exprese sus emociones y sentimientos sobre los temas o situaciones implicados en ella. Así el aprendizaje se construye sobre la totalidad de las dimensiones del desarrollo infantil y resulta un aprendizaje integrado: el niño pone en juego en cada actividad tanto sus emociones como su psicomotricidad, tanto su inteligencia como su estilo relacional. Veremos ejemplos al respecto.

Actividades

Los contenidos de este nivel oréctico-expresivo se operativizan a través de un gran número de actividades. Tengamos en cuenta, de todas formas, que cualquier actividad puede darnos pie a abordarlos. Pero podremos sacar un gran partido de actividades como las siguientes:

1. Actividades con *pintura* (de la llamada de dedos): pintarse a sí mismos, sobre el papel, en el suelo, a los otros. Y las actividades de *limpieza* conectadas con ello.
2. Actividades con material para *modelar:* barro, arena, agua, plastilina, etcétera.

3. Trabajos con material de *carpintería* u otros que conlleven la posibilidad de golpear, romper, clavar, etc. Asimismo materiales que puedan romperse, como periódicos, barro, plastilinas, etc.
4. Juegos de competición y juegos en general donde el niño pondrá en juego sus alegrías, frustraciones, egocentrismos, etc.
5. Actividades de música y danza que permitan expresarse libremente, crear los propios ritmos. Sustituyen a veces a ejercicios de cierta violencia física, dotando a la propia música y danza de un ritmo vivo.
6. Actividades dramáticas donde se hagan palpables, manejables y transformables las personas y situaciones generadoras de conflictos y emociones.
7. Materiales gráficos, icónicos, audiovisuales que nos faciliten el trabajo con la fantasía, la creación de historias, etc.

Todas estas actividades, y otras muchas que cualquier profesor conoce, permiten articular separada y/o conjuntamente las tres funciones que antes señalaba con respecto a los contenidos del nivel oréctico-expresivo.

La temática del *ensuciamiento,* por ejemplo, que alguna de ellas conlleva retrotraerá a algunos niños a sus problemas no resueltos de la fase anal: podrán así expresarlos y elaborarlos en dichas actividades sobre todo si cuentan con la actitud atenta y disponible del profesor.

La temática de la *agresividad* aparecerá también en otras actividades y podrá ser canalizada bien por la vía simbólica (clavar, golpear, hacer guerras con los objetos, destruir cosas, etc.) bien por la vía real pero normativizada (peleas simuladas, competiciones, terapia de grito, etc.).

La temática de la *identidad,* de la relación con los otros, los sentimientos de seguridad e inseguridad aparecerán también y podrán ser abordados a través de actividades que exijan el trabajo cooperativo como la danza, las actividades dramáticas, los juegos de equipo, etc.

Y junto a esta función expresiva-liberadora de las actividades relacionadas con este nivel y junto a su capacidad para posibilitar la reconstrucción de la temática interna de los sujetos, cabe plantearse también la realización de otra serie de actuaciones dirigidas, como ya se ha dicho anteriormente, a que la experiencia escolar con respecto a cualquier contenido o situación no se asiente sólo o prioritariamente sobre las bases de memorización y procesamiento cognitivo sino también sobre las bases de un procesamiento emocional de los contenidos.

Ejemplos prácticos

Cuenta Zanelli (1984) en la experiencia que relata de una escuela infantil de Bolonia, que los profesores se inventaron dos personajes fantásticos: la brujita Svanitella (significa "que desaparece, que se desvanece") y el tío Lupo ("lobo").

Con ellos se comunican (por medio de grabaciones en una *cassette),* van siguiendo sus instrucciones, les van contando lo que pasa en clase, etc. Tuvieron que cambiar de local, pasando de la escuela vieja a una nueva construcción, y el tema central de su trabajo didáctico se centró en cómo podrían hacer para realizar el traslado de sus personajes al nuevo edificio: tuvieron que describírselo, marcarles el itinerario, imitar el traslado haciendo de bruja una niña, plantearse hipótesis sobre dónde podrían colocarlos, cómo les gustaría tener la casa, si se sentirían solos y abandonados mientras tanto, etc.

"Se introdujeron, señala Zanelli, dos nuevos instrumentos, sustitutivos de la vieja aula mágica, la «gruta mágica» y el *cassette,* regalo de Svanitella, vivido por los niños como una caja mágica. Mientras la gruta mágica se ha revelado importante porque ha permitido la institucionalización de las pruebas de alejamiento-proximidad y ha favorecido, en particular para algunos niños, la elaboración de la problemática fusional, el *cassette* —caja mágica— ha permitido una nueva serie de procesos cruzados tanto dentro como fuera de la escuela. El *cassette* se ha convertido, de hecho, en medio de contacto entre Svanitella (momento mágico) y los niños, instrumento de comunicación en el que los niños registraban sus propios mensajes para el personaje fantástico y la brujita señalaba a los niños las tareas a realizar" (Zanelli, pág. 31).

En algunos centros he visto trabajar las emociones a través del propio cuerpo y sensaciones de los niños. Planteados contrastes ambientales como mucho ruido-silencio, luz-oscuridad, música fuerte-débil, estar solos-estar en grupo, estar cerca-estar lejos, etc. A la vez que van trabajando los contenidos lógicos y motores implicados en la tarea, se van explorando los componentes emocionales que cada uno de esos contrastes suscita en los niños.

Con ocasión de un fallecimiento, un accidente, el nacimiento de un niño, la separación de unos padres, la llegada de un niño nuevo o la marcha de alguno, la presencia de niños marginados o que piden por las calles, los trasplantes, etc. se generarán gran cantidad de demandas no sólamente cognitivas, sino también emocionales ("¡y si me pasara a mí eso!"). Su tratamiento en ese momento puede ser muy rico educativamente para que vayan surgiendo las temáticas emocionales de cada niño y una vez aparecidas se puedan "elaborar" a través de alguna de las actividades antes descritas.

En la escuela infantil ALRI, de Danzoni-Bolonia (1983) los profesores han utilizado el recurso a lo fantástico para superar la escasez de espacio de su aula; ante la escasez de espacio real han decidido ampliarlo añadiéndole un espacio de fantasía que les sirva a la vez de desahogo y de nuevo territorio que los niños puedan explorar y crear.

Inicialmente han organizado un viaje de exploración de la escuela (un caserón antiguo). Han jugado con diversos niveles de luces, tonos, etc. en las diversas estancias del edificio. En una de las estancias desde encima de un armario se ha escuchado una música misteriosa y luego la voz de un cierto Mago Bubbolino ("cascabelero") que por lo visto acababa de llegar a la ciudad para hacer regalos mágicos a los niños. Esos regalos tienen que encontrarlos a ellos, los niños, a través de los mensajes que el mago les irá dando (ahí se van a mezclar emociones, espíritu de búsqueda, capacidad lingüística, etc.).

Los regalos son tres: la varita mágica que resplandece y está adornada de cascabeles y tiene el poder de hacer volar la mente; cartas perfumadas que estarán metidas en un viejo azucarero para imaginar mundos nuevos y un frasquito que contiene polvo de estrellas lejanas para volar con la fantasía encima de una alfombra mágica.

Vueltos al aula los niños han revivido con excitación y alegría la experiencia vivida. Uno de ellos ha dicho haber visto al mago: vestido de rojo y con una larga capa blanca. En los días siguientes se ha trabajado en la consecución de los regalos y ayudados por sus poderes mágicos los niños han ido contando sus sueños fantásticos: con frecuencia no son sino experiencias realmente vividas pero enriquecidas por la fantasía y suelen expresar los deseos y aspiraciones más profundas de los niños.

Una mañana al llegar a la escuela se encontraron con un nuevo mensaje del Mago atado a un hilo de nylon en el corredor. Les pedía a los niños que dibujaran Bubbolandia, su país, describiéndoles algunas de sus características: las casas son redondas, los árboles y montañas triangulares y las plazas cuadradas. A cambio les prometía un regalo.

Los niños no sabían bien qué formas geométricas eran esas pero pronto se documentaron y en uno de los rincones se pusieron a construir ese país a base de bloques y otros materiales disponibles (se estaba así trabajando la motricidad y el conocimiento de formas geométricas, la organización de estructuras o pensamiento espacial, de las proporciones, etc.). Casi todos ellos, por otra parte, habían dibujado y pintado su propia imagen de Bubbolandia. En trabajos en grupo se han imaginado la vida en ese país: qué haría la gente, qué comería, qué moneda, qué tipo de gobierno, cómo serían los niños, etc.

Poco después de toda esta vertiginosa actividad llegó el regalo. En una de las mesas se encontraron unas tarjetas en que se les daban pistas para hallarlo. Les costó mucho encontrarlo aunque cada pista llevaba a una nueva y este hecho ya les llenaba de satisfacción. El regalo era un cofre que contenía un pergamino y un hombrecito de madera. El hallazgo, la apertura del cofre, la lectura del pergamino (que traía tres palabras cada una con un dibujo para inventar una historia), etc. ha hecho que se despertaran fuertes emociones en los niños y que éstas fueran poco a poco racionalizándose, convirtiéndose en propuestas de acción. A las historias se les puso música más fuerte o más lenta según fueran las emociones que aquellas reflejaran. Se ha trabajado así durante bastante tiempo todas las áreas del *currículum*.

Finalmente cuando el argumento iba ya agotando sus virtualidades los niños encontraron una mañana un globo colgado de un hilo de nylon con otro mensaje en que el mago les dice en verso que se vuelve a su país y que podrían prepararle el globo que utilizaría como medio de transporte. Los niños le prepararon un globo muy pintado y la cesta suspendida de él para que pudiera trasladarse por el aire. Eso exigió un gran esfuerzo de investigación, búsqueda de materiales y trabajo manipulativo.

La frustración y dolor por la marcha del mago fue fácil de sobrepasar pues de inmediato profesores y niños comenzaron a preparar la fiesta de fin de curso que ese año desde luego sería una "fiesta de cascabeles".

En la obra de Read (1980) se nos presenta un bonito ejemplo de cómo se puede pasar, con la ayuda del profesor, de una descarga emocional a un proceso de elaboración tónica (corporal) y cognitiva de esos sentimientos.

Cuenta la autora que un día una de las educadoras de la escuela infantil había llevado a la clase los arreos de montar a caballo: una silla de montar, las bridas, las botas y una pequeña manta de colores muy vivos. Ello, como es lógico, centró totalmente el interés de los niños pero sobre todo de uno de ellos, Gilbert, de tres años y medio que se adueñó de ellos: "Es mío, es mío" gritaba y cuando alguien trataba de subirse a la silla o tocar las cosas se ponía furioso.

Más adelante una educadora interviene: "Bájate, Gilbert, vamos a poner la silla de montar sobre esta tabla entre dos sillas y así cuando os montéis podréis meter también los pies entre los estribos". Su intervención y la alteración del contexto hace que a partir de ese momento más niños participen en la cabalgada.

Pero a media mañana la profesora entra en la sala para llevarse los arreos. Coge las cosas y cuando va a irse se da cuenta Gilbert que corre furioso detrás de ella agarrando la manta de colores y la silla de montar gritando: "Es mía, es mía". La profesora le dice suavemente: "Gilbert, déjala, es del caballo y debemos devolvérsela". Pero el niño insiste, llora y se desespera. Interviene otro adulto que lo toma en brazos y le dice: "Ven Gilbert, te leeré un cuento". El niño sigue llorando y pateando: "Es mía, es mía". La profesora no obtiene ningún éxito en calmarlo.

Análisis que hace Read de esa situación:

"Es evidente que nos encontramos ante un niño profundamente implicado en los aspectos sensoriales de la experiencia (...). No para de acariciar esos objetos con ambas manos. Y es evidente también que Gilbert desea fuertemente poseer las cosas que le agradan: "Es mía, es mía" y que sus sentimientos son muy fuertes queda demostrado por su largo llanto cuando se han llevado las cosas. El niño muestra escasa confianza en su propia capacidad para entrar en posesión de los objetos de su deseo, y eso le lleva a actuar agresivamente, a empujar a sus compañeros, a enfurecerse, a chillar" (Read, pág. 420-421).

¿Qué ha de plantearse la educadora en esa situación?

> "El objetivo de la educadora debiera ser el de hacer lo posible para que el niño pueda satisfacer plenamente su propia necesidad de gozar de la experiencia sensorial, conquistando a la vez la seguridad de poder compartir con los otros ese placer".

¿Cómo abordar esa emocionalidad reactiva final?

Read describe varias cosas que podrían haberse hecho y no se hicieron: por ejemplo preparar al niño para la pérdida (ésta vino de súbito sin darle tiempo a elaborarla), prolongar mínimamente su traslado para que pudiera tocarla por última vez o subirse a ella mientras se le razonaba que nos gustaría mucho dejársela pero que es del caballo que se siente mal sin ellas (en este período podría ir elaborando la situación evitando que las emociones le desbordaran).

Hay cosas que se hicieron pero sin éxito:

> "Cuando la otra profesora toma en brazos a Gilbert y trata de calmarlo con la promesa de un cuento, de hecho, no hace sino negar los sentimientos del niño y evitar afrontarlos directamente. No es esa la forma de ayuda que necesita Gilbert en ese momento para dominarse. Connie (es el nombre de esa profesora) no debería coger en brazos al niño, porque el sentirse cogido y elevado con fuerza y separado del objeto de su deseo no hace otra cosa que aumentar su desesperación" (Read, pág. 422).

¿Qué debería haber hecho?

> "Debería haberse agachado a la altura del niño, pasarle el brazo por la espalda y decirle: «¡Qué pena que se hayan llevado fuera la silla y la mantilla. Me gustaban tanto también a mí! Es difícil separarse de ella. Pero puedo asegurarte que otro día la profe traerá de nuevo todo eso aquí». Y cuando los suspiros del niño se fuesen calmando un poco, ella debería continuar preguntándole: «¿Te gustaba más la silla o la mantilla de colores?». De esa manera daría a Gilbert un estímulo para pensar de modo diverso la experiencia, para recrearla, para volver a captar el placer a través del recuerdo, para consolarse de la pérdida y para calmarse definitivamente" (Read, pág. 422).

Lo que en casos así cabe hacer es posibilitar el cambio de registro en la experiencia: lo que estaba planteado en términos emocionales descompensados y difíciles de controlar se diversifica a través de la penetración en la experiencia con el pensamiento (hablar sobre ello, referirse a cosas percibidas, imaginarse historias al respecto, etc.) o bien con la acción (ponerse a buscar algo que lo sustituya, o simplemente a hacer otras cosas de interés y gratificación inmediata pero que no supongan una ruptura tajante y forzada con la situación de duelo).

NIVEL SENSORIAL-PSICOMOTOR

La escuela de la cabeza, afortunadamente, ha ido abriendo sus puertas a todo el cuerpo del niño, —para nosotros de manera no del todo satisfactoria todavía—, pero existen claros signos de que la mentalidad curricular se halla en proceso de cambio con respecto al contenido y sentido de esta dimensión o nivel de aprendizaje.

También en la literatura especializada se ha abierto con respecto a esta dimensión un importante espacio de propuestas conceptuales y operativas. Son abundantes, por ejemplo, las taxonomías de objetivos-contenidos del ámbito psicomotor (Simpson, Alvarez Manilla, Harrow, Lapierre y Aucoutourier, Pie y Vayer, etc.). Casi todos ellos presentan o sugieren una amplia gama de actividades a desarrollar.

Sin embargo, hoy por hoy, la mayor parte de estos trabajos y sus correspondientes propuestas didácticas parten de una conceptuación especializada y estanca del ámbito sensorial-psicomotor, refiriéndose a él como a un área específica e independiente del desarrollo de los sujetos. Una especie de materia escolar que se trabaja en momentos específicos del horario escolar e incluso en espacios especializados (gimnasio, etc.).

El análisis y desarrollo curricular que aquí vamos a realizar de este nivel pretende situarse en una visión más interactiva y sistemática del desarrollo sensorial-psicomotor. Más que dotarle de sentido en sí mismo como conjunto de destrezas a adquirir pretendemos destacar su relevancia en cuanto estructura de conexión entre los diversos niveles, tipos y procesos de aprendizaje.

Cualquier aprendizaje y/o experiencia infantil requiere un buen desarrollo sensorial y una buena psicomotricidad. El componente sustantivo de todo aprendizaje infantil es la *acción* (que el niño "haga cosas", "produzca efectos tangibles sobre el mundo"). El aprendizaje de los niños pequeños o es activo y a través de la actividad o no existirá aprendizaje.

Contenidos

Podríamos distinguir dentro de este nivel diversos contenidos o espacios de experiencia, entre los cuales cabe destacar:

1. El desarrollo *sensorial y perceptivo*. La percepción supone la recepción de las informaciones provenientes de los distintos registros sensoriales. Constituye todo un proceso a través del cual identificamos los datos que nos suministran los sentidos, los relacionamos entre sí y les damos sentido como un todo.

CONTENIDOS

La escuela infantil que ha de trabajar con niños que, a nivel de desarrollo se hallan en la fase sensorio-motriz primero y preoperacional después, tiene que ser consciente de que el principal instrumento de aprendizaje de que disponen sus alumnos son precisamente los sentidos, ya que por medio de ellos es como el niño se pone en contacto con la realidad y elabora su imagen mental o representación de esa realidad.

Sin embargo, la escuela no presta excesiva atención al desarrollo sensorial. El canal visual y el auditivo han acaparado la atención escolar y a través de ellos se vehiculan, de manera prácticamente exclusiva, las experiencias didácticas. Digamos que en la escuela ambos son los "medios privilegiados" de contacto con la realidad.

De ahí que el rescate de una sensorialidad más diversificada parece importante desde la perspectiva del modelo integral de aprendizaje que proponemos.

Hablo de una educación senso-perceptiva, porque como profesores hemos de distinguir entre lo que es una *sensación* y lo que constituye el *proceso perceptivo*. No basta con exponer a los niños a muchos estímulos sensoriales diferentes (sensación es una modificación del campo estimular que provoca un cambio simple en nuestra conciencia: si abrimos la ventana nos dará el aire en la cara, si nos lavamos la cara sentiremos el agua fría, si suena un ruido nos llegará la onda acústica y la sentiremos, etc.) sino que hay que buscar la elaboración de representaciones perceptivas a través de los datos sensoriales (organización de las sensaciones y dotación de sentido y significado al conjunto).

Así, el desarrollo senso-perceptivo implica y superpone tanto la acción física con-sobre las cosas como la actividad mental de organización de los datos sensoriales. Alliprandi (1984) lo describe así:

> "Una educación senso-perceptiva, por tanto, no es sólo una estimulación dirigida al *mejoramiento de los sentidos* (por ejemplo el uso de la vista para captar los colores y su difuminación, o el uso del oído para aprender a distinguir los diversos tonos y timbres de los sonidos, etc.), sino una gradual *construcción y ejercitación de los procesos mentales del pensamiento*. El niño debe aprender a extraer de percepciones globales (sincréticas) algunos elementos analíticos, debe aprender a establecer comparaciones (de igualdad-diferencia) y por tanto a asociar y descomponer; después a clasificar, a seriar, a hallar relaciones de causa-efecto, a darse cuenta de los aspectos absurdos... esto es, debe operar con la mente sobre las representaciones que progresivamente van siendo elaboradas por él y fijadas en esquemas de conocimiento" (Alliprandi, pág. 50).

Tres fases o momentos podríamos, pues, diferenciar en este proceso de desarrollo sensorial y perceptivo:

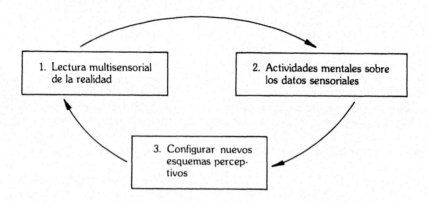

Como puede verse, se trata de un proceso circular que comienza con una lectura multisensorial de la realidad próxima: los objetos normales, de uso cotidiano que tengamos en el aula y aquellos otros materiales didácticos específicamente diseñados para diversificar y enriquecer el campo estimular. El niño entra en contacto con colores, texturas, dimensiones, estructuras, combinaciones, peso, temperaturas, etc. Es decir todos los sentidos se ponen en juego.

La sensación se habrá de convertir en imagen y representación, sobre todo ya en preescolar. Para ello podemos poner en marcha ejercicios cognitivos: memorización, vocabulario, relación entre las cosas, discriminación de sensaciones, de presentación de esa realidad en otros códigos (imágenes, lenguaje verbal, representaciones tridimensionales), etc. Como ha señalado Bertolini (1977) proporcionándole un intercambio permanente entre códigos y realidad, y entre códigos de diverso tipo.

De la combinación de la vivencia sensorial y el trabajo mental sobre las sensaciones surgirán esquemas perceptivos que ampliarán las estructuras cognitivas de los sujetos: ya saben cómo se llaman los objetos, o qué relación existe entre ellos, o cómo saben cuándo se chupan, o por qué no hay que tocar las cosas que pinchan, etc.

Y todo ello constituirá un nuevo *bagage* cognitivo que le permitierá al niño realizar cada vez lecturas más comprehensivas y matizadas de la realidad.

Conviene destacar que este proceso no tiene por qué realizarse con sentido estrictamente senso-perceptivo o en actividades dirigidas sólo a este contenido del desarrollo infantil. A eso me refería antes cuando señalaba que se trataba de una dimensión no autónoma sino en relación con todo tipo de aprendizajes.

Este trabajo senso-perceptivo lo podremos realizar sea cual sea la actividad que iniciemos, el tema que nos propongamos trabajar o la situación en que haya de realizarse. Simplemente se plantea como una exigencia para cualquier actividad: que la experiencia del niño suponga para él *la puesta en juego del mayor número de registros sensoriales* (explorar esa realidad de múltiples maneras) y *la construcción de nuevos esquemas perceptivos* que le posibiliten un contacto con la realidad cada vez más evolucionado.

2. La *psicomotricidad*. El campo y los contenidos de la psicomotricidad han ido ampliándose progresivamente dando cabida a muy diversas temáticas y actividades del desarrollo del niño.

Tratando de simplificar un poco el campo, y ciñéndonos a lo que a la escuela infantil se refiere, podríamos diferenciar dos enfoques divergentes en cuanto al sentido y la determinación de los contenidos a trabajar psicomotrizmente: la denominada psicomotricidad *relacional* y la psicomotricidad *funcional*.

a) La psicomotricidad relacional convierte en contenido de trabajo educativo la *corporalidad* como un todo, entendiendo el cuerpo como el espacio donde se producen las vivencias de cada sujeto con respecto a sí mismo y a los demás. En este sentido conecta este nivel con el anterior (lo corporal con lo expresivo). Se trata de una perspectiva próxima a los planteamientos clínicos de donde toma gran parte de su arquitectura conceptual aunque proponiendo modelos de actuación muy originales. Se centra en los procesos psíquicos subyacentes al desarrollo motor de los sujetos: relaciones entre emotividad y conductas motrices; características afectivas y variables de personalidad implicadas en las actividades de aprendizaje; modos de expresión corporal y conductual que adopta la dinámica interna de cada sujeto, etc. El punto de partida se sitúa en la constatación de que muchas dificultades en el aprendizaje se deben a una deficiente armonía cuerpo-mente o afectividad-inteligencia. Sus principales propulsores, Lapierre y Aucouturier (1977-1980), insisten en la importancia de la *actividad espontánea* infantil que favorece la expresión de aspectos simbólicos, afectivos y relacionales. Si en tales ámbitos internos del niño existieran conflictos, habría que articular procesos que le permitieran irlos elaborando. Sólo de esa manera el camino hacia los aprendizajes racionales quedaría expedito y libre de aquellas tensiones internas que interfieren la armonía global del sujeto y le restan energías constructivas de cara a las actividades relacionales y cognitivas de la escuela. El modelo de aprendizaje que está a la base de este planteamiento psicomotor parte de la necesidad de favorecer una vivencia afectiva, primitiva y emocional del objeto de conocimiento antes de su procesamiento cognitivo: partiendo del placer más sensorial del contacto espontáneo con los objetos, con los demás y consigo mismo, el niño, ayudado por el docente, avanzará, de una manera segura a nivel afectivo, hacia placeres más abstractos y cada vez más intelectualizados. Es un proceso de aprendizaje que además será vivido por el niño como un *continuum* auto-expansivo, como la búsqueda de objetivos surgidos del propio deseo en lugar de vivirlo como imposiciones del deseo adulto y como fenómenos desvinculados y ajenos a su propia búsqueda de interés. Dentro de este modelo de actuación el centro prioritario de trabajo es la *expresividad corporal global*. La sala de clase o el rincón psicomotor dispone de gran cantidad de instrumentos capaces de elicitar vivencias personales en los niños: balones, palos, telas, papeles, pinturas, objetos de textura blanda, muñecas, etc. El niño que lo desee acudirá allí y vivirá, solo o en grupo, su propia experiencia real y/o simbólica (sentimientos de posesión, de abandono, de soledad, de fusionalidad, de agresividad, de estructuración cognitiva, etc.) Cuando el profesor perciba que algún niño o grupo precisa de su colaboración para elaborar la temática emergida lo hará participando en la situación, poniéndose a sí mismo y su propio cuerpo a disposición de los niños.

También la *dinámica relacional*, los estilos relacionales de cada niño, se convierten en objeto de análisis y tratamiento educativo desde la perspectiva de la psicomotricidad relacional. Los patrones relacionales de cada niño tienen mucho que ver con la peculiar dinámica subjetiva que le caracterice. Esos patrones relacionales se van trabajando (dando a cada niño la oportunidad de hacerse consciente de su estilo relacional, dotándole de oportunidades y recursos para que pueda cambiarlos si lo desea).

b) La otra línea de desarrollo psicomotor es la denominada *psicomotricidad funcional* que se centra en el desarrollo instrumental de las destrezas motrices de los niños. Es un enfoque psicomotor más pendiente de la operativización conductual de los aprendizajes motores, las nuevas habilidades a adquirir, o bien la integración fina de las ya poseídas. La literatura pedagógica que trata de la psicomotricidad se sitúa preferentemente en esta línea de trabajo. Suele presentar diseños curriculares muy matizados para la edad preescolar, situando a la psicomotricidad como eje de estructuración de las actividades y operaciones tanto motrices como cognitivas implicadas en las cuatro áreas básicas de la etapa preescolar: lenguaje, matemáticas, plástica, dinámica, etc. Las actividades que se proponen combinan la movilización de la musculatura voluntaria, los actos reflexivos, el tratamiento y manipulación de los objetos, la coordinación entre diversos segmentos corporales y perceptivos, etc. Todo ello con objeto de dejar bien sentadas las bases neurofisiológicas y cinéticas que serán precisas en los niveles escolares posteriores para leer, escribir, y realizar actividades que exijan una cierta precisión motriz y/o manipulativa. El objetivo fundamental abordado es el establecimiento de todo el cuadro de destrezas funcionales que constituyen prerrequisitos motores para los aprendizajes posteriores. Por lo general los autores suelen prestar especial atención al desarrollo de:

— *Las conductas motrices de base:* equilibración, coordinación, movimientos amplios, armónicos, etc.
— *La organización del esquema corporal:* autopercepción, conciencia postural, lateralidad, independencia y coordinación segmentaria, etc.
— *Las conductas perceptivo-motrices:* trabajo con ritmo, estructuración espacio-temporal, etc.

En resumen como ha señalado Vayer (1975) la educación psicomotriz se refiere a formar "la conciencia del propio cuerpo, el control del equilibrio, la organización del esquema corporal, el control de las coordinaciones motóricas globales y segmentarias, el control de las inhibiciones voluntarias".

Y para lograrlo el propio Vayer (1977) propone las siguientes etapas de la acción educativa.

Dimensiones psicomotrices	\ \ \ \ 1	Intenciones educativas 2	\ \ \ \ 3
A Diálogo tónico	Descubrimiento de sí mismo	Consciencia de sí mismo	Control de sí mismo
B Juego corporal	Descubrimiento e independencia de los elementos corporales	Consciencia de los elementos corporales y de sus posibilidades de accion	Control de los elementos corporales y de sus acciones
C Equilibrio corporal	Descubrimiento y control del equilibrio corporal	Consciencia del equilibrio corporal	Dominio del equilibrio corporal
D Control de la respiración	Aprender a sonarse	Control de la respiración nasal	Del control al dominio respiratorio

VAYER, P. (1977); pág. 65.

3. *El cuerpo.* Sin duda alguna el cuerpo (el propio cuerpo y el cuerpo de los otros) es el gran protagonista del nivel sensorial-psicomotor. Claro que el cuerpo como tal forma parte de los otros contenidos ya señalados (sentidos-percepción y psicomotricidad). Separarle de ellos puede no estar muy justificado desde el punto de vista conceptual pero cierto es que en el tratamiento del cuerpo confluyen tal cantidad de variables que se desborda lo sensorial y lo psicomotor, para constituir un mundo de experimentación pluridimensional en el que se mezclan lo emocional, lo sensorial, lo motor, lo cognitivo, lo social e incluso lo imaginativo.

El cuerpo es, en este nivel, el contenido prioritario de conocimiento y a la vez el principal instrumento-recurso para contactar la realidad, para codificar la propia experiencia, para expresar la dinámica pulsional y emotiva interna y para asentar integradamente los conocimientos cognitivos.

El propio cuerpo y el de los demás es, por otra parte, frecuentemente investido simbólicamente por el niño. En él sitúa sus temores más radicales (por ejemplo la castración...), sus fantasías ("si yo fuera grande", "si tuviera alas como los pájaros"), sus pulsiones (curiosidad, agresividad, sexualidad) etc. De ahí la gran importancia de que la escuela le preste atención dentro de ese pretendido propósito de propiciar un desarrollo equilibrado de los sujetos. Sobre todo a esta edad el discurso del cuerpo resulta de mayor relevancia y virtualidades formativas que el propio discurso verbal-racional.

La primera cuestión, pues, a dejar sentada es esa multiplicidad de referentes que el cuerpo proporciona. Para el niño el cuerpo es objeto de conocimiento e instrumento de nuevos conocimientos: *el cuerpo se vive y se usa*. El cuerpo es una realidad objetiva palpable y es a la vez un territorio mágico ("el mago no me traga esta comida" decía mi hija para explicar que no lograba deglutir un bocado demasiado correoso para ella). El niño habla de su cuerpo (le riñe al pie que deja salirse una y otra vez la zapatilla). El cuerpo es fuente de felicidad y de disgusto. El cuerpo es una estructura somática real y es a la vez la imagen que cada uno se hace de sí mismo.

En definitiva el cuerpo es su yo y es a la vez parte del no-yo en cuanto espacio, funciones, ritmos a explorar y conocer cada vez más. Precisamente por eso reducir el cuerpo a un mero objeto de conocimiento intelectual (conocer el nombre de los distintos segmentos u órganos, su función...) o como simple objeto de adiestramiento funcional (saber mover tal o cual miembro, tomar ciertas posturas, etc.) tal como se ha hecho y en parte se sigue haciendo en las escuelas tradicionales, supone un claro empobrecimiento de las posibilidades formativas que podría ofrecer el trabajo didáctico sobre el cuerpo de cara al desarrollo integrado de los niños.

La escuela puede plantearse el cuerpo desde una perspectiva más amplia: *trabajar el cuerpo como una unidad psicosomática que actúa como eje vertebral de toda experiencia del niño*. En definitiva todos los aprendizajes, escolares y extraescolares, pasan por el cuerpo.
En ese sentido, desde la perspectiva de la educación infantil, habremos de centrar nuestro trabajo sobre el cuerpo en:

a) El reconocimiento del propio esquema corporal en lo que éste tiene de estructuras y funciones pero también en lo que tiene de apariencia física (cómo soy, cómo me veo, cómo me visto, etc.).

b) El saber servirse de los mecanismos corporales de manera que vayan desarrollándose progresivamente, cuantitativa y cualitativamente, las destrezas y habilidades motóricas, la precisión en el manejo de los instrumentos y herramientas, etc.

c) El saber servirse también de los mecanismos corporales para traducir en acciones el pensamiento, esto es, que el niño vaya progresando en saber aplicar, a través del hacer y el moverse, conceptos y procesos mentales: orientar la propia acción a esquemas delimitados de antemano, reproducir modalidades de utilización de ciertos instrumentos, aplicación a casos concretos de consideraciones generales, etc.

d) La capacidad de ir adaptando el propio cuerpo a diversas situaciones y contextos de actuación. Ello se traducirá escolarmente en actividades de estar o hacer ejercicios desde la perspectiva de diversos tonos musculares (tensión, acción, relajación, etc.), diversos tiempos y ritmos, diversos espacios y ambientes, diversos materiales y herramientas, diversas modalidades de acción (solo, en grupo, a propia iniciativa, sobre sí mismo, sobre los demás, en juego libre, en actividades regladas, etc.) y de uso de los materiales.

e) La vitalización de todos los registros expresivos corporales: la voz, la mímica, el movimiento, la expresión global libre, la danza, etc. en la doble vertiente de acción motriz y acción intelectual (esto es, que el niño sea capaz de producir sus propios mensajes expresivos y a la vez que sepa reconocer los de los otros compañeros y establecer alguna modalidad de diálogo corporal; que puede ser mímico, rítmico, verbal, no verbal, etc.).

f) Ir logrando poco a poco que el niño "se conozca" con toda la amplitud y profundidad que esto conlleva aplicado al propio cuerpo. Que sepa cuáles son sus virtualidades personales y de qué manera puede sacarles el máximo partido. Este es un objetivo motor-intelectual que, a su vez, da lugar y se combina con el principal objetivo afectivo referido al cuerpo: *que el niño se sienta a gusto consigo mismo*, se vaya adaptando a su propia singularidad psicosomática y en definitiva se sienta seguro de sus posibilidades.

Esto nos exigirá permanecer atentos a lo que el niño siente hacia sí mismo, a la percepción que tiene de cómo los otros le ven, a las zonas de satisfacción e insatisfacción con respecto a sí mismo, etc.

4. *La sexualidad.* El último de los grandes contenidos de esta dimensión sensorial-psicomotriz del desarrollo infantil lo situaríamos en la *sexualidad*. Tema éste que naturalmente no puede separarse de ninguno de los otros contenidos ya analizados (las emociones, los sentidos, la sensualidad, el desarrollo corporal). Si lo hacemos, es para poder analizarlo un poco más en profundidad debido a su importancia y significación particular en este momento evolutivo y a las contradicciones que genera en el contexto escolar.

Es curioso observar cómo con la cantidad de libros de educación infantil que abordan el tema de la psicomotricidad, prácticamente ninguno de ellos aborda específicamente el tema de la sexualidad infantil y el modo en que desde la escuela se puede apoyar su desarrollo adecuado. Por lo que a este libro respecta, no quisiéramos salir de este nivel de aprendizaje básicamente centrado en el cuerpo, sin hacer algunas consideraciones en torno al qué y cómo de la sexualidad en el *currículum* de la escuela infantil.

> "El origen de la pulsión sexual está en una excitación corporal que provoca un estado de tensión. Su fin es la eliminación de dicha tensión y obtener la satisfacción correspondiente. Esta satisfacción y placer surgen casualmente nada más nacer, en la primera actividad, la de más importancia vital para el niño: la succión del pecho de la madre (o sus subrogados). Es decir, que la pulsión sexual surge por primera vez apoyada en una función de importancia vital, la alimentación. Una vez experimentada cada nueva satisfacción, el niño tiende de nuevo hacia ella.
> La sexualidad, pues, no se explicaría por la simple maduración endógena de la pulsión sexual, sino que se constituye en el seno de estructuras intersubjetivas, de relación, que preexisten a la emergencia de la pulsión en el individuo (fantasmas originarios).
> La pulsión logra su fin a través de su objeto que es variable. Puede ser una zona o parte del propio cuerpo: boca, ano, pene, genitales, etc. Lo que daría lugar a las distintas fases sexuales. Y puede ser un objeto exterior: otra persona, o una cosa (fetichismo). Sus modos de satisfacción son muy diversos y dependen de las actividades en que se apoyen: succión, defecación, masturbación, contemplación, contactos sexuales, etc." (Cerdeiriña, 1982, pág. 30).

Pues bien, si algo queda claro para un profesor de este nivel, es que la educación sexual tiene poco que ver con la información sexual que demos a los niños, y menos aún, si cabe, con el mero establecimiento de un código de conductas permitidas y prohibidas. No se trata en absoluto de explicar cosas, de describir funciones. El niño pequeño vive la sexualidad como goce, como curiosidad, como encuentro, como contacto, etc. Es en esos parámetros donde debemos afrontar la temática de la sexualidad en la escuela infantil.

El surgimiento y desarrollo básico de la sexualidad está más ligado y condicionado por el estilo de relación con los padres ("el niño empieza su *educación sexual* con el primer abrazo materno, la primera canción de cuna, el primer baño": MDTE, 1980, pág. 320) que lo que pueda estarlo por las relaciones con la escuela, pero sin duda alguna también éstas influyen y su papel puede ser muy importante en procesos de escolarización temprana y ante situaciones carenciales o empobrecidas relacionalmente a nivel familiar.

Básicamente podríamos señalar que el papel a jugar por la escuela en cuanto al desarrollo de la sexualidad tendría que centrarse en:

a) Posibilitar al niño las condiciones y experiencias para que vaya construyendo un conocimiento y una vivencia gozosa de sí mismo.
b) Posibilitar un modelo de relación y contacto con los otros que dé pie a experiencias de diálogo tónico-corporal y sintonía afectiva.
c) Organizar actividades en las que los niños vayan ejecutando papeles que faciliten los procesos de identificación sexual y a la vez no impliquen discriminación de funciones en virtud del sexo.

Esto significa abordar el tema de la sexualidad infantil desde una triple perspectiva: en relación al sí mismo de cada niño *(a)*, desde la perspectiva de sus relaciones con los adultos y los otros niños *(b)*, y desde el desarrollo de la propia identidad y el aprendizaje de roles *(c)*. Veamos más en concreto qué supone la educación sexual con respecto a cada uno de estos aspectos.

a) *La sexualidad como exploración de sí mismo.* El niño es capaz de sentirse a sí mismo desde que es un bebé. De hecho uno de los primeros patrones claros de su aprendizaje es la discriminación yo-no yo. Pero desde luego, ése no es un aprendizaje inicialmente cognitivo sino básicamente sensorial y cenestésico. Ese es el sentido que adquiere la sexualidad en cuanto descubrimiento de sí mismo: está unida al goce, a la curiosidad; a la necesidad de probarse y probar sensaciones nuevas. Como en cualquier otro ámbito de desarrollo, aquí el niño funciona y progresa a través de descubrimientos progresivos. Se establece una especie de cadena de refuerzos sensuales (resultados satisfactorios, de goce en contactos consigo mismo o con los objetos) que hace que determinadas conductas se fijen vivencialmente y el niño las repita con cierta asiduidad. Pero en un desarrollo normal, pronto las abandonará para adoptar otras que le resultan todavía más interesantes o productivas. La temática central de este aspecto de la sexualidad es, pues, sentirse a sí mismo y sentir los objetos. El primer y básico descubrimiento de la diferenciación yo-no yo no clarifica en exceso su mundo sensorial y motor, y tanto uno como otro aparecen ante él como territorios desconocidos que va descubriendo día a día, sensación a sensación. Ese deseo de apoderarse (en su sentido sensual y cognitivo) tanto del "yo" como del "otro" es lo que hace que los orificios tanto del cuerpo como de las cosas adquieran un interés privilegiado: son las vías que comunican lo interior con lo exterior. Tanto lo que entra en el cuerpo como lo que sale de él adquiere resonancias sensuales y sexuales: son una de las principales fuentes de placer y displacer y además están llenas de fantasías. De esta manera el espacio del desarrollo sexual queda ampliado a todo el ámbito de la experiencia infantil, a todo lo que puede producirle satisfacción física y gozo. Pero en ese espacio amplio aparecen una serie de centros de la sexualidad o nudos privilegiados en estas conductas explorativas:

— los orificios de conexión entre lo interior y lo exterior: la nariz, el ano, los ojos y la mirada, los oídos, el pene y la vagina;
— los productos que entran o salen a través de esos orificios: la comida, las heces, el intercambio de miradas, las palabras susurradas a su oído, el pis, etc.

"Los agujeros son, en la fantasmática funcional del niño, las aberturas sobre el mundo misterioso del interior del otro, de ahí el deseo inconsciente de penetrar, de volver a entrar en esos agujeros. Ese deseo va a proyectarse, simbolizándose, sobre todos los agujeros de los objetos. El niño explora con el dedo, la mano, la mirada, con todo su cuerpo, si el orificio lo permite, todas las cavidades que encuentra" (Lapierre y Aucoutourier, 1980, pág. 47).

Todos estamos acostumbrados a observar los esfuerzos de los niños por ver lo que tienen dentro las cosas y su satisfacción cuando lo logran. El juego de los "médicos" es básicamente un esfuerzo similar por saber cómo somos, qué tenemos dentro. En realidad este aspecto de la sexualidad habría que abordarlo dentro de la dinámica general de la educación de los sentidos y de las sensaciones. Sin imponer grandes restricciones, sin convertir el proceso en un conjunto de cosas permitidas y prohibidas, sino más bien al contrario, creando un espacio desintoxicado moralmente y en el que la exploración y descubrimiento de sí mismo, de los otros y de las cosas se haga sin problemas. El propio hecho de hablar enfáticamente de *sexualidad* para referirnos a ello corre el riesgo de llevarnos a dramatizar con un término adulto investido de una carga moral importante, conductas que en el mundo infantil pertenecen al orden natural de las cosas. Y esta prevención vale tanto para los profesores conservadores que ven en todo peligros, como para los progresistas que a través de situaciones muy artificiales y sexualizadas intentan "educar la sexualidad" infantil.

b) *La sexualidad como contacto y fusionalidad con el otro.* Otro de los aspectos importantes de la sexualidad infantil (y también de la adulta, por supuesto) hace relación a las formas de contacto, a la búsqueda de compenetración corporal o vivencial con el otro que generalmente es un adulto: buscar el regazo, el contacto físico, la presencia, la dedicación del otro a él y la entrega de él al otro, la compenetración tónica etc. Desde la perspectiva de la sexualidad, la fusionalidad es algo que pertenece al cuerpo, o por decirlo de mejor manera, es una búsqueda en la que el cuerpo actúa como instrumento:

> "Es la búsqueda espontánea de un contacto estrecho, global, de superficie máxima, dentro de actitudes de envolvimiento e incluso de asirse con avidez al cuerpo del otro" (Lapierre y Aucoutourier, 1980, pág. 27).

Una vez lograda la vivencia de fusión con el otro surge en el niño una fuerte emoción de *pertenencia* (sabe que pertenece a alguien y que alguien le pertenece) y de *placer compartido* (como vivencia de haber logrado la transitividad del propio deseo: "No sólo te deseo, sino que deseo que tú me desees, y deseo que tú desees que yo te desee..." en frase bien conocida de Laing). El placer de la fusión y el contacto corporal es un placer sensual y sexual: un placer de cuerpo en un sentido amplio y difuso, pero bien reconocible. Las conductas fusionales más fuertes tienen lugar, obviamente, en el seno familiar: en él se hace más fácil un contacto y una disponibilidad corporal más plena. Pero también la escuela suele jugar un importante papel a este respecto. El niño tiende a buscar en el aula espacios fusionales. Si puede lo hará con alguno de los adultos que le cuida (por lo general tiende a aproximarse más a uno, si son varios, con el que mantiene una relación dual más estrecha), y si eso no es posible lo sustituirá por algún objeto o espacio físico con el que mantendrá simbólicamente esa relación de compenetración y entrega. A nivel educativo esta dimensión de la sexualidad nos plantea dos cuestiones fundamentales:

— La creación de un contexto capaz de aceptar esa demanda fusional por parte del niño y de integrarla en lo que es el propio proyecto educativo. Eso va a significar una cierta disponibilidad por parte del profesor también a nivel corporal (que lo toquen, abracen, quieran estar apegados a él, o que él esté pendiente de ellos, etc.). Y de la misma manera, introducir actividades en que el contacto físico (y no sólo el contacto físico fugaz sino mantenido hasta lograr la compenetración tónica) esté previsto y los niños puedan mantenerlo en un contexto de legitimidad y seguridad de aceptación.
— La cuestión de la dialéctica entre la fusión y la identidad. La fusionalidad crea un espacio securizante pero regresivo, sobre todo si ese espacio fusional es muy restringido. En ese caso la fusionalidad actúa como condición limitadora de una auténtica "identificación" del niño.

Los espacios de fusión o las relaciones duales securizantes crean, si se prolongan o si se mantienen constantes, una fuerte dependencia; el niño sólo se siente capaz en presencia de la persona a la que simbólicamente se entrega o en un espacio determinado que actúa para él como neutralizador de riesgos. Ese es el caso de los niños enmadrados, de aquellos muy apegados y dependientes de otros niños o de ciertos objetos con los que interactúan de manera exclusiva y excluyente. Por eso, tan peligroso es carecer de personas, objetos o situaciones que le permitan establecer, cuando lo precise, esa relación fusional como el limitar esa relación profunda a una sola persona y/o a un único estilo adaptativo de dependencia. Lo interesante educativamente y que por otra parte suele ser lo habitual en la mayor parte de los niños, es la presencia alternativa de deseos de fusión (de ser abrazado, de sentirse el centro de la dedicación, de entregarse a) y momentos de rechazo o agresividad. El profesor, en tanto que "especialista en relación" ha de aceptar de igual grado ambas fases de la dinámica relacional de los niños tanto en lo que afecta a la relación que van a mantener con él y en la relación entre ellos, como en el uso de las cosas o en la participación en situaciones de acción. El pequeño necesita la fusionalidad para sentirse seguro, para entregarse al otro y sentir que pertenece a alguien y que alguien le pertenece. Pero necesita de la oposición o agresividad para construir su propia identidad, para potenciar su capacidad de asumir riesgos, de actuar individualmente y en definitiva de *crecer sintiéndose él mismo*. Y esa dialéctica del crecimiento sexual-relacional del niño ha de tener su paralelo en la propia dialéctica que implica el ejercicio de la educación infantil por parte del profesor o profesora. En dicho ejercicio el profesor actúa a la vez como *"objeto privilegiado" de fusionalidad* (de ahí la importancia de que se ofrezca, incluso corporalmente, como receptor de esa necesidad del niño de ser acogido, abrazado, sumido en uno mismo, aceptado profundamente) y como *principio de realidad,* esto es, como autoridad capaz de exigir, de separarse, de establecer normas. En tal sentido la única condición es que no seamos arbitrarios en el juego de ambos papeles, que no respondamos con exigencias cuando el niño necesita aceptación y contacto físico, ni cedamos a demandas de fusión cuando lo conveniente sea la acción y el riesgo. "Hay un tiempo y un lugar privilegiados donde es permitido vivir esos fantasmas, escriben Lapierre y Aucoutourier (1980), y otro tiempo y otro lugar donde la maestra vuelve a ser la maestra. No existe incoherencia ni ambivalencia en la medida en que maestro y niño saben en cada instante lo que hacen y el papel que juegan" (pág. 52).

c) *La sexualidad como aprendizaje de roles sexuales.* Otro de los ámbitos de la sexualidad que tienen una gran relevancia es el aprendizaje de la identidad sexual por parte de los niños: cómo se configura el "ser niño" o "ser niña" en el seno de la propia escuela. Se conoce de sobra la notable incidencia que los patrones conductuales que se propongan a nivel familiar y escolar juegan en este proceso de identificación sexual: expectativas, respeto a uno y otro sexo, papeles atribuidos en las distintas actividades, mensajes explícitos e implícitos sobre cómo hay que comportarse, a quién hay que parecerse, qué tipo de complementariedad es deseable entre uno y otro sexo, etc. Por ejemplo esa extendida idea de que la agresividad es aceptable en los niños y rechazable en las niñas; o que los juegos fuertes son más propios de aquellos y los de "casitas", "muñecas", etc., más propios de las niñas; o que a la hora de hacer una dramatización la niña cuidará los hijos y organizará la casa y el niño será el que actúe profesionalmente. Todo esto es algo que se ha de tratar, de cuidar mucho desde la perspectiva del modelo educativo que queramos desarrollar. Con una peculiaridad importante: es posible que en otros aspectos la tarea de la escuela pueda limitarse a reforzar aprendizajes o pautas que los niños ya han ido adquiriendo en su familia o por contagio del medio ambiente, pero en este tema, con toda probabilidad, la escuela ha de ejercer un papel compensatorio de restitución de la igualdad de los sexos. El modelo de identificación sexual habitual en las familias españolas y en la mayor parte de los contextos socioculturales (televisión, imágenes publicitarias, comentarios, etc.) presentan unos prototipos de hombre-mujer muy sesgados en cuanto a las formas en que cada sexo afirma su identidad y en cuanto a las expectativas en función de las cuales orienta su crecimiento. Por eso creemos que la escuela, desde el nivel de la educación infantil puede y debe adoptar esta cuestión como uno de los contenidos importantes de la educación sexual.

Desde estas tres perspectivas hemos de construir la acción educativa en el ámbito de la sexualidad. Todos sabemos que no es una cuestión sencilla. El tema de la sexualidad está excesivamente dramatizado, excesivamente traducido a los parámetros genitales adultos. Y el niño no la vive así.

Hay una cuestión importante que no queremos dejar de señalar. Con frecuencia los profesores tropezamos, al abordar la temática sexual de los niños y su tratamiento en clase, con nuestros propios fantasmas sexuales. Tenemos toda una historia personal de identificación y satisfacción sexual que condiciona nuestra actuación profesional. Hablamos de que es importante potenciar la vivencia corporal libre por parte de los niños pero bastantes de nosotros mismos carecemos de esa vivencia y libertad corporal: nos molesta que los niños nos aborden físicamente; hay algo dentro de nosotros que cruje si les vemos manipulando su cuerpo o el de los otros niños; tenemos un cierto peso moralizante que filtra cualquier aproximación al placer corporal, al contacto físico, a la entrega emocional.

Y sin embargo en esta etapa es importante que los profesores vivan gozosamente su cuerpo y se hallen realizados y satisfechos sexualmente. Y ello porque eso será la mejor garantía de que podrán manejarse con soltura ante las demandas de los niños.

En una ocasión me presentaron unas cuantas diapositivas sobre una clase de preescolar. Lo primero que se me ocurrió decir fue: "Esa profesora ha hecho cursillos de psicomotricidad relacional". Se notaba claramente por los materiales que utilizaba, pero también por la forma en que ella misma se implicaba en las tareas: tumbada por el suelo con los niños, trabajando con ellos contenidos emocionales, divirtiéndose con ellos, manejando el contacto corporal con gran soltura como un instrumento educativo más, etc.

Pero aunque no se llegue a tanto también la tarea de la *desdramatización* de lo sexual puede ser una aportación de la escuela infantil.

Recuerdo una anécdota ocurrida en Suecia que expresa claramente esta idea: una niña le cuenta a su madre que en el recreo un niño le bajó las bragas para verla desnuda. La respuesta de la madre fue que le dijera a su amigo que si la quería ver desnuda esperara para bajarle las bragas a estar dentro de clase o en su casa porque si no al aire libre se podía constipar. Me figuro algo parecido entre nosotros y supongo que esa madre respondería a la situación problematizándola, viendo en ello muchos peligros de moralidad y educativos. Y algo parecido habría sucedido si en lugar de la madre la protagonista fuera el profesor o la profesora.

El punto de partida de una buena educación sexual reside, en buena medida, en situar el tema en su justo espacio evolutivo y darle su justo sentido infantil, esto es, de curiosidad y conocimiento neutro.

Tratamiento didáctico de los contenidos

Se ha ido insistiendo en el hecho de que el niño estructura, codifica y decodifica su propia experiencia y los mensajes instructivos que se le proponen en base a códigos tanto sensoriales, como motores y enactivos. En este sentido podríamos diferenciar una doble función integradora atribuible a las actividades o experiencias que se realicen en el campo sensorial-psicomotor.

1. La dimensión sensorial-psicomotriz como objeto de experiencias-*aprendizajes diferenciados y específicos de ese nivel*. Desde tal perspectiva los sentidos, el movimiento, la organización corporal se abordan directa y aisladamente. Así ocurre cuando se trabajan actividades autoperceptivas, el trabajo sobre el esquema corporal, la adquisición de habilidades instrumentales, etc.
2. La dimensión sensorial-psicomotriz como instrumento y *recurso para la adquisición de aprendizajes* más generales. Jugaría el papel de fase previa o intermedia que favorezca la pluridimensionalización de las vías de acceso de la información y posibilite un procesamiento más matizado y rico de su contenido, pertenezca éste al ámbito de aprendizajes que sea. Dicho con otras palabras podemos usar esta dimensión para que todas las experiencias de aprendizajes "pasen por el cuerpo".

   El concepto de círculo, por ejemplo puede muy bien abordarse desde los sentidos buscando cosas redondas con distintas formas, haciéndolos rodar, etc. Y haciendo que los propios niños identifiquen en su propio cuerpo cosas circulares, que rueden también por el suelo o adopten posturas que representen círculos, solos o en grupo. Es decir, un aprendizaje cognitivo como es el "círculo" se pasa por el cuerpo, se "aprende" no sólo por la vía racional sino por la psicosomática.

Los dos aspectos son importantes y el primero quizá sea previo al segundo, aunque no necesariamente: desarrollar inicialmente experiencias y destrezas específicas de este nivel para, una vez asentadas, incorporarlas después a procesos más globales de aprendizaje, procesos en los que se abordan contenidos o desde los distintos niveles.

Actividades

Por lo que respecta a la operativización en actividades concretas de los contenidos y experiencias del nivel sensorial-psicomotor, hemos de señalar que todas las indicadas para el nivel oréctico-expresivo son útiles también para éste, por cuanto comportan un alto protagonismo del cuerpo y la sensualidad (pintarse, contactos corporales en juegos, actividades de música, danza, etc.) En todo caso aparecen también otro tipo de actividades específicas que abordan directamente los contenidos y experiencias de este nivel.

1. *Actividades de expansión sensorial.* Y para ello nos van a valer cualesquiera materiales o recursos de que dispongamos o que podamos recabar. Sobre esos objetos podemos ir trabajando los diversos sentidos:

Vista: saber reconocer, denominar, discriminar, comparar, señalar lo que nos gusta o no, valorarlo estéticamente, etc. Y esto se puede trabajar a través del contacto con objetos reales y con sus representaciones icónicas (fotografías, gráficos, etc.) o simbólicos (conexión lenguaje-objetos, vinculación de signos con cosas: señales de tráfico, etc.).

— analizar su forma, sus colores, sus propiedades (sirve para, nosotros lo usamos en...);
— trabajando la vista desde cerca y lejos, con mucho tiempo o instantáneamente, con luz y sin luz, etc.;
— memoria visual, reconstruyendo objetos o situaciones recién vistas, reconocer objetos sin verlos, etc.;

Oído: los materiales son los sonidos. Los sonidos se pueden reconocer, escuchar, seguir, localizar en el espacio, adaptarse a su ritmo, describir, comparar, etc. Es importante trabajar los propios sonidos: escuchar el propio corazón y el de otros, los ruidos que hace el cuerpo, la voz (se puede grabar en cinta para escucharse y reconocer la propia voz y la de los otros), etc.

Tacto: el tacto tanto en lo que tiene de contacto con objetos exteriores como en lo que tiene de sensaciones propioceptivas (sentir moverse el corazón, ir sintiendo las diversas partes del cuerpo: lengua, paladar, movimientos al tragar, paso del aire por la nariz, etc.). Se puede trabajar el tacto (identificar temperaturas, tamaños, materiales, textura, etc.) con vista y sin vista (meter en una bolsa objetos o reproducciones en cartón duro de objetos para que el niño vaya identificándolos al tacto). Usar el tacto para reconocer el espacio y guiarse en alguna actividad.

Gusto: Cuando en el Centro tenemos comedor es fácil, pero si no, tendremos que disponer de objetos (fruta, cosas comestibles) que los niños puedan distinguir gustativamente: soso, salado, rico, sabroso; sabores específicos: pera, manzana, melón, etc.

Olfato: en la clase se suceden y mezclan muchos olores que pueden servirnos de material de trabajo. Nosotros mismos tenemos nuestros olores, a veces llevamos perfumes, etc.

Esto no quiere ser un catálogo de actividades posibles, que se pueden encontrar en cualquier manual. Sólo queremos insistir en el hecho de que las actividades sensoriales han de estar muy *diversificadas* y conectadas *emocionalmente,* por un lado, y *cognitivamente* por el otro. Esto es, destinadas a generar experiencias y vivencias corporales pero también a configurar patrones cognitivos (de identificación, diferenciación, comparación, análisis, salto de código representacional, valoración personal, etc.).

2. *Actividades de psicomotricidad y trabajo sobre el cuerpo.* Se trata ya de actividades más especializadas que precisan una cierta jerarquización. No me referiré específicamente a ellas puesto que es algo que desborda las posibilidades de este libro. Existen, además, muy buenos manuales y guías didácticas que explicitan, incluso gráficamente, qué actividades realizar y cómo hacerlo.

Lo que sí puede resultar clarificador es indicar algunas condiciones de desarrollo de estas actividades en torno al trabajo sobre el cuerpo:

a) El que sean unas actividades *multinivel* que incluyan aprendizajes de percepción (descripción de uno mismo), discriminación, imitación, movimientos libres y reglados, coordinación de movimientos con otros sentidos, manipulación, etc.
b) Superar el reduccionismo de las tablas de movimientos (una serie de ejercicios que se rutinizan) en aras de una auténtica *integración psicomotriz* de las actividades. Cualquier conducta tiene un componente

mental (saber cómo se hace, esquema mental del ejercicio) y un componente motor (realización del ejercicio). Precisamente es el logro de esa integración el objetivo de la educación psicomotriz.

c) Educación psicomotriz que es distinta a simple juego con movimiento o expresividad libre (por cuanto aquella supone de intervención intencional con un propósito que se articula a través de un programa de ejercicios secuenciales y con funciones específicas). El que los niños se muevan mucho no conlleva por sí solo una adecuada psicomotricidad.

Señala Vayer (1977) a este respecto:

> "Se pueden considerar tres aspectos en la educación corporal, de acuerdo con los distintos campos de relación, que puede establecerse consigo mismo, con el mundo de las cosas o con el mundo de los demás.
> Pero esta acción corporal puede revestir, asimismo, diversas tonalidades que van desde el juego libre a la actividad de trabajo, como es el entrenamiento del deportista, por ejemplo.
> Puede realizarse también según modalidades muy diferentes: solo, en grupo, en equipos opuestos unos a otros, etc." (Vayer, pág. 32).

Esto se podría resumir en el cuadro siguiente:

Campo de relación	Juego	Educación	Trabajo
Consigo mismo	Juego funcional del niño joven	Gimnasias analíticas	Todas las actividades y deportes individuales con tendencias narcisistas
Con el mundo exterior	Actividad libre	Métodos globales	Entrenamiento del deportista. Actividades higiénicas y funcionales
Con el mundo de los demás	Juego colectivo	Educación deportiva	Deporte de alta competición. Deporte profesional

(VAYER, 1977, pág. 32)

d) Utilizar diversos modos de aproximación al conocimiento y manejo del cuerpo. Ya hemos hablado del movimiento y también de la actividad sensorial sobre el cuerpo. No hemos de olvidar tampoco el modelo de la *introspección* (pensarse, mirarse interiormente), el modelo *fantástico*

(recrear una ficción que haga que penetremos en nosotros mismos, juegos de imitación de animales, de otras personas, etc.).
e) Combinar también las actividades de *expresividad corporal libre* (música sugerente para que los niños se expresen como quieran a través de movimientos, gestos mímicos, modulaciones de la voz, juego creativo con cualquier material: una caja que se convierte en tanque, creación libre de objetos) con otros momentos de *expresividad reglada* (canto, baile, coordinación corporal en grupo, diálogo tónico, juegos grupales, construcción reglada de objetos o productos, etc.).

3. *Actividades de dramatización.* El capítulo de las actividades dramáticas resulta fundamental por las grandes virtualidades formativas que posee al dar cabida a emociones, movimientos, desempeño de roles, fantasía, capacidad lingüística, estructura, coordinación entre los actores, etc.

La *dramatización* puede llevarse a cabo, bien a través de la participación de los niños en la escenificación (los niños actúan) bien indirectamente a través de títeres y marionetas que reflejan en el escenario historias que los propios niños han construido.

Algunas condiciones psicodidácticas se pueden apuntar también con respecto al uso de la dramatización en el trabajo escolar.

a) Hay una gran diferencia entre *"contar"* un cuento y *"crear"* un cuento. En el contar actúa simplemente la expresividad, en el crear actúa además la inteligencia y se da más cabida a la manifestación de temáticas personales. Otro tanto sucede entre *hacer o decir un personaje y crear un personaje.* Lo primero exige un esfuerzo de imitación, de adaptación a un modelo, el segundo implica poner en marcha la creatividad y fantasía, el rastrear la propia experiencia para introducir referentes emocionales y conductuales propios. Lo primero es un aprendizaje asimilativo en el que el niño ha de ser capaz de elaborar un producto preciso; lo segundo es una actividad de creación de la cual se espera algo nuevo, no determinado previamente.

Ambos aspectos juegan papeles diferenciados pero fundamentales. *Hacer un personaje,* como contar un cuento, nos permite desarrollar con los niños un gran ejercicio de observación, de adquisición de nuevas destrezas, de vocalización, de comprensión lingüística, de descentramiento. Por ejemplo el tener que representar implicará:

— pensar en cómo es o sería ese personaje, qué características físicas, cómo

iría vestido, cómo se comportaría, cuál sería su posición social, su relación con los otros, etc.;
— aprender a actuar como él (respirar como él, moverse como él, hablar como él, adoptar sus posturas, incluso hacer las cosas-productos que él hacía) abre un gran campo para el desarrollo de nuevas destrezas;
— vocalizar adecuadamente: habrá gritos, susurros, narraciones, conversaciones, etc.;
— comprender lo que se dice y el papel que el discurso juega: narrar o contar algo que sucedió en el pasado, describir lo que sucede ahora, relacionar unas cosas con otras, etc.;
— descentrarse y salir del propio yo, actuar "como si": Se tiene que representar a alguien que no soy yo, que actúa distinto que yo y siente diversamente a mí. Incluso puedo llegar a representarme a mí mismo pero siendo consciente de que no soy yo sino que me imito (cómo hago cuando lloro, cuando un niño me pega, cuando estoy solo, etc.). Puedo también salir tanto de mí que me convierto en cosa: soy un árbol, una mesa, una percha, etc.

Crear una *historia* o un *personaje* añade a lo anterior la posibilidad más clara de hacerlo a medida de mis necesidades. Puedo atribuirle las características que yo no tengo y me gustaría tener, matarlo simbólicamente, etc. Es decir, transferir a él mis propias vivencias sin riesgos para mí. El crear supone, además, un ejercicio mental e imaginativo mayor: uno tiene que documentarse, configurar situaciones o personajes, organizar una historia, etc.

b) En el conjunto de la experiencia infantil (experiencia de sí mismo, de las cosas, de las relaciones con los otros) hay muchos componentes *prelógicos*. Incluso su experiencia como totalidad tiene un sentido prelógico. De ahí que el *lenguaje* en cuanto instrumento lógico no siempre sea adecuado para acceder a, o expresar la experiencia del niño. De ahí, también que se precisen otros canales expresivos, otros modelos comunicacionales para ese ámbito. Ese es el importante papel que juega la dramatización, los ejercicios de expresividad, el juego, etc., en cuanto espacios comunicacionales que no precisan acomodarse a las restricciones de lo lógico: sentimientos que no son verbalizables, dinámicos relacionales ambivalentes o contradictorios, cambios no justificables, etc. El manejo frecuente y libre de espacios expresivos resulta el marco adecuado que hace posible su aparición, que legitima esa aparición y que incluso poco a poco irá facilitando la configuración de un discurso expresivo y relacional más congruente, más consciente para el propio niño y por tanto más manejable por él mismo.

c) La articulación y uso didáctico de la dramatización (lo mismo que dijimos antes con respecto a la actividad motriz) nos va a llevar a tener que trascender el mero juego expresivo o lúdico para alcanzar o, al menos, tender a la auténtica *acción dramática*. La principal diferencia entre el juego expresivo y la acción dramática estriba en que aquél implica expresión individual y manejo preferente de la fantasía mientras que la acción dramática exige:

— la configuración de un escenario;
— un mayor nivel de estructuración sintáctica (orden entre las partes, secuenciación episodios, etc.) y de juego con los significados (expresar algo, codificarlo);
— una fantasía disciplinada.

d) La dramatización está articulada en un conjunto de fases cada una de las cuales desempeña su propia función formativa. Básicamente tendremos la fase de *creación de la historia,* la fase de *elaboración dramática* de la historia y la fase de *representación.*

Alliprandi (1984) distinguen entre la fase "cuento" y la fase "dramatización". En la primera de ellas se plantea el tema y una ligera línea de apoyo (línea argumental) sobre la que los niños puedan poner en marcha su fantasía. La función primordial de esta fase es:

"Enriquecer el mundo experiencial del niño mediante imágenes que, captadas por su sensibilidad, sean interiorizadas en el ámbito de sus conocimientos y después, eventualmente, exteriorizadas mediante la expresión creativa" (Alliprandi, pág. 144).

Como condiciones metodológicas a esta fase del cuento estas autoras señalan que:

— las imágenes sustituyen a las palabras abstractas: esto es, se habla de conductas o hechos y no atribuciones genéricas (valiente, generoso, destrucción, desastre, etc.);
— las imágenes buscarán enriquecer el campo de la observación. No bastará con referencias esquemáticas (era un campo con árboles) sino llenas de matices (cuántos árboles, de qué color, cómo estaban dispuestos, etc.);
— las imágenes tratarán de traducir a aspectos concretos y referencias familiares a los niños todos aquellos contenidos de los que el niño no tiene experiencia;
— las imágenes abrirán vías al sentido poético y mágico.

Tras elaborar la historia se pasa a su guionización dramática: en esa fase podremos trabajar sobre la configuración del escenario, la identificación de personajes (los propios niños propondrán múltiples personajes que podrían participar en esa historia), se distribuyen los papeles y comienza la preparación del acto y su posterior representación. El objetivo de esta fase, señalan las Alliprandi (1984):

> "No es el lograr un cuento bien imitado, sino el de hacer pasar a los niños de la fase de oyentes a la fase de actores, liberando y ejercitando su personalidad" (Alliprandi, pág. 145).

e) Una de las formas de desarrollo de la dramatización es el trabajo con *títeres y marionetas*. También en este tipo de actividad es todo el niño el que se implica: emociones, destrezas motrices, lenguaje, expresividad, sensibilidad, conocimientos, etc. La actividad en sí gana en sentido formativo si además de la representación, los propios niños construyen los muñecos, preparan la escenografía y elaboran la historia. En función de la edad de los niños se puede graduar la participación: desde pintar los muñecos a construir con cacharros la escena hasta realizar ellos mismos todo el montaje y la representación; desde participar con monosílabos o aplausos a requerimiento de los muñecos-actores hasta ser ellos mismos quienes realicen la obra y pongan las voces; desde la mera narración de hechos o situaciones al planteamiento teatral de situaciones artísticas respecto a las cuales se pretende que los niños elaboren sus propios juicios y valoraciones. Las aportaciones formativas del "juego" de títeres o marionetas son abundantes:

— establece un *contexto multidimensional* para la actividad del niño; este tiene que pensar, hablar, recrear emociones, construir objetos, manipularlos, estructurar secuencias, etc.; hay muchos aprendizajes implicados en esta actividad;
— establece un *contexto cooperativo* que hace que la aportación y el producto individual carezca de sentido si no es en relación con la de los demás;
— establece un *contexto ambiguo de presencia-ausencia* que facilita la libre aparición de contenidos difíciles de expresar en público; el recitador, el que habla por los muñecos está escondido, habla a través de muñecos o animales: eso le proporciona una especie de impunidad para poder decir lo que quiere;
— dicen los profesores que trabajan en integración que este tipo de actividades, por el espectro tan amplio de acciones y modos de implicación en las tareas da lugar, ofrece, un magnífico marco para integrar en ella a niños

con deficiencias físicas o psíquicas de algún tipo: siempre hay tareas que pueden hacer y si la trama no es muy compleja, que no debe serlo, son capaces de penetrar en ella, de seguir su ritmo, de implicarse en su desarrollo;
— establece un *contexto abierto* entre actores y espectadores, entre niños y adultos; los títeres hacen preguntas, piden participación, responden a las demandas que se les hacen, etc., en definitiva, se crea un intercambio de demandas y expectativas que pueden darnos pie a ir tocando temas diversos que nos permitan conocer mejor la dinámica personal y social de nuestros niños.

Ejemplos prácticos

Pampaloni (1983) cuenta cómo en la programación de aquel año se habían introducido diversas actividades que implicaban el desarrollo sensorial-psicomotor. Entre ellas figuraba una salida a la ciudad en la que hablarían con el Alcalde y la recorrerían tomando buena nota sensorial de sus características, colores, ruidos, olores, formas, productos, etc.

"Otra de esas actividades programadas era el teatro. Y ésta es la que puede sernos interesante en cuanto que aporta un *modo imaginativo de trabajo del cuerpo*. El contenido de esa actividad dramática se centró en *los sueños de un niño*. Se comenzó a discutir en clase sobre qué son los sueños y con qué sueñan los niños. De esta manera el cerebro y nuestro «interior del cuerpo» se ha convertido en un tema sobre el que se ha concentrado durante muchos días la actividad de la clase. Hemos visto libros, leído imágenes y conversado sobre la digestión, sobre la respiración y sobre la reproducción (los diversos órganos implicados y sus funciones). Hemos preparado después "libros" sobre los alimentos buenos y su digestión, sobre el aire puro y la respiración, haciendo hincapié en la importancia que tienen los árboles para mantener el aire limpio y por tanto para hacer que nos sintamos bien. Hemos tratado después —al cerrar las actividades del año escolar— de insertar en este contexto la «gran marcha» que se hace cada año con los del nivel de E.G.B. que se ha convertido no sólo en un momento de fiesta con la escuela vecina, sino en un momento de vida al aire abierto y en contacto con la naturaleza.

De este modo, precisamente, es como hemos ido adquiriendo la convicción de que la renovación de la escuela de la infancia pasa también por la racionalización de experiencias didácticas que se viven habitualmente y que si se replantean orgánicamente puede prestar una real contribución a la cualificación de la práctica didáctica" (Pampaloni, págs. 32-33).

Se ve en este ejemplo cómo a partir de la idea de los sueños (algo que sucede dentro de nosotros) se hace una exploración curricular de nuestro cuerpo, visitando el cuerpo, por dentro, como se había visitado antes la ciudad.

Comentaba un profesor de preescolar que un día, para ir trabajando psicomotrizmente las emociones y la relación con los adultos, se puso a cuatro patas imitando a un león (aunque la actividad era nueva en sí misma los niños ya estaban acostumbrados a la psicomotricidad relacional). No dijo ni una sola palabra de preparación de la situación ni de advertencia sobre lo que se iba a hacer. Simplemente se puso a rugir y a atacar a los niños que inicialmente respondieron temerosamente ocultándose, corriendo de un sitio para otro para que no les cogiera, etc. Poco a poco fueron elaborando mentalmente la situación y comenzaron a construir su propia respuesta. Algunos se pusieron también a cuatro patas como otros "leones" e imitando al profesor. Otros se sintieron cazadores y se fueron en su busca para atacarle, otros imitaron otros animales que bien se oponían, bien colaboraban con el león. La opción prioritaria fue, sin embargo, la de atacar al león y los niños se fueron echando sobre él impidiéndole atacar. Al final el león acabó totalmente atado con una cuerda que providencialmente alguien había dejado allí cerca.

El profesor había logrado de esa forma plantear una temática emocional importante: el temor, la agresión. La planteó con dos vertientes, una imaginaria (hacer de león) y otra simbólica (yo profesor soy quien os causa temor y os puede agredir). Los niños pudieron dejar emerger sus emociones y enfrentarse psicomotrizmente con el "poder" del profesor y destruir simbólicamente ese poder. Esto no sólo puede hacerse con niños pequeños, aunque con ellos seguramente es menos peligroso. En varias ocasiones he tenido la suerte de participar en cursos de psicomotricidad relacional con mis alumnos universitarios. Es interesante porque rápidamente van apareciendo respuestas simbolizadas a la relación profesor-alumno: agresividad, temor, deseo de fusión, recelo, ambivalencia, etc. La cuestión está en que por muy simbólicamente que se planteen las cosas, nadie te libra de que te balden, te aten, arrastren y gocen en matarte (simbólicamente, claro).

Veamos a continuación una unidad didáctica programada por los profesores de una escuela infantil (Boselli, Melucci, Seganti, 1983):

CONTENIDOS

1ª Unidad Didáctica: Nuestra mano se convierte en... un títere (niños de 3 años).

Objetivos	Articulación de las actividades	Evaluación
Objetivos comunicativos: —Capacidad de construir en relación con el otro y a través del empleo de . el propio cuerpo . objetos —Ejercicios de discriminación visual: individualización y comparación de colores —Capacidad de llevar a cabo actividades en pequeños grupos	—Obtenemos la huella de nuestra mano sobre una ligera capa de esponja que previamente hemos manipulado y observado —Cortamos y pegamos las huellas de la mano —Metemos dentro la mano y... he aquí un nuevo amigo —Hagámosle los ojos, la nariz, la boca, las mejillas —Le damos colores: rojo, amarillo, verde, azul, negro, marrón —Podemos también pintar con la esponja impregnándola de tinta y utilizándola como un tampón para marcar la cara del muñeco	Miremos a nuestro muñeco: tiene los ojos color... tiene la boca color... tiene el pelo color... —El color de los ojos es como el de... —El de la boca como el de... —El del pelo como el de...

Read (1980) narra el caso de una niña con demandas fusionales compensatorias de carencias familiares.

"Mary Lou, una graciosa niña de tres años, no hacía en la escuela otra cosa que chuparse el dedo: era timidísima, siempre pegada a las faldas de la maestra; no se arriesgaba a jugar con las compañeras y menos aún sola. Era la mayor de tres hermanas en una familia de trabajadores, había sido presentada a la maestra como una «buena niña» por la madre que, naturalmente, la había clasificado según su particular concepto de bondad infantil.
En efecto, Mary Lou se había habituado desde muy pronto a cuidarse de su hermanita pequeña mientras su madre se ocupaba del bebé. En casa la niña parecía muy contenta de sus pequeñas obligaciones y no se enojaba nunca con sus hermanas. Sin embargo, no era difícil de entender que Mary Lou, al haberse visto forzada a crecer demasiado deprisa y a desempeñar tareas demasiado pesadas para su edad, había tenido pocas posibilidades de satisfacer sus exigencias infantiles. Nada había de extraño, por tanto, en que buscara alivio metiéndose continuamente el dedo en la boca.
En la escuela, Mary Lou, aunque mostraba un vivísimo interés por sus compañeras y por sus juegos, permaneció durante bastantes semanas apegada a la maestra tanto cuando esta tocaba el piano como cuando ayudaba a los niños a moldear el yeso o a recortar la cartulina. La niña, sin embargo, tenía una gran capacidad de gozar con cada una de sus experiencias y parecía dotada de un vivo sentido del humor, que parecía evidente en los raros momentos en que lograba jugar con una cierta libertad.
A través de las primeras experiencias sensoriales con el yeso, con la arena y jugando durante largo tiempo a solas con las muñecas, Mary Lou comenzó a sentirse más a su aire en la escuela, hasta ir logrando poco a poco aventurarse en juegos cada vez más activos. De

© narcea, s.a. de ediciones

tanto en tanto se marchaba con el dedo en la boca, pero cada vez con más frecuencia se la veía ocupada en la caja de arena o conduciendo un triciclo.
  Pero los mayores éxitos los logró la niña cuando adquirió la seguridad necesaria para aventurarse por el tobogán. Muchos niños se divertían un mundo con este juego pero Mary Lou se había resistido hasta entonces a unirse a los otros niños. Un día, cuando no estaba nadie allí, probó a subir al tobogán dándole la mano la maestra; después probó ya ella sola repetidas veces. Cuando su madre llegó para recogerla, la niña irradiando felicidad la arrastró hacia el patio para que viera qué bien sabía deslizarse. Desde entonces fue adquiriendo cada vez mayor confianza en los juegos de movimiento, aunque el tobogán siguió siendo su actividad favorita: logró incluso colocarse en la fila de niños que se deslizaban y a mantenerse en pie sobre él. Siempre ocupada y feliz, ya no tenía tiempo ni necesidad de chuparse el dedo" (Read, págs. 405-406).

NIVEL SOCIAL-RELACIONAL

Uno de los aspectos fundamentales del momento infantil es sin lugar a dudas, la incorporación del niño al ámbito del "otro", el descubrimiento de un mundo más allá de la propia familia. A través de la educación infantil el pequeño se va a incorporar a un grupo muy distinto del familiar, más abierto y menos securizante, más centrado en las actividades y menos en la afectividad, menos autorregulado y más regido por normas y criterios ajenos. En este nuevo grupo no se le garantiza, como en el familiar, la aceptación por parte de todos, la disponibilidad permanente o la satisfacción *a priori* de su necesidad básica de pertenencia.

La dimensión relacional, los aprendizajes sociales, constituyen uno de los aspectos cruciales, de los episodios críticos que el niño vive en esta época de su vida que trae consigo el primer contacto con la escuela infantil. De un correcto afrontamiento por parte de los educadores de los contenidos y estrategias de la *educación social* del niño pequeño, va a depender en gran medida su desarrollo social y, en parte, también intelectual.

Tratamos de clarificar, antes de pasar a los contenidos y actividades de esta dimensión, el sentido que aquí se le da al término educación social y de qué manera creemos que está ligada y condiciona tanto el desarrollo social como cognitivo del niño. Esta clasificación previa es muy necesaria al plantear un modelo didáctico (y por tanto un proceso de intervenciones específicas) de la educación infantil.

La *educación social,* en el marco de la educación infantil, reúne dos dimensiones complementarias:

1. El *uso educativo* de los aspectos sociales-relacionales que emergen en la situación escolar: educación a través de lo social. Lo social como material de trabajo.

2. El *sentido final* de las actividades formativas desarrolladas: educación para la socialidad. Lo social como objetivo educativo.

Planteada así la cuestión, nos introducimos en un terreno conflictivo, en un debate no acabado (y posiblemente no acabable) sobre la legitimidad y los riesgos de una acción manipuladora por parte de la escuela (la escuela infantil como un sofisticado sistema montado por la sociedad para integrar a los niños desde su más tierna infancia en la estructura social, acomodándolos a sus necesidades).

La educación, en tanto que proceso de intervención, está siempre sujeta a tales riesgos. La legitimidad de las acciones educativas ha de provenir del consenso social que las apoye, lo cual no será nunca una garantía completa, aunque probablemente es la que comporta menos riesgos.

Todo esto viene por la constante discusión, planteada ya en otros puntos anteriores, sobre el "sentido educativo" de la educación infantil. En este caso hablar de *educación social* se opone a proponer un modelo roussoniano de escuela infantil donde el educador no interviene sino para evitar los riesgos que puedan acechar al libre, natural y espontáneo crecimiento del niño.

También en lo social, como ya lo fuera en lo psicomotor e incluso en lo emocional, la escuela infantil, en cuanto parte de la comunidad educativa (en la que figuran-actúan también padres, medio socio-cultural, medios de comunicación, etc.), se constituye en agente de mediaciones e intervenciones hacia aquello que en cada caso se postula como deseable.

De esta manera la "educación social" (y "educación para la sociabilidad" como señala Bertin, 1975) parte de una idea del sujeto como alguien que proviene y participa de unos hechos, situaciones, condiciones y condicionamientos particulares, que forma parte de una dinámica relacional (en su familia, en el propio grupo de niños de la clase) peculiar.

Partiendo de ahí es como la institución escolar y el profesor de escuela infantil han de generar un proceso de intervención formativa en el ámbito de la dimensión social-relacional. Tal como señala Massano (1982) la educación social se realiza "sobre la base de la intencionalidad como planificación, preparación y realización de intervenciones formativas específicas" (pág. 1141).

Esto es, el desarrollo social y relacional del niño, desde la perspectiva de la escuela infantil:

a) Es algo que responde a un planteamiento intencional: se pretende explícitamente formarle en el ámbito de lo social-relacional.
b) Exige, al igual que el desarrollo de los otros ámbitos formativos, una planificación y desarrollo de estrategias de intervención.

c) Como tal ámbito adquiere identidad propia, y por tanto exige actividades específicamente dirigidas al desarrollo formativo de la dimensión social de los niños, cosa que no cumpliría la escuela dirigida en exclusiva a los aprendizajes cognitivos, o la mera "guardería" custodia de niños, o que se cumpliría mal cuando lo social pasa a ser una cuestión secundaria que se aborda sólo marginalmente cuando se realizan tareas cognitivas, esto es, como un subproducto de la acción formativa del profesor.

Y ¿cuál sería el objetivo global, la idea matriz de esta educación social en la escuela infantil? ¿Acaso la *adaptación* social? No, si damos al concepto de adaptación un sentido estático y sociologista de integración y asimilación dentro del marco de exigencias sociales (esto es, llevar al niño a la adopción de comportamientos y actitudes, valores, hábitos, normas, etc. "esperados" por la sociedad a la que pertenece). Pero es también esa, adaptación social, en la medida en que toda educación supone socializar a los alumnos. En definitiva, entendiendo la *educación social* en una doble perspectiva o nivel:

— lo que Fernández Pérez (1976, págs. 57 y 55) ha denominado "aprendizajes de endoculturización" (dimensión social de la adaptación) entre los que podemos situar los aprendizajes básicos de la supervivencia, el aprendizaje de roles, valores y normas del grupo, y el aprendizaje de una estructura básica de percepción de sí mismo y del propio perimundo a partir de las reacciones y mensajes de los otros;
— el propio ajuste personal-social (dimensión subjetiva de la adaptación). Gueran (1977) ha definido al niño joven inadaptado social como aquel "que tiene dificultades en su vivir por falta de *recursos de contacto* y de *maniobra* consigo mismo y con el entorno"; es una dificultad para captar la realidad externa y para ajustar la propia a las condiciones de aquella; en ese sentido la adaptación, adquiere una naturaleza dialéctica que exige una acomodación constante y para ello se precisa la posesión de suficientes alternativas de acción (una riqueza experiencial que nos permita saber cómo son las cosas, discriminar entre unas situaciones y otras e intervenir para alterarlas).

Hay dos frentes fundamentales que se abordan al trabajar la dimensión social de los sujetos:

— el frente del funcionamiento grupal y la convivencia;
— el frente del propio desarrollo personal de los sujetos (esto es, la incidencia de lo social en el desarrollo individual tanto a nivel de personalidad como de conocimientos).

En el primero de los apartados cabe plantearse todo el amplio abanico de aprendizajes sociales: las normas, disciplina, adaptación mutua, el autocontrol, etc. Con todo, este aspecto de la dimensión social, pese a ser el que más destacan los profesores de preescolar como problemático[1] (Veenman, 1984), aparece como secundario si nos planteamos el tema del desarrollo social del niño desde las repercusiones que sobre su propia estructuración psíquica ejerce la experiencia relacional de estos primeros años.

Las dificultades en este proceso de integración grupal y autointegración, de aceptación de los otros y aceptación por los otros es una de las causas más frecuentes de inadaptación escolar con secuelas en el área de la personalidad (Erikson, 1974), en el área de los aprendizajes (Gimeno, 1976) y en la propia adaptación social (Zabalza, 1979). El autoconcepto y autoestima que actúan como ejes de integración del propio Yo personal se elaboran a partir de la percepción que el sujeto tiene de lo que los otros sienten-dicen de él y de la forma en que se relacionan con él (Mead, 1973).

Ha sido Erikson (1974) quien con más claridad ha planteado esa conexión entre la experiencia social y el propio desarrollo del yo de los sujetos. En el modelo eriksoniano el desarrollo personal se produce como efecto de la particular conjunción que en cada caso se dé entre los impulsos internos o pulsiones y el papel o influencia social externa. Este desarrollo se produce dialécticamente a través de la superación paulatina por el sujeto de antinomias yo-medio. No se trata, por tanto, de esa idea tan extendida en muchos padres y educadores de que el desarrollo del niño se produce por un proceso acumulativo en el que se van incorporando cuantitativamente nuevos elementos (el niño sabe más cosas, sabe hacer cosas más complejas, tiene nuevas habilidades). En la idea de Erikson el progreso sociopersonal de cada niño se va produciendo a través de la aparición de aspectos cualitativamente distintos en fases discontinuas y recurrentes (el progreso no es lineal sino que los sujetos avanzan y retroceden en el establecimiento de su caracterización personal).

¿Cuáles son esas fases dialécticas a través de las cuales el sujeto progresa personalmente sobre la base de su experiencia social? Erikson las denomina *fuerzas vitales del Yo* y las describe como aquellas sucesivas dimensiones que estructuran la composición y los componentes del Yo y a la vez posibilitan el acceso a la conquista de una dimensión superior. Y así hasta lograr el hombre-mujer plenamente desarrollado a nivel psico-social.

---

[1] Veenman (1984) revisa 87 estudios realizados en nueve países distintos. Esos estudios trataban de identificar los problemas con los que se encuentran los profesores en su primer año de ejercicio. Los ocho problemas que en el conjunto de los trabajos revisados aparecen como más agobiantes para los profesores noveles son: 1) la disciplina en clase, 2) la motivación de los alumnos, 3) tratar las diferencias individuales de los niños, 4) cómo conducir adecuadamente el trabajo en el aula, 5) las relaciones con los padres de los alumnos, 6) la evaluación, 7) la escasez e inadecuación de los recursos disponibles para la enseñanza y 8) la problemática individual de cada alumno.

© narcea, s.a de ediciones

Describe ocho fuerzas psicológicas como las más determinantes de un correcto desarrollo personal. Recogen todo el proceso de desarrollo vital de los sujetos. Por lo que se refiere a la educación infantil nosotros habremos de centrar nuestras intervenciones en las cuatro primeras. Las ocho fuerzas que Erikson identifica son:

1. La confianza básica... (confianza frente a desconfianza).
2. La autonomía... (autonomía frente a vergüenza y duda).
3. La capacidad de iniciativa... (iniciativa frente a culpa).
4. La efectividad y satisfacción por el trabajo... (laboriosidad frente a inferioridad).
5. Identidad... (identidad personal frente a confusión).
6. Introspección... (intimidad frente a aislamiento).
7. Generatividad... (generatividad: preocupación por afirmar y guiar a la generación siguiente frente a estancamiento y autodedicación).
8. Integración-madurez... (aceptación en las propias experiencias y ciclo de significados frente a disgusto y desesperación).

Ya señalamos antes que esta propuesta de Erikson plantea como un modelo general aplicable al proceso evolutivo-madurativo de un sujeto en su conjunto. Por lo que respecta a la educación infantil los ejes básicos del trabajo social se centran en las cuatro primeras fuerzas psicológicas descritas. La primera etapa de la vida de un niño se caracteriza por la búsqueda constante de una seguridad básica que le permita sentirse protegido y capaz de aceptar los riesgos (salida de casa, relación con otros, aislamiento, etc.). Después (pero sólo una vez conseguida esa seguridad-confianza básica) el niño afrontará la etapa de la autonomía, la autoafirmación y la independencia. Entre los cuatro-cinco años empezará a adoptar decisiones propias, a arriesgarse más allá de su familia. Ya en este contexto de mayor espacio de maniobra se interesará por actuar, por manejar instrumentos, por extender su radio de acción y ahí empezará a experimentar su propia capacidad y competencia (en el sentido de ser capaz, competente).

Nuestra función como educadores infantiles estribará en crear un ambiente y unas oportunidades adecuadas, capaces de posibilitar y facilitar ese crecimiento personal-social del niño.

En todo caso no es un proceso lineal la consecución de cada una de las etapas, sino dialéctico. En cada una de las etapas el sujeto habrá de superar la dicotomía de modalidades de adaptación contrapuestas. La posesión de cada una de las fuerzas psicológicas significa que poco a poco el niño ha ido superando la contraria. Y se ha de tener en cuenta además que son eslabones evolutivos cuya posesión y dominio, sobre todo hasta que se consolida cada nuevo aprendizaje, es bastante fluido y exige una actualización constante en base a nuevas experiencias del sujeto que le permitan afianzar cada una de las adquisiciones.

Hemos dicho antes que esta implicación social del pequeño va a afectar también al área de sus aprendizajes cognitivos. Resulta del todo innecesario insistir en cómo la relación alumno-profesor afecta al desarrollo intelectual y al desempeño escolar de aquel. Es una influencia que en esta etapa se produce no tanto por el hecho de que el profesor sea la fuente privilegiada de conocimientos y el conductor de actividades de aprendizaje (papel que no tiene tanta relevancia en la etapa de la escuela infantil), sino en tanto que fuente de información sobre el propio niño (en base a tales datos éste va elaborando su autoconcepto escolar y afianzando sus destrezas) y en tanto que *partner* relacional privilegiado. En el apartado siguiente abordaremos ese punto.

Pero están además las interacciones entre los propios niños. Sus virtualidades formativas a nivel de desarrollo cognitivo han sido destacadas por los psicólogos evolutivos rusos, para quienes el aprendizaje y el desarrollo cognitivo de los sujetos se activa, potencia y configura a partir de y en el marco de la interacción social (Vygotski, 1973).

Coll (1984) señala, resumiendo diversos trabajos sobre el tema, que la relación de los niños entre sí (más que la cantidad de interacción, el tipo y las modalidades de relación juega un papel de primer orden en la consecución de metas educativas. Más en concreto, existen evidencias de que afecta

"al proceso de socialización en general, a la adquisición de competencias y de destrezas sociales, al control de los impulsos agresivos, al grado de adaptación, a las normas establecidas, a la superación del egocentrismo, a la relativización progresiva del punto de vista propio, al nivel de aspiración e incluso al rendimiento escolar" (Coll, págs. 119-120).

No todos estos aspectos son aplicables al trabajo con niños pequeños, pero ya iremos viendo cómo podemos sacar de ello importantes consecuencias de cara a organizar las actividades en clase.

Dicho esto, queda aclarado lo que entendemos por trabajo formativo en el ámbito de lo social-relacional. Pues bien, partiendo de esta propuesta inicial trataré de organizar este capítulo en torno a la siguiente cuestión: ¿qué aspectos hemos de abordar y cómo de cara al desarrollo social del niño preescolar?, ¿cómo se relaciona este nivel con los otros del desarrollo infantil?

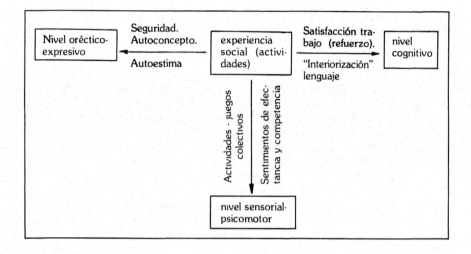

Contenidos didácticos

Podríamos señalar, por lo que respecta a este nivel, diversos contenidos que han de constituir el eje de nuestro trabajo formativo en la escuela infantil.

1. *Los modos de relación-comunicación con los adultos.* Hemos hecho alusión antes a que quizá el cambio fundamental que su llegada a la escuela infantil supone para el niño es que ha de dejar la familia (como contexto ya conocido y securizante) para entrar en un espacio diferente lo cual le va a exigir la configuración de nuevos patrones relacionales y adaptativos.

Todos hemos podido constatar los pataleos de angustia de algunos niños al quedarse solos, el uso de patrones comunicacionales habituales y eficaces en su familia para reclamar la atención o el afecto de los profesores, las depresiones de algunos niños al decaer la actividad o su interés por ella o al sufrir alguna frustración, etc. Esto es más probable que suceda cuando las primeras fases del desarrollo del niño (confianza y autonomía) no se han asentado bien a nivel familiar.

Por el contrario, los niños que han establecido bien las bases de su desarrollo social no suelen encontrar problemas importantes a su entrada y durante su paso por la escuela infantil. Esta es en cambio, fuente de innumerables satisfacciones puesto que amplía los espacios experienciales en los que ellos pueden desempeñar su autonomía, les ofrece oportunidades más diversificadas de actuación, etc.

Yo diría que es desde esta última consideración de donde ha de partir nuestra actuación con respecto a los modos de relación con que el niño llega a la escuela infantil. Hemos de:

a) Complementar los "estilos de relación" que trae de su casa.
b) Crear situaciones que hagan posible la consolidación de nuevos patrones relacionales tanto con adultos como con los otros niños.

Es decir, lo peculiar de la escuela infantil es abrir nuevos espacios de experiencia (en este caso relacional, igual que con respecto a otros ámbitos habrá de ser intelectual o lúdica o afectiva), dotar al niño de situaciones, modelos, instrumentos, etc. que le permitan ampliar los aprendizajes previos. Y obviamente, establecer también aquellas estrategias que hagan posible controlar y modificar los patrones relacionales inadecuados.

Por lo que se refiere a la relación con los adultos de la escuela (nótese que decimos adultos, no sólo el profesor) éstos juegan un importante papel puesto que son los que Mead ha denominado "otros significativos". Decíamos antes que el autoconcepto de los sujetos, y en torno a él gran parte de la dinámica de su desarrollo personal, se configura a partir de y en base al juego de relaciones e intercambios del niño con las personas que le rodean (madre-padre, familia, amigos, maestro, conocidos, etc.) Pero no todos esos "otros" poseen y ejercen la misma capacidad de influencia sobre el niño: la versión de uno mismo que dan los otros es más relevante en cuanto a sus efectos cuando procede de alguien con quien mantenemos una relación más estrecha (de tipo afectivo, pero también funcional como un compañero de juegos, alguien que resuelve mis necesidades o que actúa conmigo, etc.). El particular relieve y prestigio o poder que para nosotros posee ese "otro significativo" potencia el valor de su opinión sobre nosotros. Así pues, frente a un "otro generalizado", definible en términos de medio ambiente, de contexto de personas con las que nos relacionamos, surgen unos "otros significativos" cuya influencia es más particularizada, más próxima, más moduladora de los matices personales del proceso de **desarrollo social.** La importancia fundamental de estos otros significativos estriba en que su acción (en términos generales, como modelo a imitar, pero también en cuanto educación social, esto es, influencia ejercida intencionalmente) y las repercusiones de esa acción para con el niño conforman un núcleo estabilizador, un cierto "estilo" de relaciones con el medio, con los demás, etc.

La significación a la que aquí nos referimos puede ser *subjetiva* (es el propio sujeto quien otorga esa cualidad) u *objetiva* (se posee en función del rol que se desempeña, o por el contexto en el que se actúa). Aunque es bien cierto que durante este período de la educación infantil esta distinción, muy clara en los niveles superiores de la enseñanza, es menos relevante al tender el niño a otorgar significación a cualquier adulto que entre en contacto con él con una cierta permanencia, disponibilidad y proximidad.

Lo que no cabe duda es que los profesores por el propio papel que juegan forman parte de esos *adultos significativos* (y los profesores de la escuela infantil más aún, si cabe). En ese sentido poseen un mayor protagonismo en la configuración de la imagen social del niño. Están más próximos a ellos, más presentes en su experiencia, que todo el conjunto de otros agentes socializadores constitutivos del "otro generalizado". No solamente mantienen con ellos (los niños) una relación formativa en el sentido escolar de adquisición de nuevos aprendizajes sociales, sino que es formativa a nivel más profundo en cuanto que afecta al desarrollo de la propia capacidad de relacionarse, de integrar la imagen social y la imagen propia, de responder ajustadamente a las exigencias del medio, etc.

Para la escuela infantil, este es un tema de primordial importancia. Se ha escrito tanto sobre el sentido y las consecuencias del modo de relación, de la urdimbre primigenia que se establece entre madre e hijo (Bowlby, Freud, Fenichel, Rof Carballo) que habría que estar muy pendientes también del sentido y modalidades de relación entre profesor y niño, que en definitiva es la continuación cronológica de aquella en otro contexto.

Tres aspectos podríamos destacar en este punto como espacios a considerar-trabajar en el período infantil:

a) El egocentrismo.
b) La dependencia.
c) La diversificación de patrones y estilos relacionales.

a) Suele decirse que *una de las características del niño pequeño es su egocentrismo* pero esta característica no siempre se interpreta bien en su manejo escolar: a veces se otorga una cualidad moral (egoísmo) a lo que no es sino mera condición psicológica. Piaget (1965) ha descrito cómo el niño comienza su exploración y conocimiento del mundo en sí mismo y a través de sí mismo (de los recursos de manipulación, percepción, etc. de que dispone). De ahí se deriva su imagen egocéntrica del mundo, y el situarse a sí mismo (deseos, temores, experiencias previas, necesidades, etc.) como referencia permanente para cualquier nueva acción y conocimiento. La cuestión a nivel educativo, estriba en ir ayudando al niño a "descentrarse" tanto a nivel relacional (actividades colectivas, participación en tareas, juego de roles, etc.) como cognitivo (control de la subjetividad, contraste entre lo fantástico y lo real y aproximación a lo real de uno mismo y del medio, etc.). En ese sentido cuantas más experiencias acumule el niño en esta etapa y cuanto más diversificadas sean éstas tanto más irán madurando en la relación yo-medio (especialmente yo-otros) y más irá siendo capaz de integrar progresivamente sus propias necesidades, deseos y recursos en el principio de la realidad. La superación del egocentrismo y la adquisición de *conductas prosociales* ha de surgir de una manera natural a través de la creación de ambientes de acción colectivos, de actividades referidas a hechos y situaciones reales, a la puesta en marcha de procesos donde el trabajo de cada uno sólo tenga eficacia plena en conjunción con el de los otros.

b) Más importante, sin duda, es el tema de la *dependencia como modalidad relacional con los adultos*. La conquista de la independencia es un proceso gradual y complejo, de gran importancia por sus efectos posteriores de todo orden, y que básicamente depende de la clase de relación que los niños mantengan con sus padres y educadores: sus estímulos a actuar, el tipo de conducta que refuercen, su propio estilo de presencia e intervención en las actividades del pequeño, configurarán el mayor o menor espíritu de independencia de éste. Nickel (1976) se refiere al tema en relación con la intervención de las familias:

"Es de capital importancia que haya una intervención emocional lo suficientemente positiva como para darle al niño la certeza de que hallará amparo y protección en cuanto lo necesite. Pero una afectada actitud, al respecto, de quien lo asiste tenderá a fomentar, por el contrario, la conducta de dependencia. Para no hablar de aquellas madres excesivamente solícitas y asustadizas que en todo ven peligros amenazadores. Lo que tales madres consiguen, en realidad, es fortalecer, en su hijos, el sentimiento de inseguridad y dependencia, que puede echar raíces y perdurar hasta la pubertad y la adolescencia, lo cual es gravemente perturbador.

El niño mimado (en inglés *overprotected child*) que no ha aprendido a desplegar un comportamiento propio e independiente, que incluso en años sucesivos tropieza, en este sentido, con serios obstáculos, constituye un caso tan grave como el del que no es capaz de sostener relaciones sociales estables a consecuencia de la falta del mínimo de atención afectiva y social requerida en la primera infancia. No pocas madres alimentan, de este modo, defectos de desarrollo en sus hijos. Satisfacen con excesiva solicitud las necesidades del niño y no le brindan oportunidad alguna de aprender a renunciar a nada; por el contrario, frustran e incluso castigan toda actitud independiente, que le ganan el calificativo de desobediente y 'malo', pesado y mal educado" (Nickel, pág. 168).

En definitiva la *superprotección*:

implica	y sus consecuencias son
— dar siempre ayuda indiscriminada y por adelantado — intervenir mucho (el adulto) en las actividades infantiles (en su planificación, desarrollo, etc.) — restringir las actividades a causa de los peligros posibles o dirigir al niño hacia actividades muy concretas (y a la larga repetitivas) que garanticen la seguridad al hacerse muy conocidas para él	— menor *motivación* a la acción. — menor *madurez* social — estas consecuencias se producen también en la situación contraria: cuando se anticipa y exige la independencia (sin que el niño haya desarrollado el sentimiento de seguridad) Esto produce *inhibición* del deseo de actuar y una deficiente maduración escolar en lo social y en lo intelectual (Winterbottom, 1958)

Datos similares encuentran también Candill y Schooler (1973) quienes comparando niños de dos años y medio, estadounidenses y japoneses, hallaron que éstos eran bastante más dependientes que aquellos. En general parece ser que a medida que aumenta el desarrollo social, cultural y económico de los pueblos aumenta también la protección y orientación a la dependencia que se ejerce sobre los niños pequeños (los padres y educadores perciben más peligros y tratan de restringir la autonomía del niño para evitarlos). Los datos de Whiting, Whiting y Longabaugh (1975) sobre niños de seis culturas diferentes (analizan las expectativas de las familias de niños de tres y cuatro años respecto al tipo y cantidad de tareas que éstos podrían realizar) van en ese sentido: los padres de sociedades más simples asignan a los niños más tareas que los de sociedades más complejas, los creen capaces de resolver mayor cantidad de tareas prácticas de la vida diaria.

De particular importancia para los profesores de escuelas infantiles es tener muy en cuenta la incidencia posterior de la adquisición o no de niveles adecuados de independencia, autonomía y espontaneidad por parte de los niños:

— Los niños pequeños cuyos familiares habían reforzado en ellos la actitud espontánea se manejaban en años posteriores de su escolaridad con una mayor libertad y diversidad de formas de aprendizaje (Dyk y Witton, 1965).
— Pedersen y Wender (1968) en un trabajo longitudinal con 30 niños comprobaron que había relación directa entre la conducta social de esos niños a los dos años y medio y su desarrollo intelectual medido a los seis años.

— Whiting, Whiting y Longabaugh (1975) llegan aún más lejos. Para ellos los niños que desarrollan conductas prosociales, esto es, altruistas y de colaboración y ayuda a los demás son más frecuentes en aquellas sociedades en que se les asignan tareas a realizar por ellos (cuidar hermanos más pequeños, tareas caseras, etc.). En cambio las conductas egocéntricas (del tipo de reclamar constantemente ayuda y atención) y dominantes predominan más en aquellos niños de los que no depende para nada el bienestar de los demás o el mantenimiento de las cosas.

— Marshall y McCandless (1957) hallaron que los niños en quienes se había reforzado la conducta de actividad propia e independiente tendían más a relacionarse activamente con los niños de su misma edad, mientras que aquellos otros en quienes se había reforzado la conducta de dependencia y sometimiento se mostraban pasivos y distantes con respecto a sus iguales y preferían buscar el contacto con los adultos.

¿Qué traducción pedagógica tiene todo esto? Creemos que bastante clara:

1. Ya hemos señalado antes siguiendo a Erikson que la conquista de la autonomía es una etapa fundamental y necesaria en el desarrollo de los niños y también que su conquista sólo es posible tras el afianzamiento de un sentimiento profundo de seguridad-confianza básica en el niño. Sólo cuando éste se sienta seguro (sienta que tendrá la ayuda necesaria en el momento oportuno: principio de la *contingencia relacional)* será capaz de arriesgarse a ser independiente.
2. A nivel escolar ser independiente significa tener la posibilidad de actuar individualmente y a iniciativa propia. A mayor directividad del profesor (incluso a mayor intervención de éste por mucho que él piense que sólo actúa para ayudar) menor posibilidad habrá de manejo independiente y espontáneo por parte del niño. Tausch y otros (1978) analizando guarderías alemanas observaron que la propia expresión verbal (el hecho de que las propias puericultoras fueran las que protagonizaban casi todos los intercambios verbales: era la cuidadora la que hablaba casi siempre) de las cuidadoras tendía a crear actitudes dependientes en los niños y hacía disminuir el nivel de iniciativa propia de éstos. No habría que sacar de aquí la conclusión de que la mejor estrategia sea la no intervención del profesor. Ello produciría en los niños "marasmo motivacional" y progresiva pérdida de interés por las actividades. La cuestión está en que las intervenciones del profesor sirvan para abrir mejores espacios de acción y nuevas posibilidades experienciales, reforzando después las actividades espontáneas de éstos. Y en todo caso abrir frecuentes espacios (a nivel de horario, de espacios físicos de la clase, de actividades, de recursos) donde los niños puedan (y se espera de ellos que lo hagan) actuar por su propia cuenta. Estos espacios libres pedagógicos, como los ha denominado Von Cube

(1975) se alternarían con actividades más regladas y organizadas por el profesor con vistas a conseguir fines prefijados.
3. Las concreciones metodológicas del principio de la independencia han sido numerosas. Sin ir más lejos el método *Montessori* que se basa en la búsqueda de la actividad independiente del niño a través de la libre elección de objetos e instrumentos de acción.

c) *La diversificación de patrones y estilos relacionales.* Este es otro importante punto dentro de la ampliación del marco de experiencias que la educación infantil ha de significar para el niño. A nivel relacional es importante que la escuela complemente a la familia y a la vez que dentro de la escuela se establezcan patrones diferentes de relación de manera que el niño vaya ampliando el espectro de fórmulas relacionales (con los adultos, con el profesor, con los compañeros, etc.). En dos aspectos concretos podría centrarse este principio:

1. La implicación en la tarea educativa de todos los adultos del Centro.
2. La diversificación de posturas relacionales por parte del profesor.

1. Aunque deberían hacerlo todos, solamente algunos modelos educativos toman en consideración, pedagógicamente hablando (esto es, los introducen en el esquema organizativo como agentes de educación), al conjunto de adultos que con los profesores constituyen el personal del Centro: jardinero, cocineras, portero, señoras de la limpieza, equipo técnico, etc. Eso sucede básicamente porque se ha perdido el sentido global del Centro como institución educativa en su conjunto. Aunque a niveles formales sigue hablándose de "comunidad educativa" eso no se traduce en una práctica pedagógica real: lo educativo se separa de lo funcional o lo técnico y se encomienda en exclusiva al profesor de la clase (incluso los otros profesores pierden, con respecto a esos niños "no suyos", su cualidad educativa). Las otras tareas del Centro quedan marginadas del proyecto educativo, y quienes las realizan no se ven implicados en dicho proyecto. A nivel relacional resultaría mucho más positivo potenciar los contactos del niño con todos los adultos del Centro: el nivel de dependencia-exclusividad con respecto al profesor-ra disminuiría; al ser muy distintos entre sí tanto a nivel personal como a nivel del trabajo que realizan, los modos de relación de los niños con los adultos se diversificarían también. Estos contactos del niño con los adultos podrían estar previstos a veces, pero también dejarlos a la iniciativa de los alumnos: a alguno le gustaría estar con el jardinero mientras riega y cuida las flores, a otro con la señora que limpia el pasillo, etc. Para cada uno ese "estar con" significaría sentirse aceptado por ese adulto, imitar su modo de actuar, manejar su lenguaje específico y poderle hacer preguntas, etc. En definitiva situarse en un contexto relacional

distinto (quizá por más personal, o por más activo, o por haber empatizado) al que supone el contexto obligado de la clase. Posteriores contactos entre los adultos para comentar esas relaciones servirían para conocer mejor a los niños, para establecer estrategias concretas de cara a su mejor desarrollo personal, para buscar procesos alternativos para los niños con algún tipo de dificultad, etc. E indirectamente eso permitiría además potenciar el sentido pedagógico del trabajo, sea cual sea éste, de todos los que formamos parte del Centro escolar.

2. A todos los profesores se nos plantea con frecuencia el siguiente dilema: ¿cómo podemos hacer para mantener a la vez un clima cordial en el aula, una relación afectuosa con los niños sin que eso suponga una pérdida de control y de la autoridad sobre la marcha del grupo? En definitiva cómo compaginar los distintos papeles (hasta 12 describe Fernández Huerta, 1975) y qué debemos desempeñar como profesores. Resolver profesionalmente ese dilema tiene sobre todo sentido desde la perspectiva en que aquí se encuadra: desdoblamiento de patrones relacionales, superposición de estilos comunicacionales. Es el conjunto de esos papeles lo que debe caracterizar el "estar en clase" del profesor: una persona que es capaz de jugar por el suelo y de dar órdenes, de castigar a un niño y de abrazarlo, de ponerse serio y reírse. Y todo eso no como un estado puntual sino como diversas formas de "estar con ellos" cada una de las cuales crea un contexto relacional diferente. Se trata de que el profesor posea primero y maneje después según convenga diferentes recursos expresivos, diferentes modos de entrar en contacto con los niños, con la propia clase. Esta versatilidad, mal controlada por el profesor, tiene serios riesgos: la variabilidad de carácter de padres y profesores que se expresa para el niño en la imprevisibilidad de la forma de reacción que van a adoptar. Esto puede llevar a una labilidad de carácter en los niños y a un cierto "desamparo aprendido" frente a sus profesores: sentir que la reacción del adulto va a depender no de lo que yo haga sino de su estado de humor, del azar o, en todo caso, de circunstancias ajenas a uno mismo. Pero tal como aquí planteamos la cuestión no se trata en absoluto de esa aleatoriedad de las reacciones, sino de una diversificación de los papeles manejada con criterios educativos. Tal posibilidad depende tanto de una cierta capacidad innata del profesor para desarrollarla como de un entrenamiento profesional previo. En cualquier caso, lo que se trata de establecer aquí es que el profesor de escuela infantil no ha de ser monocorde en su modo de estar y actuar con los niños sino que, dentro del abanico de posibilidades de que disponga, convendría que diversificara sus "presentaciones" y que complementara sus papeles (soñador-investigador, organizador-espectador, autoridad-amigo, afectuoso-exigente, disponible-ocupado, etc.). En definitiva se trata de acostumbrar al niño a distintas modalidades de relación, a la discriminación de contextos y a decodificar pistas relacionales emitidas por el otro.

2. *El aprendizaje de normas y la disciplina.* Durante toda esta época de la

educación infantil los niños van adquiriendo ("aprendiendo") los modos de comportamiento habituales en su medio ambiente.

Y lo hacen a través de dos vías fundamentales:

— el aprendizaje con refuerzo proporcionado sobre todo por padres y profesores y adultos en general;
— la imitación de los adultos y de niños mayores (hermanos, amigos, y luego compañeros de colegio).

Así van trenzando toda una red de comportamientos sociales disponibles que van, a su vez, abriéndoles las puertas del trato y aceptación por los otros.

Parece un poco de contrasentido hablar de disciplina y de aprendizaje de normas cuando nos referimos a niños de 2-6 años. Sin embargo, aunque hay diferencias notables entre la etapa 2-4 y 4-6, éste es un período fundamental en el crecimiento social del pequeño.

Tres cosas había que aclarar antes de nada respecto al sentido de la disciplina y su manejo en la educación infantil:

a) El principal propósito de la disciplina es crear un contexto relacional en el que la convivencia sea posible y gratificante. La definición de un marco claro de reglas de comportamiento da seguridad a los niños que con ello saben qué se espera que hagan en cada momento.

b) El profesor de educación infantil ha de dar un sentido positivo a cualquier conducta del pequeño, tanto si ésta es conforme como si no lo es a las normas. Ambos tipos de conductas juegan un papel importante en el desarrollo social de cada niño: unas demuestran su esfuerzo por integrarse en el grupo, las otras su necesidad de autoafirmarse y de poner a prueba el ambiente.

"Los motivos profundos del mal comportamiento del niño, ha escrito Read (1980), están dentro del niño y en el ambiente que lo rodea. En los años de la infancia todo niño sano y normal pone a prueba el ambiente en el que vive con formas de comportamiento destructivo en la necesidad de descubrir si y cómo resiste el mundo sus ataques. Frente a estas manifestaciones, los adultos que tienen la responsabilidad del niño han de actuar con firmeza y energía unidas a una comprensión afectuosa". Y continúa Read: "La familia que no permite al niño alguna posibilidad de comportamiento destructivo le impide descubrir lo que sucede como resultado de tal comportamiento, dejando que su conocimiento al respecto permanezca en su estado originario" (Read, pág. 164).

c) Una educación no autoritaria y flexible no se identifica con el *laissez faire* del permisivismo pleno. Cualquier profesor con un mínimo de experiencia sabe que no conduce a nada dejar que los niños hagan lo que les apetezca en cada momento. Eso ni siquiera les proporciona mayor satisfacción, pues sus actividades pierden coordinación. Por eso:

> "La educación es calificada de liberal no en la medida en que deja al niño hacer lo que quiere, sino en la medida en que le ayuda a poner de acuerdo las exigencias del organismo con las necesidades de la vida social" (Mauco, 1973, pág. 101).

Y en la misma línea:

> "La permisividad no se debe entender como una completa e irresponsable aquiescencia, sino como una postura que deje al niño la libertad de explorar, descubrir, crear y hacer lo que le venga en gana en la medida en que eso sea posible y dentro de unos límites aceptables" (Read, 1980, pág. 398).

Tres procesos más importantes cabe señalar en la actuación del profesor en el manejo de las normas y la disciplina en el aula infantil:

a) Creación de un clima positivo.
b) Utilización de recursos preventivos de las conductas disruptivas.
c) Resolución de situaciones conflictivas.

a) La creación de un *clima social positivo* es un prerrequisito pedagógico no solamente para el desarrollo social del niño sino para la configuración de un desarrollo global-equilibrado. ¿Cómo hacerlo? Podrían señalarse algunas condiciones que fomentarían ese clima social positivo:

— en primer lugar hacer una *definición de la situación* que sea estable, calmada y relajada; esto lo consigue el profesor a través de la clarificación previa de lo que espera que se haga y también a través de su propia forma de presentarse y estar en clase; en el modo de dar las instrucciones, en el tono de voz que utiliza, en los movimientos pausados que realiza a lo largo y ancho de la clase, en el ritmo impuesto a las actividades, etc.;
— búsqueda constante de relaciones personales próximas y afectuosas con los niños (no distantes y centradas en el rol); especialmente con aquellos niños que se perciban como más excitados, tensos, o, en cualquier caso, necesitados de esa proximidad securizante del profesor. En ese mismo sentido actúan las referencias personales (utilizar el nombre del niño, bien para hacer un ejemplo, como protagonista de una historia, etc.); también aquí ha de situarse una cierta tensión permanente del profesor en la búsqueda de actividades que respondan a necesidades y deseos del niño, reconduciendo incluso la iniciativa de éste hacia sus propios intereses;

- actuaciones basadas en refuerzos positivos manejados de manera constante y distribuidos entre todos los niños (a veces concentramos esos refuerzos en pocos niños); eso elevará el nivel motivacional de los alumnos y probablemente aumentará también su implicación en las tareas; en ese sentido se evitarán las comparaciones competitivas;
- conectado con lo anterior está la exigencia de evitar cualquier tipo de rebajamiento, poner en evidencia, avergonzar, ridiculizar, o la atribución de culpabilidad a un niño; especialmente grave resulta esto cuando se hace sistemáticamente con uno o varios niños;
- propuestas, sugerencias, instrucciones, etc., siempre positivas (señalar lo que hay que hacer y cómo) en lugar de indicar lo que no se debe hacer;
- buscar procesos que conduzcan a la realización de productos palpables (cosas que se vean, que sean llamativas), que hagan percibir a los niños que son productivos y eficaces.

En definitiva un clima positivo estará conectado con un nivel adecuado de satisfacción y productividad. Un aula en que los niños no vivencien y constaten prácticamente su eficacia y productividad acabará resultando poco gratificante por mucho que el profesor se esfuerce porque el clima sea relajado y afectuoso. Crear un clima positivo es la pieza fundamental en el proceso de educación social del niño pequeño. Lo ha dicho claramente Moos (1979):

> "La más clara conclusión (de las investigaciones sobre «climas de clase») es, hoy por hoy, que una relación humana satisfactoria tiende a facilitar el desarrollo personal en cualquier ambiente social. Con todo el énfasis en las dimensiones relacionales es necesario pero no suficiente. Los objetivos de conducta y el rendimiento parecen depender de la combinación de una relación de calidad y de apoyo y el énfasis en direcciones específicas de desarrollo personal y un medio ambiente razonablemente cálido, ordenado y bien estructurado" (Moos, pág. 21).

b) Las *medidas preventivas* nos acercan más a la dimensión restrictiva y de control de la disciplina; el profesor necesitará este tipo de medidas en cuanto note que la clase se le está yendo de las manos, que comienza a reinar el desconcierto o a fallar la motivación y la implicación en la tarea de los niños. Entre las estrategias preventivas o de anticipación que puede poner en marcha el profesor en la escuela infantil podemos señalar las siguientes:

- la intensificación ostensible de la vigilancia (comenzar a moverse, jugar con las distancias, con las miradas, con algunos gestos que expliciten nuestra atención); aquí tiene sentido también el manejo de la proximidad y el contacto: la sola presencia pero más aún el contacto físico, la caricia, el

diálogo, el gesto de apoyo, la pregunta sobre qué hace o qué tal le va, o la sugerencia de cómo seguir adelante suele ser suficiente para reestablecer un *rapport* a punto de perderse o de recuperar una implicación en la tarea a punto de debilitarse y convertirse en alteración del trabajo de los otros;
— la restricción de la esfera de acción:

> "En un ambiente escolar bien organizado, las prohibiciones deben ser pocas, definidas con mucha claridad y bien comprensibles para los niños (...). A veces, en estas acciones de control, podemos sentirnos inseguros e incluso algo culpables. Podemos temer que nuestra firmeza al limitar la libertad de los niños pueda hacer surgir en ellos sentimientos de hostilidad y aversión, y sentimos casi como un peso la responsabilidad que debemos asumir con respecto a su comportamiento. Sin embargo, es preciso no dejarnos llevar por la debilidad y hacer prevalecer la razón sobre los sentimientos y afrontar la situación con la máxima firmeza. El adulto ha de evitar de modo absoluto que los niños se hagan daño a sí mismos y a otros, o que destruyan las cosas de la escuela. Incluso los propios niños se sienten más seguros cuando saben que están bien guardados y ven que la maestra está allí, preparada para detenerlos antes de que hagan alguna cosa de la que tendrían que arrepentirse" (Read, 1980, pág. 157);

— reconducir el interés a través del cambio repentino de actividad, de la excitación del interés (a través de la introducción de alguna alusión personal, de algún asunto o de alguna sugerencia con gran atractivo), de la introducción de algún recurso instrumental, lúdico, humorístico, etc.; tras un momento de perplejidad (e incluso alboroto) se podrá retomar la tarea o comenzar otra, superada esa fase de riesgo;
— la reestructuración de la situación a través de actividades o rutinas que estemos acostumbrados a utilizar para ello. Puede ser el tomar una decisión, el ponerse todos en corro, el atender al *cassette* de cuentos, etc. Todo profesor debería introducir en su clase una rutina de reestructuración de la situación a la que acudirá sistemáticamente cuando quiera reestablecer el control de la clase. En los casos del final de este apartado narraré algún ejemplo al respecto.

c) Finalmente el profesor se va a encontrar con frecuencia ante *situaciones de conflicto* que ya se han producido y a los que debe reaccionar. Ya hemos señalado antes que el profesor de escuela infantil no ha de tener una visión dramática o catastrofista de los conflictos y conductas indisciplinadas de los niños, sino que más bien ha de saberlas manejar como una situación formativa más de la cual podrá derivar importantes datos para conocer mejor al niño y las reacciones de sus compañeros y para ayudarles a discriminar entre los diversos efectos de sus conductas. Pero, para que eso sea posible, es preciso poseer una cierta calma y dominio de la situación por un lado, y por el otro una serie de estrategias de control. ¿Cómo abordar las situaciones de conflicto? Cada profesor habrá ido, sin duda, consolidando, a lo largo de sus años de ejercicio profesional, algunas fórmulas de respuesta a esos momentos. A modo de perspectiva global señalaremos algunas posibilidades al respecto:

— afrontamiento no punitivo; quizá sea la posibilidad más positiva: se trata de abordar la situación al margen de sus agentes y buscando el clarificarla, el señalar por qué aquello no se puede hacer o qué hay de incorrecto en ese comportamiento, o cómo podemos hacer para entender mejor las conductas de los otros (sobre todo cuando son los niños los que tratan de acusar-culpabilizar a algún compañero); a la vez se aprovecha para dar nuevas instrucciones más claras y concisas y reclamar su aceptación por parte de los niños;
— manejo de la voz, gestos, movimientos, etc., en términos reprobatorios; la firmeza-dureza de las expresiones y gestos ha de combinarse-complementarse siempre con gestos de aceptación y confianza; un niño no puede nunca sentirse rechazado (la aceptación explícita está más allá de cualquier comportamiento) aunque sí pueda ser recriminado por algún acto peligroso para él o los otros;
— el destierro no punitivo ("antiséptico" lo denominan Redl y Wineman, 1975); supone apartar de una situación a uno o varios niños; siempre, como ya se señaló antes, procurando que la situación no les resulte demasiado angustiosa por lo que puedan sentir de desvalimiento y abandono, más bien se trata de reconducirlos hacia otra actividad, o situarlos forzadamente junto al profesor haciendo más fácil su control;
— y finalmente el castigo explícito; pocos profesores son capaces de evitar el acudir a su uso, incluso frecuentemente, aunque luego un cierto sentimiento de culpabilidad subyacente les impida confesarlo.

La cuestión está en saberse substraer a lo que Hargreaves (1977) denomina la "ilusión punitiva", esto es, creer que la única forma eficaz de resolver una situación conflictiva es el castigo. Lo cierto es que no siempre, ni todos los castigos consiguen inhibir la conducta inadecuada y también lo es que con frecuencia sus efectos negativos son más considerables que las consecuencias positivas que con ellos se logran. En todo caso las amenazas y los recursos al temor son siempre rechazables. Tres condiciones señala Redl (1966) para que un castigo se justifique:

— que el niño conozca y comprenda por qué ha hecho mal al actuar de esa manera; el profesor no ha de contentarse con pensar que resulta evidente; como ya señalamos antes, la verbalización hace posible una mejor interiorización de la norma;

- que el niño considere que el castigo es justo;
- que quien castiga sea, pese a ello, considerado con el niño y que esté convencido de que el castigo que va a imponer ayudará realmente al niño a mejorar su conducta.

Para finalizar este apartado conviene apuntar una serie de consideraciones finales en torno a la conducción de la clase y el manejo de la disciplina:

a) El tipo de organización y manejo de la clase, así como el tipo de normas de funcionamiento que en ella se establezcan reflejan, en cierta manera, el modelo educativo del profesor. Ese modelo existe tanto si uno lo tiene claro y es consciente del modelo que caracteriza su acción como si simplemente actúa sin pararse a pensar cuáles son sus patrones relacionales. La cuestión está en abordar directamente el tema. Tener claras las ideas fundamentales en las que no desea encuadrar su acción formativa y traducirlas en formas de funcionamiento dentro del aula. Eso nos permitirá establecer una jerarquía de principios y normas y vigilar con mayor cuidado si realmente nuestro modo de conducir la clase y el comportamiento de los niños se adecúan o no a las ideas básicas de nuestro modelo. Además eso nos permitirá ser más transigentes con otro tipo de cuestiones que pueden parecernos también interesantes, pero que no forman parte de esos núcleos básicos. A veces vemos a profesores desazonarse por pequeñas cosas, o dedicar una parte muy sustancial de su tiempo a intervenciones de control indiscriminado de la situación; los propios niños en esos casos son incapaces de discriminar entre conductas y actitudes fundamentales a nivel social (por ejemplo el prestar ayuda a un compañero) y otras meramente funcionales (por ejemplo no hablar en ciertos momentos).

b) Los trabajos de Kounin (1970) han identificado una serie de habilidades del profesor que aparecen muy relacionadas con el buen funcionamiento de las clases que tienen encomendadas. De esos trabajos se desprende que el profesor ha de poseer:

- conspicuidad *("withness")* o la habilidad para hacer patente a los alumnos que está al tanto de todo lo que pasa; esta habilidad le da pie a intervenir antes de que se produzcan los conflictos y a no equivocarse a la hora de llamar la atención a algún niño en concreto;
- la capacidad para *superponer y atender simultáneamente* a varias cosas; muy relacionado con lo anterior;
- habilidad para *centrarse en el grupo* y mantener al mayor número de ellos implicados en la tarea o tareas en lugar de dedicarse a un niño o grupo de ellos desatendiendo al conjunto;

— capacidad para *manejar sus propios movimientos* como recurso para mantener el orden y motivación de los niños; el saber moverse, cambiar de ritmo o dirección es una buena estrategia para estar presente en toda la clase, para combinar proximidad y distancia, controlar las diversas zonas y dejarlas libres según parezca más conveniente.

c) Como parece obvio, el clima disciplinar de la clase y la forma de mantenerlo condicionará en buena medida el papel a jugar por el profesor en la clase. Simplificando y en esquema podríamos señalar que

en un modelo de autoridad firme	una acción basada en el dejar hacer o, por el contrario, en el control sistemático
—ésta parte del dominio de sí mismo del profesor —que mantiene un comportamiento estable (una calma serena) —parte de dejar claros desde el comienzo los principios y reglas de actuación y reforzar después su cumplimiento —exige menor número de intervenciones por parte del profesor	—lleva a multiplicar las intervenciones del profesor —suele llevarle a actuar bajo los sentimientos del momento —de alguna manera al actuar reactivamente (en respuesta a conductas indisciplinadas) se hace cómplice de la sensibilidad indisciplinada e inquieta del niño (atendiéndola la refuerza indirectamente)

d) En toda esta actuación docente dirigida a lograr un clima de clase que sea a la vez cálido, regido por unas reglas y facilitador de las tareas y la convivencia juega un papel fundamental la propia actitud y postura personal del profesor; es decir, el *estilo de autoridad* de que haga gala. Hay un viejo principio pedagógico que señala que la autoridad de los profesores ha de nacer y ser reflejo de su propio dominio interior, de su propia seguridad. En el trabajo educativo con niños pequeños éstos viven la autoridad del profesor como correlato de su propia fortaleza (en el sentido de poder físico y dominio o poder profesional) y de su habilidad (tanto intelectual como general: el profesor sabe de todo y sabe hacer todo). La cuestión fundamental radica aquí en ligar ambas prerrogativas de la autoridad (fortaleza y habilidad) a una gran seguridad interior del profesor que le evite usos rígidos o prepotentes o descompensados de su autoridad. Parece ser que los niños perciben las posturas o conductas de dureza, ansiedad o agresividad por parte del profesor como "debilidad" de éste y que tales intervenciones logran efectos menos duraderos.

> "Los alumnos aprecian a los maestros firmes, ha señalado Mauco (1973), porque manifiestan una fuerza tranquila sobre la que el niño puede apoyarse. Su igualdad de humor da seguridad y hace inútiles y sin efecto las reacciones emocionales descompensadas. Por el contrario, sienten profundamente las inseguridades interiores del maestro nervioso. Cólera, ansiedad, agresividad, depresión, inestabilidad del humor, autoritarismo intolerante, debilidad, etc., son atribuidos a profesores débiles a quienes juzgan sin indulgencia. Y eso tanto si tales maestros castigan como si recompensan, tanto si tratan de hacerse temer o de seducir" (Mauco, pág. 103).

A veces, sin embargo, hasta el profesor más calmo y severo se ve desbordado y se generan en él sentimientos agresivos o cuando menos de ira. Esa es otra experiencia que los niños tienen derecho a vivir. No es conveniente por tanto que el profesor se guarde su emoción y aparezca exteriormente como si no hubiera pasado nada. Si cuando un niño tiene un arranque de agresividad la mejor manera de ayudarle a superarlo es pedirle que nos verbalice sus sentimientos, que convierta lo que podría ser un mero *acting out* destructivo en un discurso (con lo cual elaborará sus sentimientos y se adueñará cognitivamente de ellos pudiendo controlarlos), otro tanto sucede con el propio profesor: descubrir sus propios sentimientos, hacerlos explícitos será de gran ayuda para él pues le facilitará el dominarlos, pero además será de gran ayuda también para el niño, pues tendrá nuevas informaciones sobre cómo sienten y reaccionan los adultos, sobre cómo se puede hacer cuando se está muy enfadado y sobre qué tipo de cosas causan enojo a su profesor. Read (1980) señala que el profesor puede comunicar al niño o niños ese enfado con una frase del tipo "¡Cuando hacéis esto me da tanta rabia!..." y luego una vez pasado el enfado plantear el propio profesor la cuestión de: "¡Bueno!, ¿qué podemos hacer para volver a ser amigos?". En definitiva, el principio general está claro según dicha autora:

> "Dominar los propios sentimientos, afrontar con calma y seguridad el comportamiento inaceptable del niño quiere decir crear una atmósfera en la que el niño es ayudado, a su vez, a dominar sus propios impulsos y a dirigir por sí mismo su propio comportamiento. Esta es, además, la manera de usar la autoridad en sentido constructivo" (Read, pág. 172).

3. *El desarrollo moral.* Otra área importante a trabajar a través de la "educación social" del niño pequeño es el desarrollo moral. No todos los autores y/o corrientes pedagógicas están de acuerdo en que éste (la

educación moral, la moralidad en general) sea un tema a abordar a través de la educación formal, del trabajo en el aula.

Oser (1985) identifica cuatro posturas en ese esceptismo profesional respecto a la educación moral:

1. Los que ven en la educación moral connotaciones religiosas o de mera configuración de máscaras comportamentales: ser moral como ser puritano, tradicionalista, no libre, etc.
2. Los que entienden positivo el hecho de la adquisición de rasgos y valores sociales positivos como la cooperación, la integración social, la democracia, etcétera, pero ven grandes peligros en su impartición escolar: riesgo de confundir desarrollo moral con inculcación moral. Es mejor una actitud aséptica ante las cuestiones morales, dicen.
3. Los que entienden que toda la educación ha de tener una base de educación moral, sea lo que sea lo que se estudie o haga. Por eso no tienen sentido programas especiales de educación moral.
4. Los que ven demasiados modelos de moralidad, que se contradicen en sus fundamentos y planteamientos y que por tanto no cabe el adoptar uno de ellos en exclusiva (Oser, págs. 917-918).

Otros autores, sin embargo, ven clara y necesaria su ubicación en la escuela infantil. En nuestra opinión la educación moral tiene un claro sentido formativo en el contexto de la "educación social" a que nos estamos refiriendo aquí. Quizá convenga, eso sí, clarificar su sentido, separarla de adherencias religiosas, de la casuística moral, y también del mero aprendizaje de normas de comportamiento.

La educación moral puede ser abordada en la escuela infantil como un proceso que se inicia y que conducirá al niño a lo largo de toda su escolaridad a la madurez humana y cívica (poseer un orden interior, una consciencia de los propios actos y de su sentido, ser coherente con los propios planteamientos, respetar a los otros y hacerse respetar, sentido de la responsabilidad y participación, etc.). En su estructura matriz, como señala Alliprandi (1984), la moralidad se divide en dos ejes básicos:

"*a)* La capacidad de realizar una valoración y de expresar un juicio sobre los actos humanos.
b) La capacidad de tomar decisiones personales y, en la medida de lo posible, libres" (Alliprandi, pág. 256).

A nivel de escuela infantil este planteamiento adquiere un sentido peculiar y en cierta manera propedéutico, de "preparación para". Veamos sus líneas maestras.

El comienzo de la moralidad infantil tiene un sentido más emocional que conceptual: es bueno lo que me produce satisfacción.

Así, la percepción por parte del niño de las situaciones y conductas de los demás es, en sus inicios, un sentimiento bipolar: las cosas y las personas son "buenas" o son "malas". Son buenas aquellas personas que me satisfacen (acuden a mis reclamos, satisfacen mis necesidades o deseos, etc.) y son malas las que me frustran o no me atienden o no resuelven mis demandas.

Sólo más tarde se incorpora a la estructura perceptiva el criterio de la aceptabilidad social que hará que sean "buenas" aquellas personas que actúan según las normas y "malas" las que no las cumplan.

Ambos componentes (lo personal y lo social) no se integran en la moralidad infantil, sino que simplemente se yuxtaponen, y con frecuencia se contraponen, y el niño responderá a uno u otro según sea su grado de madurez social y su capacidad de soportar frustraciones.

El *proceso de moralización* constituye la parte subjetiva del proceso de socialización y supone la introyección de los *patterns* de conducta que el medio ofrece sobre todo en cuanto comporta de códigos y valores morales. Rousseau señalaba que no se puede hablar de educación moral hasta los 15 años, pero hoy parece claro que es un proceso que se realiza de hecho desde las primeras relaciones madre-hijo y en todo caso cada sujeto va configurando desde que nace la estructura de su conciencia moral como reflejo del código de valores del medio familiar, ambiental-grupo social, amigos, colegio, medios de comunicación, etc.

El proceso de moralización se produce a lo largo del proceso de socialización como resultado de la progresiva acomodación de la conducta del niño a las pautas externas y convencionales de su propio grupo de referencia. El principal mecanismo que impulsa este proceso asimilador se basa en los presuntos beneficios que el sujeto pretende-espera alcanzar como contraprestación: cariño familiar, aceptación social, buena imagen, etc.

De esta forma, el conjunto de valores y afirmaciones (conceptuales o vivenciales) en torno a lo que es bueno y deseable y lo que es malo y por tanto perjudicial se va incorporando al *bagage* de información experiencial que el sujeto posee: es la "educación social" a la que venimos haciendo referencia. Mientras esos *patterns* de conducta moral son unívocos y concordantes, su asimilación es fácil (contando siempre con la dificultad que en esta edad comportan todas aquellas conductas que impliquen renunciar al egocentrismo del niño y a su deseo de satisfacción inmediata) y se produce espontáneamente como fruto de la dinámica interna de la convivencia. Si los patrones no son concordantes y se estimulan y refuerzan conductas contradictorias, el proceso de moralización se hace más confuso y conflictivo educativamente.

En la edad infantil a que nos referimos el aprendizaje moral se realiza fundamentalmente a través de:

a) La *imitación* (identificación y transferencia o bien pura adaptación utilitaria), consciente o inconsciente, de aquellos a quienes se está más vinculado, particularmente los "otros significativos" a que ya nos referimos antes.
b) Los *refuerzos positivos o negativos* (premios-castigos, aceptación-rechazo, prestigio-desconsideración, etc.) que acompañan al conjunto de acciones-experiencias de los sujetos.

Más adelante cronológicamente a medida que se produce el desarrollo intelectual, el aprendizaje moral se realizará también a través de la propia *reflexión del sujeto*.

Otro aspecto a tener en cuenta por el profesor de educación infantil a la hora de plantearse el desarrollo moral de sus niños es partir de las peculiaridades de la moralidad infantil. Siguiendo la línea de análisis de Canestrari y Battachi (1969) podemos identificar tres:

— falta de generalización de las normas y prohibiciones o bien una generalización puramente objetual; esto es una consecuencia de realismo moral del niño: si se le prohibe romper un objeto se sentirá culpable si rompe ese objeto pero no si lo hace con otro, y se sentirá tanto más culpable cuantos más objetos de los señalados haya roto; la generalización se produce sobre una base puramente objetiva (el hecho sancionado) no sobre la significación o justificación de la norma o prohibición; es decir, se capta el sentido negativo de la prohibición pero no su aportación positiva, de ahí el peligro de trabajar la moralidad del niño a base de prohibiciones;
— subordinación de la fuerza del imperativo a la presencia física de la fuente de la norma y a la posible sanción; no se ve afectada su tranquilidad ni la justificación de la acción si el niño piensa que no será descubierto; es una consecuencia directa del carácter heterónomo de la moralidad infantil (la razón de su moralidad no está dentro sino fuera de él); su obediencia al imperativo depende de la amenaza objetiva de la sanción, pero sobre todo de la presencia física y próxima de quien impone la norma; la interiorización de las normas y patrones morales va produciéndose a partir de que el niño interioriza modales de comportamiento (en el modelo psicoanalítico a partir de que resuelve el conflicto edípico); de esta manera las fuentes de la norma están presentes interiormente aunque permanezcan físicamente ausentes; de ahí la importancia de la presencia preventiva del profesor como marco de referencia que objetiva los patrones de comportamiento, sobre todo en los primeros años de la escuela infantil;

— independencia del comportamiento con respecto al juicio ético; con frecuencia el juicio ético es algo que el niño es capaz de repetir pero que no tiene relación con su propio obrar (los psicoanalistas lo denominan "debilidad inhibitoria del superyo"). En un niño es todavía muy tenue el lazo que une el componente racional-lingüístico del juicio moral (saber cómo deben ser o hacerse las cosas) y el componente conductual de dicho juicio; de ahí también que valga de poco el aprendizaje lingüístico de principios morales (al estilo del saberse de memoria los antiguos catecismos) de cara al desarrollo moral; ello no significa que la verbalización de los juicios morales sea irrelevante, sino que el proceso a seguir había de ser el inverso: no una deducción que parta del principio para aplicarla a hechos concretos, sino un análisis-verbalización de conductas concretas y sus consecuencias de manera que poco a poco vaya consolidándose un principio moral con una fuerte raíz experiencial. En definitiva la educación moral es una tarea reflexiva que tiene en su horizonte formativo facilitar al niño un progresivo avance hacia una autorregulación reflexiva del propio comportamiento.

Concretando un poco más quisiera señalar algunas directrices que podrían orientar nuestro trabajo en este ámbito:

a) La educación moral implica varios campos de trabajo formativo. Rest (1983) señala los siguientes:

- conductas de ayuda a otros seres humanos (aprendizaje de conductas prosociales);
- conductas acordes con las normas sociales (adaptación a las normas);
- internalización de las normas sociales;
- el establecimiento de relaciones de empatía o de culpabilización o ambas;
- el razonamiento sobre lo justo y la justicia;
- poner el interés ajeno por encima del nuestro (Rest, pág. 556).

Aunque quizá no todos estos puntos tengan una aplicación directa a la escuela infantil sí que clarifican mucho el panorama de por dónde podemos abordar el tema.

b) La educación moral ha de permitir a los niños superar el simplista esquema del "bueno-malo" con consideraciones más discriminativas en las que se tengan en cuenta los contextos de acción, el sentido de las conductas, etc. El análisis con ellos de cuentos, películas de dibujos animados, programas de TV, etc., nos dará oportunidad para realizarlo.

c) Un propósito importante habrá de estar dirigido a superar el egocentrismo y la autorreferencia de los criterios desde los que se juzga a personas y hechos. Eso significa ser capaz de comprender al otro, de poder penetrar en sus sentimientos, razones, formas de ver las cosas, etcétera. La estrategia fundamental aquí será el refuerzo permanente de las conductas prosociales, favoreciendo el proceso de dominio de sus propios impulsos y deseos, dándoles fuerzas para soportar la frustración momentánea y las dificultades relacionales. El profesor ha de jugar, además, con su propia presencia y con sus propios movimientos preventivos para evitar o hacer menos importantes o duraderas las inevitables situaciones de conflicto.

d) La educación moral ha de jugar un importante papel en cuanto a la clarificación, para los niños, de los motivos y el sentido de las normas y de los valores en general, etc.; por qué se piden ciertos comportamientos, qué justificación hay detrás de los criterios de valor vigentes, qué cosas están bien y qué cosas mal y por qué.

e) Ese mismo esfuerzo de clarificación se ha de aplicar a los propios comportamientos y situaciones en que estamos implicados a nivel individual o la clase como grupo. El esfuerzo por verbalizar el propio comportamiento, de buscarle sentido, de relacionarlo con el discurso de los otros será un importante instrumento de ajuste social y de conocimiento de los otros.

f) La educación moral está también vinculada al proceso de adopción de responsabilidades por parte del niño y a la rendición de cuentas de cómo se llevan a cabo.

g) También la educación moral es un espacio adecuado para revisar el "*currículum* oculto" que funciona entre los niños y que ha calado en sus propios criterios de enjuiciamiento de los demás.

> Un antiguo trabajo de Radke (1946) con niños de 3-5 años indicaba que a esa edad los niños percibían como buenas aquellas conductas infantiles que acataban la autoridad, esto es, que eran dóciles y formales, y como malas todas las que no respondían a la autoridad, esto es, que eran desobedientes, que se enfadaban, agredían a otros o estropeaban los juguetes.

El moldeamiento moral que se ha podido hacer desde la familia o desde la propia acción escolar puede también ser analizado y reconducido, si fuera necesario, en el trabajo escolar sobre la moralidad.

h) Obviamente con niños tan pequeños lo que se somete a debate y diálogo no son principios morales abstractos, sino conductas concretas o situaciones específicas que hayan sido vividas por ellos mismos o que tengan una traslación clara a su propia experiencia.

La escuela infantil, por otra parte, ha de ser capaz de revisar sus propios procedimientos de educación moral. Con frecuencia cometemos *errores* (si bien, definir qué está bien hecho y qué mal hecho en este campo es tarea imposible en función de que en la base de las actuaciones de los profesores hay muy diversos e incluso contrapuestos criterios de moralidad). He aquí un cuadro de errores educativos sobre los que vendría bien revisáramos nuestra propia actuación:

Usar mal las *recompensas* y los *castigos*, no relacionándolos con la intencionalidad o el esfuerzo del niño, sino con los resultados logrados. De esa manera se le puede impedir la percepción del sentido de la libertad y de la gratuidad de su propio gesto: el niño se orientará a valorar sobre todo la utilidad y ventaja personal derivadas de su propia acción y a negociar con ellas; no se verá guiado a verificar consecuencias más amplias tales como el crecimiento de su propio yo, el desarrollo de la socialidad, el beneficio para los otros, etc.

Usar de un modo poco correcto los *refuerzos* (la aprobación o desaprobación) y fijar al niño en el estadio infantil del "realismo moral". El niño creerá casi definitivamente— y no faltan adultos que aún actúan así— que es malo aquello que se castiga y bueno lo que se recompensa. Esta falsa moral lleva pronto a la idea de que es importante aquello que se gana, lo que no se pierde. La bondad pasa pronto a la sombra: en su lugar se exalta la bravura, la astucia de aquellos que "se las arreglan".

Proponer a los niños desde su infancia valores que están entre sí en franca contradicción.

Cuando en lugar de la alegría (que está vinculada a cada expansión humana) los educadores hacen especial hincapié, sobre todo, en el miedo al castigo o la vergüenza por el ridículo o mala imagen. Si bien es cierto que estos mecanismos forman parte de la dinámica de los actos humanos, no es correcto centrarse en ellos para potenciar el crecimiento del niño. Al contrario, es necesario favorecer, lo más posible, la autonomía de su conciencia moral incluso volviéndola independiente de las sanciones y aprecios externos.

No aceptar los sentimientos del niño con respecto a su edad y personalidad y exigirle comportamientos modelados en base a esquemas válidos para los adultos.

Explotar los vínculos afectivos, lo que pone al niño en estado de dependencia, para obtener siempre de él lo que los adultos desean. Así no se le deja margen para las experiencias personales indispensables.

Con este procedimiento se recurre una vez más al miedo del niño (que teme entristecerles, causarles dolor, perderlos) y no a su necesidad de encargarse de sí mismo, lo que implica un ejercicio de audacia y coraje. Impiden al niño examinar a fondo sus decisiones mediante el uso adecuado de la *duda* (que lleva a la inseguridad y no a la obediencia ciega) y de la *contraprueba* (¿qué puede suceder si no actúo así?).

Por el contrario son *tareas* a ejecutar por el profesor dentro de este ámbito:

— dar con su ejemplo personal el modelo de las *decisiones* posibles del hombre y de la *coherencia* respecto a ellas;
— realizar él mismo en unión del niño actos de *respeto* y de bondad hacia los demás: los compañeros, los hermanos, los adultos, los padres... (usando con frecuencia la invitación de "vamos a hacer juntos..." en lugar de la orden "haz esto, haz aquello");
— no confundir con iguales modos de exigencia (sobre todo de gratificación o de reproche) las normas de una vida educada y social con las de una vida moral (por ejemplo no es una falta moral llevar las manos sucias, o hacer juegos ruidosos, incluso aunque se les hubiera rogado u ordenado tener cuidado con ello);
— no conceptuar como culpables aquellos actos en los que ni el entendimiento ni la voluntad del niño están implicados, incluso si las manifestaciones de algunos de tales actos se prestan a (según un juicio común pero adulto) valoraciones de intencionalidad, recordando que cuanto más real es la debilidad y la incapacidad de un sujeto, menos posible es que exista intencionalidad.

4. *La participación en el grupo de iguales.* La escuela infantil supone para todo niño la penetración en un nuevo contexto en el que el grupo de iguales adquiere un protagonismo de gran importancia con repercusiones fundamentales para su desarrollo a muchos niveles: afectivo, emocional, intelectual, de participación en tareas, de asunción de roles, de configuración de una identidad supraindividual, etc.

Trabajar con y sobre los grupos de iguales, tratar de orientar su sentido de cara a un mejor desarrollo personal y social del niño es uno de los principales cometidos de las escuelas infantiles. Como hemos ido repitiendo con respecto al resto de los ámbitos de intervención, durante esta etapa escolar no basta con dejar que las cosas sucedan a su aire, ni siquiera con vigilar para evitar los peligros, sino que hay que conocer cuáles son las posibilidades que ofrecen los grupos y utilizarlas como otro instrumento más de formación del niño. De hecho eso será lo que distinga el grupo de niños formado espontáneamente en la calle, del grupo, espontáneo o no, formado en el aula. En éste se pretende garantizar de alguna manera

> "la unidad de los métodos con los que son satisfechas las necesidades de cada una de sus componentes; unidad que no significa uniformidad, sino que se adapta a las necesidades individuales preservando los valores de la espontaneidad y libre iniciativa. El grupo ocasional, no controlado por una profesora experta, puede representar una buena experiencia para algunos niños y una pésima experiencia para otros (...) por ejemplo, que los elementos más débiles acepten el dominio de los más potentes" (Read, 1980, pág. 488).

Hay todo un conjunto de dimensiones y aspectos del desarrollo infantil que se ven afectados y pueden ser potenciados a través de la participación del niño (espontánea o mediada por el profesor) en los grupos de iguales.

Algunos estudios empíricos sobre los grupos han llegado a identificar una serie de dimensiones de la experiencia grupal. Así Hemphill, Carter y Couch (citados por Sperry, 1972) hallaron tres dimensiones en el funcionamiento de los grupos:

— un área *afectiva:* en el sentido del clima de relaciones interpersonales y el reforzamiento de las variables afectivas individuales;
— un área de *procedimientos y normas* establecidas en el seno del propio grupo;
— el área de la *implicación en tareas* y la *ejecución* de las mismas.

Schmuck y Schmuck (1974) se refieren a una serie de patrones que configuran, según sus datos, el funcionamiento de los grupos:

— patrones de aceptación, inclusión, confianza;
— patrones de influencia (en la formulación de tareas y mantenimiento de la comunicación);
— patrones de productividad y obtención de metas grupales;
— patrones de autorregulación (planteamiento y renovación de las normas).

Esto nos aproxima ya a la consideración de qué tipo de aspectos del desarrollo infantil van a verse especialmente involucrados en y a través de su experiencia grupal. En esa línea organizaremos este apartado de la educación social.

En términos generales el grupo de iguales configura para el niño un nuevo contexto experiencial y de aprendizajes en el que se le van presentando situaciones que son nuevas para él y en el que otras, que ya había experimentado en otros contextos, adquieren ahora matices muy diferentes y le exigen modalidades de adaptación distintas.

© narcea, s.a. de ediciones

a) *La incorporación del niño al grupo de iguales.* Este es un momento en el que la intervención directa e indirecta del profesor resulta muy importante, a veces hasta decisiva. En términos generales podríamos decir que el proceso de incorporación exitosa de un niño al grupo o subgrupo de iguales depende de: *a)* el propio pasado familiar del niño sobre todo en cuanto a las modalidades relacionales aprendidas; *b)* de las cualidades del grupo, en especial de sus patrones de aceptación, y *c)* de la ayuda que le preste al profesor. La importancia de los aprendizajes familiares previos ha sido ya mencionada antes. Por lo general tiende a crearse un círculo vicioso que condiciona la cantidad y características de las relaciones con los otros mantenidas por los niños: si éstos han sido criados según pautas de dependencia y sometimiento estarán poco interesados en las relaciones con los iguales y éstos, a su vez, los rechazarán por poco activos e independientes. Si, por el contrario, están acostumbrados a un alto nivel de autonomía e iniciativa propia apenas sí tendrán dificultades para conectar y mantenerse en un grupo estable (Marshall y Mc Candless, 1957). El segundo punto tiene que ver con aspectos estructurales y a la vez dinámicos de los grupos de niños. En realidad cualquier grupo carece de sentido si no produce experiencias satisfactorias (aunque a esta edad y para la mayor parte de los niños el propio hecho de pertenecer a un grupo ya constituye, de por sí, una experiencia satisfactoria). El grupo pequeño es más capaz de propiciar una acogida fácil al nuevo pretendiente y de hacerle sentirse a éste más necesario para las actividades (juegos sobre todo) que el grupo emprenda. Y luego están los patrones de aceptación del grupo y los criterios que los propios niños pueden manejar para aceptar o no a sus compañeros. El ya clásico trabajo de Northway (1943) había señalado que los niños más elegidos son frecuentemente los mayores y los más expresivos. Los niños por lo general prefieren tener como compañeros de grupo a los más dinámicos, a los que más hablan, a los que manifiestan un nivel mayor de actividad e iniciativa y en general a los que son más eficaces. Los dos aspectos anteriores hacen bastante necesaria la intervención del profesor. Ya a esta edad puede haber niños *outsiders*, ajenos a la actividad grupal bien porque no sean bien aceptados, bien porque ellos mismos no busquen el contacto o por ambas cosas a la vez. Esto les priva de importantes experiencias formativas. La tarea del profesor es equilibrar ese proceso. El niño de los 3 a los 6 años se debate en un proceso dialéctico entre el mantenimiento de los lazos y salvaguardias familiares y la integración plena en el grupo de iguales. No es un proceso fácil para el niño y puede resultar bastante dramático si éste entra en la escuela infantil con una experiencia relacional a nivel familiar empobrecida o poco expansiva. En este sentido está suficientemente comprobado ya el nivel de eficacia que puede lograr un correcto uso del refuerzo por parte del profesor para sustituir conductas dependientes de los adultos por conductas de interacción con los iguales.

Allen y otros (1964) utilizaron refuerzos positivos (dar ánimos, sonreír, hacer caricias, etc.) para modificar la conducta de una niña de 4 años que no participaba en el juego con sus compañeros prefiriendo estar con los adultos. Tras las diversas fases por las que pasó el experimento (reforzamiento de la interacción con los otros niños, reforzamiento de la relación con los adultos, nuevo reforzamiento de la integración con los iguales) pudieron comprobar que el refuerzo del profesor es decisivo para la configuración de la conducta social de los niños.

El papel del profesor (y no sólo en cuanto distribuidor de refuerzos, sino por su propia influencia), su presencia e incluso su intervención en las actividades grupales es de gran importancia sobre todo, como se ha dicho, en el caso de niños con problemas para realizar en buenas condiciones su integración a los grupos. En cualquier caso, la constitución de un grupo estable ("estable" con comillas a esta edad puesto que es bien sabido que una de las características de los grupos infantiles es la inestabilidad, la alternancia de momentos de acción grupal con momentos de retorno a la acción individual y autorreferida) está en función del número de intercambios o actuaciones conjuntas de los niños que lo van a formar. Cuantas más actividades grupales programemos o posibilitemos a unos determinados sujetos, tanta mayor posibilidad habrá de que se acostumbren a trabajar-jugar juntos y de que acaben formando grupo.

b) *Grupo de iguales y desarrollo afectivo.* Ya se ha ido señalando anteriormente la gran influencia mutua que establecen entre sí el desarrollo afectivo de un niño y las modalidades de aproximación y agrupamiento con los iguales que pone en práctica. Hay tres aspectos del desarrollo afectivo que se ven muy afectados por la experiencia grupal y que constituyen, por tanto, ámbitos de intervención pedagógica:

— la seguridad y confianza en sí mismo; frente a sus iguales la dinámica relacional mantenida antes con los adultos (madre, padre, familia) e incluso con sus propios hermanos varía mucho; los iguales no garantizan apriorísticamente la aceptación y afectuosidad al niño: es él quien ha de conquistarla, ha de afrontar la nueva situación sin garantías previas; es un nuevo riesgo evolutivo (como lo fue antes el echarse a andar) cuyo éxito depende en parte de la seguridad y recursos previos con que se afronte; es casi un proceso circular: la confianza en sí mismo lleva a la apertura y búsqueda de contactos, éstos resultan gratificantes y esto otorga mayor seguridad y confianza en sí mismo; por el contrario, la dependencia y falta de confianza en sí mismo produce inseguridad y temor-evitación de los contactos, el que éstos resulten poco gratificantes y la consecuente confirmación de la propia inseguridad y de la necesidad de seguir dependiendo de los adultos. Precisamente la consideración de estos condicionamientos previos de algunos niños es lo que llevará al profesor a graduar su intervención y apoyo (incluso su participación directa "como uno más" en las actividades del grupo) de manera que el niño inseguro se sienta arropado y viva gratificántemente la experiencia de trabajo colectivo;

— la tolerancia a la frustración y el autocontrol; el egocentrismo infantil, unido a la volubilidad de sus estados de ánimo y a la irascibilidad frecuente en muchos niños, hace que las relaciones entre iguales en esta etapa sean bastante difíciles. Entre los 2 y los 3 años el niño normal avanza notablemente en su capacidad de mantener un contacto e intercambio con otros niños sin recurrir a peleas y riñas. De todas formas éstas siguen subsistiendo hasta mucho después: Johnson y Medinnus (1969) hablan de que el niño de 5 años mantiene al cabo del día, por término medio, 20 situaciones conflictivas en sus relaciones con los iguales. El progresivo aprendizaje de las normas de funcionamiento del grupo (por ejemplo los turnos) supone que el niño va acostumbrándose a que no siempre puede satisfacer sus deseos de manera inmediata y también su introducción en experiencias de negociación teniendo que llegar a compromisos que permitan resolver apetencias muy contrapuestas. También aquí el papel del profesor para suavizar tensiones, para sugerir fórmulas de negociación (al fin y al cabo los niños tienen que aprender ese tipo de procedimiento) o para proporcionar satisfacciones compensatorias a quien debe ceder y reforzar las conductas prosociales es muy importante;

— el desarrollo paralelo de la integración en el grupo y de la capacidad de aislarse de él; hasta aquí hemos ido señalando la importancia formativa de participar en grupos de iguales, pero otro tanto hay que señalar de la dimensión complementaria de saberse distanciar del grupo, de potenciar la propia individualidad, y también en este proceso el grupo juega un importante papel como punto de contraste: a veces el niño se sentirá fatigado o sobreexcitado a causa de la intensidad o cantidad o duración de los contactos sociales mantenidos.

En todo caso, el niño dependiente del grupo, que se encuentra perdido sin sus compañeros, exige una atención del profesor similar a la que requiere el niño aislado y con dificultades de integración en grupos. De ahí que en un capítulo anterior, al hablar de la organización de los espacios del aula hayamos insistido en la importancia que tienen los espacios de aislamiento, donde el niño que lo desee pueda estar solo, y lo mismo se puede decir respecto a la organización de actividades en las que se han de ir superponiendo actividades en grupo con otras individuales.

Cuenta Read (1980, pág. 499) una anécdota que refleja bien esta actuación del profesor: Judy, una niña con algunos problemas de celos pero bien implicada en la acción grupal, le dice a su profesora que querría convertirse en una bruja mala.

"¿Por qué?", le pregunta su profesora. "Porque las brujas hacen encantamientos", le responde. Y la maestra le dice: "¿Quieres decir que aquí estamos muchos y que te gustaría desembarazarte de todos?". "Sí, dice Judy, somos muchos, y si me convierto en bruja hago una magia y desaparecen todos". Y la maestra concluye: "Algunas veces es verdaderamente difícil soportar a los otros. Y si tú te sientes así ven conmigo a donde no haya nadie: estarás mejor". Y la llevó a un aula vacía donde la niña puede jugar a solas. Transcurrido algún tiempo es la propia niña la que vuelve a clase de nuevo deseosa de estar otra vez con todos.

c) *Grupo de iguales y desarrollo de la propia identidad.* La propia identidad individual de los sujetos se manifiesta y se reconfigura también a través de la experiencia grupal, a la vez que surge una nueva identidad grupal que da pie a nuevos procesos de desarrollo personal. En el grupo de iguales se produce:

— el replanteamiento de la tensión dialéctica entre sumisión y enfrentamiento; en la personalidad de cada niño puede predominar una y otra en función de su experiencia vital anterior pero precisa conocer y vivenciar ambas; el grupo de iguales es un contexto muy propicio para que ambas dinámicas tengan expresión. Según Nickel (1976, pág. 294) es a los 3 años cuando comienza a manifestarse con una cierta claridad el carácter dominante o sumiso del niño en sus relaciones interpersonales, y es entonces cuando "cabe iniciar la educación del espíritu de cooperación con ejercicios que supongan cierta actitud competitiva y de lucha". A un niño le da más seguridad enfrentarse a los adultos, a las dificultades, a otros niños desde el arropamiento que le proporciona el grupo. Con frecuencia ésa es una vivencia grupal que ciertos niños nunca se habían atrevido a experimentar a nivel individual. Por otra parte, el juego de papeles de dirección y servidumbre en dos grupos infantiles es bastante fluido; sin embargo, ése ha de ser uno de los aspectos a atender por parte del profesor: que no haya

niños vinculados sistemáticamente a papeles de subordinación, o a papeles de imposición y prevalencia;
— la maduración de un concepto realista de sí mismo; como ya hemos señalado antes el grupo de niños no está predispuesto a otorgar a cada uno mayor estima ni mérito de la que él mismo es capaz de conquistar. Cada niño habrá de ir reajustando las, por lo general hipervaloradas, cualidades que se le atribuían en su propia familia. El niño a través de su participación en las actividades del grupo irá construyendo una imagen más objetiva de cuáles son sus puntos fuertes y cuáles son las debilidades que habrá de ir combatiendo. Este es un momento crucial en el desarrollo social en cuanto que se sientan las bases del autoconcepto y la autoestima de cada niño por lo que respecta a sus compañeros. La tarea del profesor aquí es de enorme importancia. Los niños suelen ser justos en sus apreciaciones, pero no siempre manejan criterios adecuados de valoración de los otros, o los que utilizan son muy restringidos. Todo niño tiene cualidades positivas, cualidades que muchos de ellos ni siquiera conocen y que el grupo no suele considerar. Nuestra función ahí es revelar directa o indirectamente esas cualidades, crear espacios de actividad y relación tan diferentes como sea preciso para que todos tengan la oportunidad de demostrar su valía;
— el surgimiento de la identidad grupal: sobre todo en la etapa 4-5 años va apareciendo esta nueva dimensión que se afianzará en los años posteriores.

Se pertenece a un grupo y el grupo le pertenece a uno. Y el pertenecer al grupo le dota a uno de ciertos privilegios (juegos, desempeño de funciones dentro del grupo, decidir si otros entran a formar parte de él, señalar formas de funcionamiento, etc.) y le permite desempeñar papeles que tienen sentido sólo en tanto que miembro del grupo.

d) *Grupo de iguales y aprendizajes sociales.* Diríamos que el grupo ofrece al niño la oportunidad de manejarse en un contexto social autorregulado y de desarrollar los aprendizajes conectados con dicha experiencia:

— aprendizaje de normas y aprendizaje de cómo proceder a su definición y mantenimiento: hasta que el niño participa en un grupo de iguales no ha tenido oportunidad alguna de generar normas; su única experiencia con normas ha sido obedecerlas. Poco a poco va captando el sentido que tiene la norma para el funcionamiento del grupo (y a la vez va vivenciando experiencialmente la necesidad de someter los propios deseos y pulsiones a las exigencias de la norma). Algunos espacios normados de gran importancia en la dinámica intraescolar son el de la *propiedad* (los niños van aprendiendo que lo mismo que no les gusta que les rompan o alteren sus cosas, ellos no han de hacerlo con las de los demás), el de los *turnos* (o los derechos de precedencia; quién va después, a quién le toca; cuánto tiempo se puede estar con una cosa que pretenden otros) y el de la *participación* en las *tareas colectivas* (sobre todo cuando se han distribuido funciones, cada uno ha de desempeñar la suya, si no las cosas no funcionan). Todo esto, y lo que supone de autocontrol, de aprendizaje a través de la experiencia, el niño no lo sabe al comenzar su escolaridad infantil, lo va aprendiendo con nosotros;

— aprendizaje de diversas modalidades de participación: a lo largo de los años de la escuela infantil el niño explora progresivamente diversos modos de aproximación e integración en los grupos, sobre todo de juego. Parten y Newahall (1943) en una investigación a la que acudiremos más extensamente al referirnos al juego infantil señalan cómo el niño va pasando de no participar y jugar solo a los 2-3 años, a mirar y jugar paralelamente (con explícitos mensajes de interacción) posteriormente, para acabar a los cuatro-cinco años con juegos de asociación (relación entre los participantes pero sin organización) y cooperación (que supone acción recíproca contingente). Cada una de ellas supone una forma diferente de estar en o frente a un grupo que el niño va "aprendiendo" (y nosotros ayudándole a aprender) durante los años de la escuela infantil;

— aprendizaje de las diversidades individuales y las diversas modalidades de relación que generan. Cada niño debiera tener la oportunidad de "saborear" las diferencias personales y de relación que el resto de los niños (como conjunto y a nivel individual) le plantean.

Esto tiene especial relevancia con respecto a los niños llamados "distintos". Con los programas de integración de deficientes en las aulas normales las ganancias relacionales tanto para los niños normales como para los deficientes son enormes. Aprenden a crecer en un clima de aceptación, de respeto al otro (sean cuales fueren sus cualidades personales), de colaboración y prestación de ayuda, etc.

Es muy importante lograr neutralizar, a nivel de escuela, la notable tensión hacia la marginación que predomina a nivel de relaciones sociales (rechazo del niño deficiente, de razas distintas, de aquel con peculiaridades caracteriales que le impiden seguir la marcha de la mayoría, etcétera).

e) *Grupo de iguales y realización de tareas.* Varios aspectos interesantes había que destacar en este punto:

— aparición de tareas grupales: hay cantidad de cosas apasionantes para los niños que no se pueden realizar a solas y exigen el concurso de todo el grupo.

Un día oí comentar a una niña de 4 años que "su pandilla" había estado vigilando a la profesora: "¿Cómo ha sido eso?", le pregunté. "Pues mientras ella estaba en el recreo una la vigilaba allí, otra estaba atenta desde la ventana para ver si venía o no y otras le miraban lo que tenía en el bolso". Toda una aventura excitante para ellas y que les exigió sin duda un gran esfuerzo de coordinación y planificación.

Las tareas grupales (que es cuando realmente se aprende a trabajar en grupo, a adoptar responsabilidades, a percibir cómo el trabajo colectivo depende también del mío individual y de mi participación) pueden ser de muy diverso tipo y se pueden fomentar de mil maneras en la vida diaria de la clase;

— aparición y manejo formativo de la competitividad y la motivación al logro: es un terreno ciertamente conflictivo éste de la competitividad, y que en muchas ocasiones su uso motivador es rechazable. Aquí sólo queremos referirnos a que es en el trabajo en grupo con iguales donde surge. Pero más que la competitividad es la emulación lo que nos interesa aprovechar: un niño a partir de los 3 años, que es cuando comienza a interesarse por lo que hace el otro, trabajando a solas rinde menos, por lo general, que si trabaja con otro niño.

La motivación hacia el logro, a la ejecución de actividades productivas "mejor que"... comienza pronto en los niños, en cuanto son capaces de comprender la estructura de la situación y la tarea a realizar junto a otros. Esto suele suceder ya hacia los 3 años. Y esa motivación a la tarea se manifiesta a través de la actitud de trabajo, la expresión mímica (mirada fija en la actividad, tensión, esfuerzo, postura), y conlleva expresiones de satisfacción o fracaso al concluirla. El cómo se puede manejar educativamente esta tensión competitiva (si aprovechándola o rechazándola) dependerá de cada profesor y, a veces, también de las características de los niños (algunos demasiado sumisos o que se infravaloran pueden verse reforzados en su imagen social a través de tareas en las que sepan desenvolverse bien). En cualquier caso tanto el saber ganar como el saber perder son aprendizajes importantes de cara al autocontrol del niño. Y lo mismo el aprender a establecer de antemano las probabilidades de éxito (ajuste realista del propio autoconocimiento y por tanto del nivel de expectativas). Hacia los 5 años esto es ya posible.

f) *Grupo de iguales y desarrollo cognitivo.* Un reciente trabajo de Coll (1984) ha puesto de relieve el importante papel que juega la interacción con los iguales y el desarrollo intelectual-cognitivo. Partiendo del principio vigotskiano de que el aprendizaje surge de la interacción se señala la importancia de la interacción y del manejo del lenguaje de cara al desarrollo cognitivo. No cualquier tipo de interacción produce esa mejora cognitiva. No la produce, por ejemplo, aquel tipo de interacción en que uno de los miembros del grupo decide el qué hacer y cómo y los otros se limitan a secundar sus consignas (¡y cuántas veces los profesores no hacemos otra cosa que eso!), ni tampoco cuando todos los niños se plantean la actividad o cuestión de una forma idéntica y/o mecánica. La condición para que del intercambio entre iguales se produzca mejora intelectual es que ese intercambio suponga alguna forma de contraste, de contradicción que exija una reestructuración del esquema cognitivo con que cada uno participa en la interacción. De ahí que el principal instrumento de desarrollo intelectual no sea la interacción en sí, sino el lenguaje que se utiliza en ella; a través del lenguaje cada niño expone su plan o idea y a través del lenguaje se estructura un nuevo plan consensuado que el niño *interioriza*. Más adelante al hablar del lenguaje volveremos a ocuparnos de este asunto. Aquí la cuestión didáctica estriba en que la relación entre iguales sea aprovechada para que los niños comuniquen a sus compañeros sus puntos de vista, planes, acciones, etc.; que éstos se discutan y que ello dé pie a que cada niño pueda reorganizar su esquema mental previo.

g) *Las diadas o parejas.* Dentro de los diferentes modelos de agrupación entre iguales y de los tamaños de los grupos las diadas adquieren un sentido y poseen unas virtualidades muy peculiares. Con mucha frecuencia las parejas de amigos son el primer paso de la integración social del niño en un grupo más amplio, pero a veces se mantienen incluso una vez que esa integración se ha producido como una forma especial (más próxima, más íntima) de relacionarse. Para muchos niños (más tímidos, más dependientes, etc.) esta fase de la pareja resulta imprescindible para poder avanzar hacia el grupo e incluso para lograr una integración aceptable a la clase. Las indudables virtualidades afectivas y securizantes de la diada suelen solaparse a frecuentes inconvenientes (celos, exclusividad, dependencia mutua: uno no es capaz de hacer nada, no se siente a gusto, si no está el otro). Nuestra tarea habrá de dirigirse a potenciar las unas y neutralizar las otras.

Actividades

Las actividades a desarrollar en la escuela con respecto a este nivel-dimensión del aprendizaje se refieren a la experiencia relacional del niño con las cosas, personas, situaciones y él mismo.

Es importante tener en cuenta que los aprendizajes sociales surgen de la experiencia directa del niño con la situación relacional, pero también a través de la elaboración que él hace del discurso experiencial de los otros (especialmente de los "otros significativos"). Esto es muy importante a nivel educativo: la experiencia vicaria, la asimilación del discurso verbal o actitudinal de los otros (que además pueden ser explícitos o implícitos). A veces nos extraña por qué un niño es tan reactivo ante ciertas situaciones o contactos, o por qué no desea participar en alguna experiencia que aún no conoce. Hemos encontrado a veces que eran los mensajes de los padres y quizá también de otros niños, que calificaban negativamente tal experiencia o que señalaban que no se podía jugar con ellos porque eran sucios y "podían robarnos", los que estaban a la base de esos comportamientos.

Ambas dimensiones son importantes a nivel de trabajo didáctico sobre el nivel relacional-social:

— las experiencias directas que demos oportunidad a los niños de vivir;
— el discurso relacional en el que podemos incluir lo que nosotros mismos vayamos diciendo-haciendo sobre las personas-cosas-situaciones y sobre la relación con ellas, e incluso nuestro propio modelo relacional.

Por otra parte, las actividades se pueden afrontar desde tres perspectivas distintas:

1. Tomando la dimensión relacional como contenido de aprendizaje, es decir, actividades dirigidas explícitamente al aprendizaje y educación social. Desde esta perspectiva la acción escolar pretende elaborar-perfeccionar los distintos estilos de relación del niño, sus motivaciones, intereses, actitudes, etc.
2. Tomando la dimensión relacional como recurso-inicial para acceder a aprendizajes de otros niveles, por ejemplo, cuando se utiliza la relación entre iguales para su desarrollo afectivo, intelectual o cognitivo o cuando se pone en marcha un juego para que a través de él el niño se sienta más seguro o vaya ampliando su margen de tolerancia a la frustración. Aquí la dimensión relacional juega un papel instrumental, sus objetivos se sitúan más allá de la propia dimensión relacional y pueden estar dirigidos a contenidos de cualquiera de los otros niveles.
3. Tomando la dimensión relacional como marco de contextualización de cualquier otro contenido de aprendizaje. Algo así como si a la hora de

desarrollar cualquier actividad sea del tipo o nivel que sea nos planteáramos: "Veamos, y ¿cómo podría hacerse para que también de esta experiencia se derivaran adquisiciones relacionales?". De alguna manera esto supone identificar en toda actividad de aprendizaje su aspecto relacional humano superando así una mera dimensión material-objetiva convertida en datos; por ejemplo, si nos planteamos "hablar de nuestra casa" introducir en esa actividad referencias a cómo son las relaciones en ella, dramatizarlas incluso, cómo es la vida diaria en la casa, etc. Eso amplía mucho el contexto del discurso y le da más significación vital que si nos referimos sólo a cuáles o cuántas son las cosas de la casa.

En cuanto a las *actividades específicas* a realizar hemos de tener en cuenta que prácticamente cualquier tipo de actividad realizada en la escuela puede darnos muy buenos resultados en términos relacionales. Y desde luego nos servirán perfectamente las que se han ido viendo en apartados anteriores: dramatización, ejercicios de exploración, psicomotricidad, cuentos, etc. Todas ellas y cualquier otra que propongamos nosotros o que surja espontáneamente a iniciativa de los niños, puede conducirse de manera tal que sus componentes relacionales adquieran suficiente relevancia y supongan, en su conjunto, una aportación a la "educación social".

En términos generales, las actividades más adecuadas para este nivel se han de mover dentro de la bidimensionalidad ya planteada del refuerzo simultáneo del yo y del nosotros: el niño ha de aprender a sentirse y vivirse como él mismo, como diferente a los demás y dotado de autonomía (principio de la individualidad personal) y a la vez como formando parte de un grupo con el que le unen unos lazos tanto afectivos como productivos y lúdicos (principio de la comunidad y la participación). Y en esa dialéctica sujeto-grupo, habrá de tener oportunidades de ir vivenciando situaciones de cordialidad y afecto y situaciones de conflicto; situaciones de trabajo individual y de trabajo colectivo; situaciones de defensa de sus propios intereses y opiniones y de aceptación de los intereses y opiniones de los otros. Para todo este conjunto de propósitos resulta claro que cualquier actividad, incluidas las rutinas de la vida diaria (lavarse, manejar las cosas, estar en clase, jugar en el patio, etc.), pueden dar mucho juego didáctico.

DIVERSAS ACTIVIDADES POSIBLES DENTRO DE ESTE NIVEL

Línea de reforzamiento individual	Línea de reforzamiento grupal

—proponer actividades diversas, repartir material diverso
—organizar actividades en que cada niño pueda referirse a su propio mundo individual: familia, casa, historia, cosas suyas, etc.
—permitir que el niño traiga a clase cosas suyas; podrá vivirlas junto a sus compañeros como una prolongación de su propio ser; podrá compartirlas, negarlas, defenderlas, etc.
—pedir a los niños posturas personales sobre las cosas; organizar debates en los que aparezcan posturas diversas
—utilizar criterios diversificadores a la hora de valorar los resultados o actividades desarrollados por cada niño; hacer explícitos a los niños esos criterios y cómo es valioso que cada uno actúe según su propio estilo
—organizar trabajos de clase y/o grupo de trabajo en que cada uno cumpla una misión específica y de la que se responsabilice a nivel individual
—que cada niño hable de los otros compañeros, de qué tal se lleva con ellos, de cómo los ve, cuáles son sus características y sus intereses desde su punto de vista
—hacer que forme parte de las tareas individuales el que los niños cuenten a los otros cómo les ha ido, qué han hecho y cómo tendrán que hacer los otros para ejecutar la tarea que ellos acaban de hacer
—trabajar con juegos en los que los niños puedan ir aprendiendo a:
    —ganar y perder
    —respetar las normas
    —controlar la propia impulsividad y la frustración (sublimándola a través de la idea de que lo importante es participar)
	—hacer referencias constantes al grupo, a que estamos juntos y a lo bien que estamos juntos; a las cosas que podemos hacer juntos, etc.; la palabra "juntos", una de las más frecuentes
	—invitar al niño a participar y a compartir los juegos con otros niños
	—organizar actividades en que la participación sea necesaria:
	    —canto
	    —juegos de grupo
	    —cartas a otros colegios
	    —tareas que implican subdivisión de tareas
	—aprendizaje de normas de funcionamiento:
	    —organización de las tareas diarias del aula (repartir materiales y recogerlos, limpieza de la clase, atención animales y plantas, etc.)
	    —planteamiento de nuevas reglas y revisión de las antiguas; análisis de los casos de infracción
	—ejercicios de solidaridad moral:
	    —plantear problemas sociales o personales surgidos en el propio ambiente o aparecidos en la prensa (accidentes, problemas de grupos, muertes, etc.)
	    —noticias y hechos jubilosos (nacimientos, bodas, hechos importantes que merezcan congratularse, etc.)
	—fabricar cosas, adornos para la clase, periódico escolar, etc., que reflejen el esfuerzo colectivo
	—ejercicios de *metacomunicación:* hablar entre todos sobre cómo van las cosas en nuestra clase a nivel de relaciones, qué cosas hay llamativas, si todos los niños van a clase contentos y están contentos allí y por qué, etc.

Algunos ejemplos prácticos

Las "alfombras mágicas" de Dunn (1975):

Estas autoras hacen referencia al empleo de trozos pequeños o retazos de alfombra, moqueta o retales (2,50 x 2,50 m. o 1,80 x 1,80) en las áreas de aprendizaje. También pueden ser almohadas, etc. Están esparcidas por diversas partes del aula y se permite a los niños que las utilicen como espacio a su disposición. Son espacios personales a los que los niños pueden acceder cuando quieran.

Este es un instrumento muy válido para elicitar todo el conjunto de dimensiones que hemos ido señalando: en la alfombra el niño puede refugiarse (nivel oréctico y nivel relacional) y disfrutar de su libertad al margen de los otros; puede también sentir la textura y los colores diferentes de unas "alfombras" a otras (nivel sensorial); puede compartirlo, aceptar o rechazar en ella a los otros niños (nivel relacional-social); puede trabajar sobre ella con diversos materiales (nivel motor e intelectual).

Dicen al respecto las autoras:

> "Las alfombras pequeñas son excelentes para las interacciones en grupos pequeños (...). Brindan un área de intimidad para la integración social del trabajo y reducen el sentimiento de estar sometido a presiones, que muchos alumnos tienden a asociar con contextos más estructurales. Los alumnos pueden sentarse juntos, hablar sin perturbar otras actividades que se están llevando a cabo simultáneamente y compartir sus ideas o sugerencias creando a la vez una camaradería grupal.
>
> (...) El hecho de contar con un lugar de trabajo donde el grupo puede aislarse casi por completo del grupo más amplio es algo que contribuye a desarrollar la independencia y un fuerte sentimiento de «comunidad» entre los participantes" (Dunn, pág. 85).

La rutina del "círculo":

Eduardo es un profesor de preescolar que fue escribiendo un diario de clase durante todo un curso en el que va narrando lo que sucede en clase y su forma peculiar de llevarla a cabo.

Analizando las anotaciones de su diario va apareciendo con claridad cómo maneja una especie de táctica-recurso para reconducir la dinámica de la clase cuando piensa que ésta se le va de las manos bien por desmotivación de los niños, por cansancio, o por alguna incidencia.

En el centro del aula hay un amplio espacio vacío en el que los niños se colocan haciendo el "círculo". Pueden acudir al círculo sin nada y entonces se sientan en el suelo o hacerlo con su correspondiente silla y entonces las colocan en círculo. Ese espacio se inviste emocionalmente de manera muy positiva: allí se cuentan-construyen los cuentos, se hacen juegos colectivos con el profesor, se hacen tareas estructuradas, etc. Es un lugar "privilegiado" por el que los niños suspiran y con frecuencia solicitan al profesor ir al círculo. Tiene una característica peculiar: allí los niños tienen que estar atentos, callados y muy quietecitos para que pueda oírse el cuento y/o seguirse con facilidad la actividad.

A nivel relacional (y de disciplina) tiene la virtualidad de que una vez allí los niños saben qué tipo de comportamiento se espera de ellos. Y por lo general sin necesidad de llamarles la atención ni intensificar la tensión controladora, el profesor lograba reestablecer el orden.

¿Cómo ayudar a un niño a "meterse" en los grupos de iguales?:

Read (1980, págs. 487-488) da algunas buenas pistas para ayudar a los niños a "saber" integrarse en los grupos:

a) Enseñarle que debe saber qué puede aportar a la actividad que está haciendo el grupo. Si sólo pregunta "¿puedo jugar con vosotros?" las probabilidades de que la respuesta sea positiva son escasas. Es mejor que vaya ofreciendo algo: jugar a tal o cual cosa, hacer tal o cual papel.

b) A veces es conveniente que el propio profesor participe en el juego y asuma un rol que le permita ayudar al niño deseoso de insertarse en el grupo a lograrlo. Rol que, obviamente, abandonará apenas se dé cuenta de que tal participación ya no es necesaria. Por ejemplo, si están jugando a los médicos ella puede presentarse como una enfermera que lleva a un paciente que necesita una visita médica, etc.

c) Si el niño deseoso de integrarse posee un objeto que el grupo necesita o desea, el trabajo de la inserción será mucho más fácil. Esto es también algo que podemos utilizar dotando convenientemente al aspirante.

d) Otro medio puede ser sugerir el cambio de objeto o su ampliación. Y lo mismo con el abanico de papeles que en ese momento se juegan en el grupo, o bien hacer "interesantes" algunos papeles que los niños no ven como deseables. Con frecuencia todo eso son capaces de hacerlo los propios niños.

Trabajar la moralidad no es difícil:

Chittenden (1942) presentaba a unos párvulos, sumamente dominantes, los conflictos y dificultades que padecían unos personajes representados por muñecos y los invitaba a colaborar en las soluciones. De esta manera consiguió que se fuera afianzando una postura de cooperación en estos niños.

Oser presenta el caso siguiente (está referido a un niño de 9 años pero es perfectamente aplicable a niños de 3-5 años):

"En una clase elemental Brian, un niño de 9 años con un problema de semiparálisis cerebral, se ha convertido en el blanco de los abusos de sus compañeros de clase. Es importunado y se burlan de él a causa de cosas tales como que no es capaz de abotonarse la chaqueta o por su falta de coordinación en el patio durante el recreo. Como quiera que la burla es continua, con frecuencia Brian grita durante la clase. Un día Brian está ausente de la escuela. Mrs. Warren (la profesora) aprovecha la oportunidad para plantear a los niños cuál creen ellos que es el problema principal de esa clase. Los estudiantes, que parecen sorprendidos de oír que existe algún «problema», forman un círculo para discutirlo. Mrs. Warren explica que «algunas personas nacen con ciertas afecciones que les impiden utilizar sus músculos con normalidad. Debe ser muy doloroso querer ser como los demás y no ser capaz de lograrlo. Me pregunto cómo se sentirá uno cuando no es capaz de hacer ciertas cosas y además los otros niños le hacen objeto de burlas por ello». Se creó un gran silencio. El tono de la voz de Mrs. Warren no era de angustia pero sí de preocupación y sensibilidad.

Una niña dijo entonces: «Me molesta que Tom y Jack importunen a Brian». Jack responde: «Yo no tenía intención de hacerle sufrir».

La disución continúa. En seguida todos los niños tenían algo que aportar. Algunos de ellos planteaban el tema desde el punto de vista de Brian. Jell dijo: «Yo me sentiría furioso y herido si los compañeros se burlaran de mí de esa manera». Janet planteó la moraleja de la honradez: «No está bien, es como si nos estuviéramos burlando, cuando estamos jugando a la pelota y corremos mucho pero Brian no puede». Esta es una discusión emocional sin una resolución formal. Al día siguiente volvió Brian. Varios niños quisieron ayudarle a abrocharse los botones. Durante el recreo, Brian logró alcanzar la base tres veces durante el juego de la pelota. A medida que fueron pasando los días, el ridículo acabó".

NIVEL INTELECTUAL-COGNITIVO

Lawton (1976) señala tres tipos de realidad a cuyo dominio ha de aplicarse el *currículum* escolar: la realidad personal, la realidad intersubjetiva y la realidad técnico-objetiva. A los dos primeros les hemos dedicado los apartados anteriores. Los aprendizajes cognitivos pertenecen al tercero: el dominio técnico de la realidad objetiva, del propio medio.

Es congruente con ese "sentido curricular" del desarrollo cognitivo la propia definición de *la inteligencia como la capacidad que posee el sujeto para adaptarse a situaciones variantes y para actuar sobre ellas.*

"Es una función, ha escrito Tran Thong (1979), que organiza la actividad del organismo sobre el entorno para utilizarlo, modificarlo o transformarlo a fin de satisfacer necesidades" (Tran Thong, pág. 47).

Por tanto, al analizar aquí con sentido didáctico, esto es, de su aplicación al trabajo en el aula, el desarrollo cognitivo de los sujetos, trato de referirme al proceso de desenvolvimiento, adquisición y perfeccionamiento de todo el conjunto de recursos cognitivo-operativos que van a permitir al sujeto relacionarse funcional y productivamente con su entorno.

Me interesa destacar sobre todo qué condiciones de funcionamiento y qué procesos se han de poner en marcha en la escuela infantil para optimizar el desarrollo intelectual de los niños que a ella acuden. Ello exige plantear algunas consideraciones previas en torno al proceso de desarrollo intelectual del niño pequeño.

El *desarrollo intelectual* es un proceso complejo que ha merecido la atención de infinidad de especialistas dedicados a estudiarlo y explicarlo (con la complicación adicional de que cada uno de ellos ofrece su propio modelo o esquema evolutivo). Aquí no podemos hacer una síntesis suficientemente comprehensiva. Pero para entrar en contacto con la diversidad de modelos evolutivos basta con acercarnos a cualquier libro de psicología infantil. La idea de este capítulo es entresacar algunas consideraciones que nos puedan ser útiles a la hora de tener una visión de conjunto de las líneas maestras de la acción didáctica en la escuela infantil.

En ese sentido puede ser importante detenerse en una serie de reflexiones iniciales en torno al desarrollo cognitivo de los niños:

Subsiste en algunos padres y también en ciertos profesores la equivocada idea de que el desarrollo cognitivo infantil es un proceso acumulativo; que de lo que se trata en la escuela es de darles cuanto antes y cuantos más conocimientos mejor. Sin embargo parece suficientemente claro que no es un problema de cantidad. No se trata de amontonar nociones y experiencias para que se vaya llenando la mente del niño.

Otros, menos, tienden por el contrario a pensar que los niños son como las flores, que basta con dejarles estar y con evitar que se lastimen para que ellos solos, por su propia vitalidad, vayan progresando.

Ni uno ni otro planteamiento son correctos del todo a la luz de lo que va convirtiéndose en doctrina general sobre el crecimiento intelectual de los niños pequeños. El crecimiento intelectual implica saltos cualitativos. Y no se trata tampoco de un proceso lineal en el que cada fase siga a la anterior de manera necesaria, en un momento concreto y en una edad señalables en unas tablas.

Las nuevas adquisiciones, los datos, informaciones o situaciones que se van ofreciendo al niño sólo son útiles a su desarrollo en la medida en que se convierten para él en instrumentos nuevos que le permiten conocer más amplia o intensamente el mundo que le rodea y a través de ese conocimiento rehacer su propia estructura mental previa. El niño que come más no está mejor alimentado ni se desarrolla mejor, si esos alimentos que ingiere no los asimila y sirven para construir, fortalecer y hacer crecer su organismo, de nada sirven. Igual sucede con la mente.

Piaget plantea este proceso como una progresión que se produce no por yuxtaposición ni por *adición sino por* subsunción e interimplicación de unos pasos-fases en los siguientes. Plantea el tema en términos de *esquemas* (las estructuras mentales que en cada momento posee el niño; actúan como modos de comportamiento que le capacitan para ordenar las impresiones y estímulos del entorno y para establecer determinadas relaciones con los objetos a través de la acción y movimiento) y *operaciones* (el modo de manejar esas estructuras en una acción concreta tanto manipulativa como de pensar). De esta manera el proceso de desarrollo intelectual se hace muy dinámico y está fuertemente influido por el contexto de condiciones en que se produce: cuando el niño se aproxima o entra en relación con un objeto "actúa" en función de su esquema previo con el cual captará determinadas características o cualidades de ese objeto que pasan a formar parte, se integran, en el conocimiento que ya poseía sobre ese o sobre objetos similares y con esto queda modificado nuestro esquema previo (pues ahora "sabemos" más de lo que sabíamos) y esto nos va a permitir que la próxima actuación sobre los objetos también mejore, puesto que el esquema que se pone en funcionamiento también está ahora más desarrollado. Esto supone, en resumen, que las estructuras cognitivas se van perfeccionando progresivamente sobre la base de su aplicación al contacto-conocimiento de la realidad. Y ese progresivo perfeccionamiento de las estructuras hace que las propias operaciones cognitivas vayan siendo cada vez más potentes, eficaces.

Un proceso muy similar ocurre con la alimentación y también con la capacidad deportiva. Cuando comenzamos a entrenarnos estamos aún bajos de forma física y por eso rendimos todavía poco. A medida que vamos entrenando va mejorando nuestra forma física y eso nos permite rendir más. Y así, a medida que va mejorando nuestra forma física (a través del entrenamiento, de la puesta en funcionamiento de la forma física o esquema previo) va mejorando también nuestra potencialidad física y el rendimiento o resultados que alcanzamos.

No es, por tanto, la acumulación de datos o experiencias nuevas, en sí misma, lo que provoca la mejora y progreso cognitivo, sino la reorganización y reestructuración que se produce en los esquemas previos. Cuando se produce una reestructuración radical del esquema previo es cuando se salta de un estadio o fase del desarrollo al siguiente.

El proceso, y seguimos en el modelo piagetiano, se desarrolla, pues, a través de la acción complementaria de dos subprocesos (el de *asimilación* y el de *acomodación*) que se producen como fases dialécticas de regulación de la adaptación del sujeto a su medio (uno de los postulados de Piaget es que los seres vivos se caracterizan por una "adaptación activa" a su medio). Así pues, la asimilación se refiere al momento en que el sujeto recibe, capta e incorpora nueva información; y la acomodación al momento en que ese material se integra en las estructuras previas de la persona y esas estructuras se alteran para adaptarse a lo que se está recibiendo.

Así se comprende bien que la riqueza (la cualidad) de la acomodación y consiguiente reestructuración de los esquemas mentales previos dependa en buena parte de la propia riqueza cualitativa del material (información, experiencias, estímulos, etc.) asimilado. Y en ella radica la importancia del contexto experiencial (en nuestro caso el escolar) que seamos capaces de ofrecer a cada niño.

Spivack (1973), aunque refiriéndose sólo a la dimensión física de los espacios, ha hablado de "contexto empobrecedor" *(setting-deprivation)* para referirse a las situaciones en que el ambiente físico es incapaz de apoyar las actividades y necesidades de quienes actúan en él.

Quizá podríamos ampliar su idea para referirnos a todos aquellos contextos educativos (familiares, escolares, socioculturales) en que la pobreza de estimulación, el escaso desafío del ambiente a la curiosidad infantil hace que el niño se desarrolle cognitivamente poco.

Si el mecanismo por el que se produce el desarrollo cognitivo ha quedado sucintamente descrito en el punto anterior, podemos plantearnos ahora sobre la linearidad de dicho desarrollo y el tema de las fechas y/o edades.

Un viejo "estilo" de expresar el desarrollo cognitivo (y también el de las otras dimensiones infantiles) ha sido el ordenarlo cronológicamente señalando las fechas-edades concretas (a veces hasta se concretan los meses), en que los niños deban ser o ser capaces de hacer determinadas cosas. Hoy día esa imagen del desarrollo infantil como cronometrado, *stándard*, medible cronológicamente es ya algo superado. Precisamente porque, aunque todos los niños fueran iguales, que no lo son, se reconoce la importancia del ambiente como factor condicionante del desarrollo.

En ese sentido, el cometido de la escuela infantil y de sus profesores no es trabajar para que cada niño vaya cruzando las diversas metas volantes de su desarrollo en el momento "oficial", sino lograr que se vaya manteniendo ese desarrollo constante y equilibrado y, cada uno a su ritmo, vaya recorriendo el camino.

Porque lo que sí es *stándard* y constantes son las *etapas*. El conjunto del proceso en sí se produce siempre. Los niños pasan todos ellos por las mismas fases del desarrollo y esas fases siguen un orden constante. Al menos eso parecen confirmar los trabajos experimentales.

Inhelder (1979), colaboradora de Piaget, lo explica con rotundidad:

"Cualquiera que sea la variedad de procedimientos utilizados, los aprendizajes siguen siempre las mismas etapas, sin saltarse ninguna y encuentran los mismos obstáculos que habíamos observado en nuestros estudios precedentes. A pesar de la modificación importante de las velocidades de adquisición de los procesos de formación debido a los procedimientos de aprendizaje, el orden de sucesión de las etapas que caracteriza la dirección del desarrollo permanece constante" (Inhelder, pág. 65).

Y aclara después que colaboradores suyos en investigaciones realizadas en contextos muy distintos (Argelia, Australia, Tailandia) han hallado resultados concordantes:

"Sus resultados concordantes encierran la convicción de un cierto grado de universalidad de los procesos del desarrollo operativo, porque la evolución observada se revela ya parecida a la conocida en los medios ginebrinos (con, no obstante, un cierto desfase temporal), marcada por una fase de desviación momentánea que enlaza finalmente con los mismos procesos de construcción" (Inhelder, pág. 65).

En resumen, tres aspectos son destacables, desde Piaget, en nuestra forma de relacionarnos con la realidad:

"Que tiende a desarrollarse gradualmente a través de ciertos estadios cualitativamente diferentes, que estos estadios presentan estructuras organizadas de complejidad creciente y que se suceden unos a otros en un orden invariable" (Tomlinson, 1984, pág. 237).

Desde esta perspectiva, si nos olvidamos un poco de las fechas concretas, podemos manejar las fases, etapas o estadios como un marco de referencia, como los eslabones que cada uno de nuestros alumnos ha de ir construyendo para alcanzar la cadena completa de su madurez cognitiva. Cada uno de esos eslabones supone una modalidad distinta, cada vez más amplia y compleja, de relación con el entorno y de procesar-integrar la información recibida. Cada uno de ellos nos planteará como profesores, exigencias diversas en cuanto a las características de las situaciones, materiales y organización de actividades que debamos poner a disposición del niño. Lo iremos viendo a lo largo de este capítulo.

Hay todo un conjunto de cuestiones relacionadas con o colindantes con la eterna disputa de si el desarrollo cognitivo y la inteligencia, que es su base, están determinadas por la *herencia* (modelos basados en la maduración) o por el *ambiente* (modelos basados en el aprendizaje) o en qué medida por cada uno de ellos: diferencias entre unos niños y otros, predictibilidad del desarrollo cognitivo, importancia del ambiente y de la educación desde la más temprana edad, etc. En general se trata de tomar en consideración los posibles factores que influyen en el desarrollo cognitivo de los sujetos.

Hay un punto de partida que parece incuestionable: el desarrollo intelectual de un niño empieza a partir de su equipamiento genético y de la estructura general de su propio organismo.

"La premisa fundamental del planteamiento basado en el desarrollo cognoscitivo es que la motivación del crecimiento cognoscitivo es intrínseca" (Mogdil y Mogdil, 1986, pág. 40).

Es decir, que necesariamente hemos de partir de lo que el niño es a nivel de capacidades innatas. A partir de esa situación inicial y siguiendo los "principios ortogenéticos" (Werner, 1948) se va avanzando en el doble camino de la *diferenciación* (los esquemas reactivos básicos se van especializando cada vez más y diversificando sus modalidades de acción) y de la *integración* (las acciones se van conectando entre sí, coordinándose y configurando sistemas cada vez más estructurados). En el niño sus estructuras operativas básicas (reacciones a estímulos, gestos, movimientos globales y descoordinados) se van diferenciando y perfeccionando a través de sucesivas fases de asimilación-acomodación hasta que el momento evolutivo (maduración neurológica) y los aprendizajes ya logrados (reestructuración de los esquemas básicos) dan pie a la incorporación a la estructura cognitiva de los recursos simbólicos (imágenes mentales, lenguaje, actividad coordinada e intencional, etc.).

Sin embargo, los programas genéticos (la evolución autónoma madurativa del organismo), con ser la premisa de partida, no completan ni cuantitativa ni cualitativamente el desarrollo de los sujetos. Los programas de entrenamiento inicial han logrado que los niños que han participado en ellos alcanzaran una aceleración del desarrollo y en general mejores niveles de realización cognitiva en relación a aquellos otros niños sin entrenamiento.

Esto tiene un sentido antropológico en cuanto a la explicación del crecimiento intelectual humano (necesidad de las aportaciones exteriores e implicación de las variables socioculturales en la construcción de las estructuras operativas de los sujetos) pero, por lo que a nosotros respecta, tiene sobre todo un sentido profesional, en cuanto al señalamiento de la importancia que adquiere la intervención educativa en la adquisición de aprendizajes básicos por parte del alumno. Intervención que, a su vez, hará posible su desarrollo cognitivo óptimo.

Aspectos como el lenguaje, la posibilidad de una relación multidimensional con objetos y situaciones (expansión experiencial), la configuración de ambientes específicamente dirigidos a la adquisición de nuevos aprendizajes, las relaciones con adultos e iguales, etc., son todos ellos componentes del contexto de crecimiento que el profesor ha de saber manejar para potenciar cuantitativa y cualitativamente el desarrollo de las estructuras innatas de cada niño. Como ha señalado Vigotsky (1973):

"El aprendizaje engendra y amplía el área del «desarrollo potencial» de cada niño, esto es, hace nacer y estimula y activa en el niño un grupo de procesos internos de desarrollo dentro del marco de las interacciones con otros, que a continuación son absorbidos por el curso interno del desarrollo y se convierten en adquisiciones internas del niño" (Vigotsky, pág. 37).

La incidencia de la educación infantil, también en el ámbito intelectual, es fundamental. La capacidad intelectual de un niño no es en absoluto constante ni permite predecir su desarrollo futuro. Presenta una importante variabilidad sobre todo hasta los 4 años.

"En todas las investigaciones de esta clase, escribe Nickel (1976), se llega a la consecuencia de que el entendimiento del niño no se ve, en modo alguno, determinado exclusiva o preferentemente por los factores genéticos; antes bien, los procesos de aprendizaje y el multiforme influjo exterior desempeñan un papel preponderante, especialmente en los primeros años de vida" (Nickel, pág. 227).

Y Tran Thong (1979) concreta esa idea, refiriéndose a la escuela infantil:

"La maduración nerviosa es el regulador fundamental, pero la acción educativa es indispensable. Los preludios del lenguaje se encuentran ya en el desarrollo de las actitudes afectivas de comunicación y de intercambio de gestos y mímica del niño con el entorno. Estas actitudes no pueden enriquecerse y matizarse si no encuentran respuestas y estímulos procedentes del entorno. Las privaciones afectivas: aislamiento, soledad del niño, abandono, negligencia o indiferencia del adulto en su consideración, etc., pueden reducir o extinguir sus necesidades de comunicación, provocando en el niño perturbaciones más o menos graves, pudiendo manifestarse patológicamente en lo que se llama autismo infantil.
Los ejercicios sensomotores del niño presentan la misma importancia. Es a través de sus murmullos como desarrolla sus arreglos auditivo-kinestésicos y constituye un material fonatorio que va a utilizar en la imitación del lenguaje. Sus manipulaciones de objetos y sus desplazamientos son la base de la constitución de su esquema corporal y el del espacio circundante; estas dos adquisiciones son indispensables en las actividades prácticas actuales y posteriores y preparan al mismo tiempo la formación del espacio mental, preludiando la llegada de la inteligencia discursiva. Es por consiguiente necesario que el entorno suministre al niño un ambiente que favorezca sus actividades, permitiéndole especialmente una gran libertad de movimientos en un espacio suficiente y dotado de diversos objetos para sus necesidades de manipulación" (Tran Thong, pág. 50).

En definitiva toda esta serie de consideraciones plantean por un lado la importancia de la educación infantil en el establecimiento de un "contexto de desarrollo" para el niño que le permita recorrer de la mejor manera posible las diversas etapas del desarrollo cognitivo.

Está muy generalizado en la literatura pedagógica, e incluso en la legislación, el plantear el preescolar como una etapa cuyo sentido principal sea el remediar las carencias con que los niños van desenvolviendo su desarrollo de manera que al inicio de la escolaridad todos se hallen en una situación similar. Esta *visión compensatoria* del preescolar (que ahora, ante la nueva organización del sistema educativo, se trasladará al conjunto de la educación infantil) nos parece insuficiente. La educación infantil tiene un sentido de aportación constructiva para todo niño y se hace necesaria para cada uno al margen de cuáles sean sus condiciones de partida: *visión estructurante y expansiva* de la educación infantil.

Ello, desde luego, no obsta para que haya que aceptar que, si bien la educación infantil bien llevada es necesaria para todos, lo es mucho más para niños poco estimulados o que padecen, a nivel personal o en su ambiente, algún tipo de carencia que pueda comprometer las bases de un desarrollo intelectual equilibrado. En ese sentido los cuatro primeros años de la vida del niño, sobre todo en lo que afecta a la *motivación para la acción* son fundamentales y afectarán de manera sustantiva a su desarrollo posterior.

Al analizar los resultados de sus investigaciones con Piaget, Inhelder (1979) hace constar la importancia del nivel de partida de cada sujeto con respecto a su desarrollo posterior:

> "El producto de los aprendizajes (nuevos) es función del nivel de partida de cada sujeto de forma que, en la mayoría de los casos, el beneficio es más evidente en los sujetos más avanzados en un principio..." (Inhelder, pág. 65).

Skeels (1938) constató en un experimento con niños aislados la mejora que obtenían los niños que asistieron a una *nursery school* frente a los otros que no lo hicieron, los cuales no sólo no mejoraron, sino que empeoraron sus resultados en los test.

La responsabilidad del profesor de escuela infantil respecto al objetivo de que cada niño alcance el máximo techo de desarrollo cognitivo de que sea capaz es, por tanto, clara. Ya que cuanto más desarrollo alcance en esta etapa, mayores oportunidades tendrá para progresar después.

> "Los datos conocidos permiten, señala Nickel (1976), afirmar que puede mejorarse esencialmente la capacidad infantil, borrar las diferencias extremas entre los de la misma edad mediante la aplicación de normas pedagógicas apropiadas, en el marco de una educación preescolar planificada, dentro de los jardines de infancia o parvularios" (Nickel, pág. 261).

Líneas generales del desarrollo intelectual

En un trabajo tan general como éste en el que se pretende dar una visión global del diseño curricular para la escuela infantil, no es posible detenerse en una consideración pormenorizada de las diversas fases o etapas del desarrollo cognitivo (ha pasado otro tanto con los demás niveles del desarrollo infantil a los que nos hemos referido en apartados anteriores). Trataremos, en la medida de nuestras posibilidades, de trazar sintéticamente las líneas generales del desarrollo intelectual destacando aquellos aspectos que tengan mayor relevancia de cara al trabajo en el aula con niños pequeños.

Planteado así el tema (en cuanto a sus líneas generales), podríamos hablar de dos tipos de estructuras intelectuales en desarrollo:

— la *capacidad práctica* del niño (hacer cosas);
— y la *capacidad simbólica* (pensar, hablar).

La primera muy saturada de componentes sensoriales y motores y la segunda de componentes representacionales (imágenes) y lingüísticos. La primera con una orientación objetiva (relación del niño con el entorno) y la segunda con una orientación discursiva (referirse al entorno desde dentro de sí mismo). Una y otra, manejando en cada fase del desarrollo recursos cada vez más perfeccionados, se mantendrán y complementarán a lo largo de todo el proceso de desarrollo de los sujetos.

La primera actividad del niño está dirigida a operar sobre el entorno. Es la suya una *inteligencia práctica* basada en el manejo de sus recursos expresivos (lloros, movimientos, miradas, gestos, etc., que le sirven para entrar en contacto con las personas de su entorno, expresar sus necesidades y buscar su satisfacción) y también de sus recursos sensoriales (posturas y movimientos dirigidos al contacto con los objetos y a su exploración, que le sirven para conocer su entorno y conocerse a sí mismo en relación con él).

En tal sentido habla Tran Thong (1979) de que la inteligencia práctica del niño, en esta primera fase, tiene una *orientación social* y una *orientación objetiva*. La "orientación social" produce intercambios de naturaleza afectiva (llamada, reclamo, acogida, espera, etc.) que crean "reacciones circulares interpersonales" a través de las cuales solicita la presencia o acción del adulto. A nivel de desarrollo esta fase tiene como efecto afinar la sensibilidad del niño y desarrollar sus capacidades de expresión y decodificación (ser capaz de expresar el propio estado y a la vez de descifrar el significado de las acciones y actitudes de las personas del entorno). Más adelante esta orientación social de la inteligencia práctica dará lugar a la imitación (primero meramente repetitiva, después más intencional y funcional) y será una de las fuentes principales de aprendizajes. Problemas de tipo neurológico o relacional pueden alterar este tipo de aprendizajes y quedar el niño carente de capacidad expresiva

más allá de lo que son las puras reacciones biológicas tal como sucede en algunos tipos de subnormalidad profunda o de psicosis infantil (los autistas por ejemplo).
La "orientación objetiva" está dirigida a la exploración del entorno: el niño realiza movimientos, adopta posturas, se explora, coge-chupa-tira-mueve-manipula los objetos. Se van configurando los esquemas de actuación, coordinando los movimientos y manejando complementariamente los sentidos. A nivel de desarrollo cognitivo ello aporta al niño la posibilidad de un *conocimiento de los objetos* (cualidades, usos, propiedades, diferencias entre unos y otros), *del espacio* (por referencia a los objetos y a sus propios movimientos para trasladarlos) y sobre todo *de sí mismo* (conocimiento funcional de las diversas partes del cuerpo, de las propias características, en relación a los demás y al entorno y a los propios objetos). También la relación con los objetos puede verse alterada a causa de lesiones neurológicas o motrices que provocarán la incapacidad de dominar el espacio o de coordinar las actividades y movimientos (apraxias, movimientos titubeantes, pérdida de la orientación, etc.).

Estas dos direcciones del desarrollo infantil, la social y la objetiva se mantienen durante toda la infancia. La peculiaridad de este primer momento evolutivo es que el mundo con que el niño se relaciona se halla limitado por el espacio que puede dominar perceptivamente: primero el que alcanzan sus manos y su vista y después el que puede alcanzar a través de sus movimientos. Todavía no ha adquirido la capacidad de conservar mentalmente objetos o acciones a través de sus representaciones. Ese será el primer cambio cualitativo que se produce en su desarrollo cognitivo.

Tal cambio (salto) cualitativo se produce cuando el niño es ya capaz de elaborar imágenes mentales y de manejarlas en su actuación sobre el entorno. En la base de este cambio se halla una maduración del *córtex* frontal que permite una *organización mayor de la percepción* y de la adquisición de la *capacidad de inhibición cinética* (esto es, poder independizar la acción de los estímulos perceptivos). La acción no se regula ya desde esquemas cognitivos puramente sensoriales-motores sino que aparece un espacio mental intermedio.

Lennenberg 1975, por ejemplo, define la función cognitiva como aquello que media entre el *input* sensorial y el *output* motor. Ese espacio funcional es inicialmente neurológico pero luego comienza a convertirse en voluntario y es entonces cuando realmente se inicia el desarrollo cognitivo: el niño cogerá sólo aquel juguete que le gusta de entre varios, chupa sólo aquello que le es placentero, preferirá a su madre frente a otras personas presentes, etc.

Aparece una nueva estructura en el esquema operativo que permite conservar interiormente la imagen del objeto (si nosotros escondemos a nuestra espalda un objeto con el que el niño está jugando éste sabe que el objeto sigue allí, es capaz de mantener en la mente la imagen de ese objeto). De esta manera el conocimiento del entorno ya no está tan condicionado por la acción sobre dicho entorno, sino que empieza a utilizar el pensamiento y el lenguaje como instrumentos de conocimiento y relación con el entorno y de regulación de su propia acción.

El niño comienza a funcionar, además de con objetos y situaciones reales, con sustitutos simbólicos.

Jugar a las cocinitas no es ya simplemente hacer cosas sino realizar una actividad representativa de otra, los trozos de un juego constructivo dejan de ser lo que la percepción objetiva señala y pueden convertirse en camiones o trenes lo que implica no sólo la capacidad de transfiguración funcional del objeto, sino el mantenimiento mental de la imagen del tren al que la pieza sustituye.

A partir de este momento la *inteligencia práctica* anterior da un salto cualitativo incorporando a la acción los recursos señalados de la representación, la organización perceptiva y el lenguaje. Aparece, además, la *inteligencia discursiva* dirigida a la simbolización y *de la acción,* al manejo y elaboración de contenidos mentales (pensamiento causal, universales lógicos, aprendizaje de las estructuras lingüísticas, etc.). Ambas estructuras mentales (esquemas operativos) funcionan cada vez más integrados (se especializan las funciones y se integran los instrumentos con que el sujeto opera para el conocimiento y transformación de su entorno). Si en un principio el niño sólo era capaz de utilizar la acción directa y el movimiento para el conocimiento de la realidad (porque no poseía más que esos esquemas intelectuales primarios), poco a poco, y en base precisamente al enriquecimiento de dichos esquemas que esa acción directa ha posibilitado, va incorporando las imágenes y las palabras que le posibilitan decodificar su realidad, organizarla y establecer relaciones entre los objetos, sus acciones y las consecuencias de estas. En definitiva el *espacio real y objetivo* se amplía y reestructura incorporando el *espacio mental* y el niño va ampliando a través de ambos sus posibilidades de intervención sobre él.

Lo que queremos destacar sobre todo en esta visión tan esquemática del desarrollo intelectual son dos ideas básicas para la acción didáctica:

1. La *continuidad* del proceso. A veces la obsesión por delimitar etapas o fases hace que corramos el riesgo de entender el crecimiento intelectual como algo que sucede por compartimentos estancos y separados entre sí (hasta los dos años tal tipo de desarrollo, entre los dos y los cuatro tal otro, y así sucesivamente). No hay un momento concreto en que de buenas a primeras se salte de un estadio a otro, sino es siempre el mismo

periodo a través del cual, con avances y retrocesos, se van configurando nuevas posibilidades de acción que el niño va explorando y afianzando, y que, a la larga, acabarán convirtiéndose en un nuevo modo de acción que a su vez irá siendo explorado y perfeccionado a través de su ejercitación y así sucesivamente. El proceso de desarrollo cognitivo no es sino un proceso de expansión experiencial en el cual el sujeto va pudiendo utilizar recursos de adaptación y conocimiento cada vez más perfeccionados tanto por causa de la paulatina maduración de sus estructuras neurológicas y motrices como a consecuencia de los aprendizajes que haya tenido la oportunidad de realizar. Como señala Tran Thong (1979) glosando el principio piagetiano de la identidad de naturaleza y la continuidad del desarrollo intelectual:

> "La inteligencia es adaptación primero práctica y después representativa. Las representaciones son los resultados de los esquemas senso-motores, cuando estos últimos han alcanzado una flexibilidad y una movilidad que vuelven su funcionamiento cada vez más rápido hasta llegar a ser invisible. Es la interiorización de la acción práctica la que la transforma en acción mental y la que da así nacimiento a la función simbólica" (Tran Thong, pág. 50).

En ese sentido también la acción escolar y su planificación ha de tener un sentido unitario, de expansión experiencial, de creación de situaciones suficientemente diversificadas para que el niño pueda ir realizando ese progresivo afianzamiento y reestructuración de sus estructuras cognitivas desde lo práctico hasta lo simbólico.

2. Por otro lado el desarrollo cognitivo-intelectual que nosotros estamos analizando aquí como un nivel diferenciado (lo mismo que hicimos con el nivel oréctico-expresivo, el relacional y el sensorial-motor) está plenamente imbrincado con los otros tres. El aprendizaje intelectual está constituído por aprendizajes motores, por desarrollo sensorial, por el conocimiento de sí mismo, por la maduración nerviosa, por aprendizajes expresivos y de relación etc. De ahí la insistencia a lo largo de todo este libro en la necesidad de considerar el desarrollo personal del niño como un todo integrado y la consiguiente necesidad de que la escuela infantil y los profesores nos planteemos un tipo de intervenciones que, aunque puedan ser sectoriales en momentos concretos, respondan a una visión globalizadora de la acción educativa. Titone (1981) ha tratado de formalizar esta idea en lo que ha denominado un "modelo holodinámico" de la acción educativa.

Según él:

$$C(A) = \frac{P(ca)}{S}$$

Esto es, el comportamiento (C) y/o el aprendizaje (A) son el resultado de la relación entre los procesos cognitivos (c) y motores o automatizados (a) integrados en la dinámica de la personalidad del sujeto (P) que están condicionados por la situación (S). Para Titone

"P, c, a representan tres niveles integrantes e integrados (su desintegración constituiría, de hecho, un estado patológico) en un equilibrio dinámico, siempre en devenir, nunca del todo estable. La educación y, a otro nivel, la psicoterapia, deben tender a hacerlo estable".

Y así Titone distingue, en el desarrollo infantil, un nivel de *aprendizajes tácticos* (en algún sentido conductuales o prácticos como aquí los hemos denominado), otro nivel de *aprendizajes estratégicos* (mentales o cognitivos que sirven para organizar las acciones) y finalmente un tercer nivel de *aprendizajes egodinámicos* (desarrollo del yo personal).

Contenidos

En esquema las líneas generales del desarrollo cognitivo analizadas en el apartado anterior podrían expresarse así:

	Momento sensorio-motor	*Momento simbólico*
Orientación intelectual práctica	— desarrollo recursos expresivos — orientación objetiva	— imitación — estrategias adaptativas y relacionales: inteligencia social — inteligencia constructiva
Orientación intelectual discursiva		— habilidades gráficas (representacionales) — aprendizajes universales lógico-conceptuales — discurso sobre la acción

La estructura del cuadro nos va a permitir organizar de una manera sencilla y bastante comprensible los contenidos del desarrollo intelectual que ha de afrontar la escuela infantil.

En su conjunto los aprendizajes escolares de toda esta etapa podrían ser conceptualizados como "aprendizajes instrumentales de hominización" (Fernández Pérez, 1976) que se estructuran como instrumentos básicos y necesarios para la superación del estadio evolutivo animal y para la adquisición de los aprendizajes posteriores. Constituyen los prerrequisitos cognitivos-operativos básicos. De ahí que la acción escolar deba dirigirse a que tales aprendizajes básicos se asienten en cada niño de una manera apropiada y posibilitadora del mejor desarrollo posterior.

Hemos visto que durante toda la fase sensorio-motriz inicial (porque el desarrollo sensorial y motor ha de continuar durante toda la escolaridad) el niño maneja como instrumentos de conocimiento sólo sus recursos de acción y de movimiento, aún limitados y siempre dentro de los límites que suponen la repentización (limitación en el tiempo: son acciones puntuales y poco elaboradas que dejan de existir en cuanto finaliza la actividad) y el espacio perceptivo (lo que no está en ese espacio no existe para el niño).

El principal aprendizaje que el pequeño ha de tener oportunidad de afrontar en sus primeros momentos tanto en la familia como en la escuela es la capacidad de manejar su acción y su movimiento como recursos de exploración de su entorno y de sí mismo. Con niños que padecen problemas neurológicos suelen actuar los terapeutas a través de la *estimulación precoz*, esto es, dinamizar orgánicamente al niño, "enseñarle" a moverse, a mirar, a dirigir la atención, a coordinar los movimientos segmentarios. Es exactamente lo que hay que hacer, o hacer posible, con todo niño: que lo mire todo, que se mueva, que coja las cosas puestas a su disposición y las explore, que explore el espacio, que vivencie distintas formas de relación y contacto con las personas (es bien conocida por ejemplo la importancia que tiene el masaje corporal sobre los niños pequeños de cara a su autoconocimiento y a la configuración de una vivenciación satisfactoria de los contactos).

En todo caso, ambas dimensiones, —la expresiva y la objetiva—, las hemos analizado ya como contenidos de aprendizaje en otros niveles (los contenidos expresivos en el nivel relacional-social y los contenidos de exploración de los objetos en el nivel sensorial-psicomotor). A ellos nos remitimos.

La orientación práctica de la inteligencia mejora cualitativamente cuando el niño ha logrado ya ir configurando un espacio mental y es capaz de organizar su acción desde dentro (dándole continuidad, organizándola según un plan, convirtiéndola en proceso finalizado, esto es, con sentido y con objetivos). Entonces es cuando entramos en la fase fundamental del desarrollo cognitivo práctico y donde la acción planificada de la escuela juega un papel básico. Las actividades y experiencias durante todo este proceso se refieren principalmente al procesamiento mental de información simbólica y al almacenamiento, codificado simbólicamente, de conocimientos y experiencias. Son áreas importantes de aprendizaje las siguientes:

1. *La imitación de procesos.* La imitación existe desde siempre en el niño, pero en su fase sensorio-motriz es una imitación mecánica, repetitiva de conductas puntuales. Ahora se trata de reproducir una situación cuyas características conserva uno en la mente. Es desde esa imagen mental, desde la que el niño desarrolla la acción imitativa: jugar a los papás, desarrollar juegos que poseen un esquema operativo y una secuencia fija, desempeño de rutinas, etc.

Lo que aprende el niño es a reproducir una estructura conductual, o un modelo expresivo-actitudinal (imitar a un fiero león, o a papá cuando se enfada). En definitiva construye su acción desde un conjunto de imágenes mentales que trata de reproducir.

La aportación al desarrollo intelectual de las prácticas imitativas estriba en que constituyen acciones complejas que suponen la puesta en funcionamiento de muy diferentes capacidades. Para reproducir una situación y el conjunto de acciones que se desenvuelven en ella el niño ha de:

a) Ejercitar su observación para captar los contenidos y estructura de la situación original y la caracterización de los personajes.
b) Ejercitar su propia expresividad para poder descentrarse y representar a otro (dejar de ser yo para ser durante un rato otro, la imagen de ese otro que yo retengo).
c) Organizar la propia acción imitativa tanto a nivel sintáctico (secuencia y relación entre las partes) como pragmático (intención o propósito a lograr) y semántico (idea que se quiere transmitir, codificación del mensaje).

De todas formas estamos hablando de niños que inician su desarrollo cognitivo, no de consumados actores. En ellos (los niños) la imitación, en cuanto conducta de inteligencia práctica, supone un ámbito de experiencia en el que sus capacidades comunicativas, expresivas, de representación y visión de situaciones se van consolidando y adquiriendo nuevas posibilidades operativas.

"Los efectos de la inteligencia imitativa consisten en un enriquecimiento y una extensión de la persona concreta del niño, ha escrito Tran Thong (1979) que, a través de los diferentes papeles que interpreta, consigue tomar conciencia cada vez más clara de sus posibilidades motrices y mentales, consigue adquirir un conocimiento intuitivo de su cuerpo, sus sentimientos y actitudes, así como de las actitudes y sentimientos del prójimo" (Tran Thong, pág. 51).

Importantes aprendizajes en la familia y en la escuela infantil surgen a través del desarrollo de la inteligencia imitativa: aprender a comer solo, a vestirse, a realizar todo un conjunto de actividades cotidianas de tipo funcional, etc.

2. *El desarrollo de patrones de adaptación.* Si bien ha quedado dicho que toda la inteligencia en cuanto tal no es sino un proceso permanente de adaptación, aquí nos referimos a la configuración de un modo peculiar ("inteligente") de adaptación que el niño va elaborando durante toda esta etapa.

En el desarrollo de esta dimensión (que se va consolidando como una estrategia de adaptación al entorno) intervienen patrones motores, perceptivos, conductas imitativas y desde luego el lenguaje.

Es típico de los niños pequeños explorar las situaciones, ver hasta dónde pueden llegar (en su conducta autónoma, en sus manifestaciones de irritación, en sus ejercicios de competencia con los demás, etc.) y analizar las consecuencias de sus actos, etc. Así a través del principio de la eficacia se van consolidando determinados patrones de comportamiento casi siempre funcionales a un propósito del niño (que obviamente no tiene por qué ser claro ni explícito). Por ejemplo si un niño se cae no suele llorar hasta que ve que se acerca alguien a quien vaya a influir su lloro; o bien es capaz de disimular, o de discriminar perfectamente con quién puede ponerse gallito y a quién debe obedecer sin rechistar, etc.

No se trata de patrones o estrategias rígidas, sino flexibles (inconstantes) y no excesivamente matizadas. Lo que el niño va aprendiendo es a entender su propia actuación como un proceso unitario (antes la vivencia de su conducta percibía a ésta como hechos puntuales y aislados) y a establecer conexiones entre esa conducta con su intención al hacerla por un lado y con determinadas consecuencias por el otro.

3. *La construcción y manipulación de objetos.* Este aspecto del desarrollo cognitivo es la continuación del proceso ya señalado de orientación objetiva en la etapa sensorio-motriz. Lo que sucede y distingue cualitati-

vamente a este momento de aquél es que el niño es ya capaz de manejar representaciones y el lenguaje. Ha logrado la permanencia mental del objeto y su actuación sobre-con los objetos responde a un patrón mental cada vez más organizado.

Los juegos y juguetes de construcción (ensamblaje, meter en, superponer, etc.), de representación funcional (trenes o camiones que se mueven, cosas que sirven para, etc.) o de creación de espacios (hacer un castillo y colocar los personajes, distribuir los componentes de un conjunto) juegan un papel fundamental en el desarrollo de esta función cognitiva.

El aparato mental y motor que ha de poner en juego el niño es abundante y diversificado. La dimensión perceptiva juega también un papel preponderante. Las cualidades de la *integración* entre lo perceptivo y lo motor, de la generación de *estructuras organizativas* (posición, orden, relación e interacción) de los componentes u objetos manejados, el establecimiento de *secuencias de acción* y la conexión lenguaje-acción (seguimiento de consignas, por ejemplo) y plan mental-acción (capacidad de desarrollar un programa de acción, coherencia entre propósito y acción, etc.) son los aprendizajes cognitivos específicos que aparecen como más relevantes dentro de este apartado.

Pasando de la inteligencia práctica a la inteligencia discursiva nos encontramos, siguiendo el esquema, con los siguientes contenidos del desarrollo intelectual.

4. *El desarrollo de habilidades gráficas (representativas).* Durante la etapa sensorio-motriz el niño también pudo explorar el grafismo, pero más como una expresión puramente motriz (hacer rayas, garabatos, pintar, etc.) que representativa. Ahora el sentido de la actividad no reside sólo en la actividad sino en lo que a través de ella el niño pretende comunicar: imitar un trazo, representar un objeto, ejecutar una intención expresiva (por muy incorrectamente resuelta que resulte). La cuestión está en que había detrás una intención y una imagen mental que reproducir gráficamente.

El trazo gráfico deja de depender de una acción exclusivamente motriz (aunque, obviamente sigue siendo subsidiario de la maduración nerviosa del niño) y pasa a ser el reflejo de otros factores. Intervienen en el aprendizaje de este dominio los esquemas motores y perceptivos, el manejo del espacio (lateralidad, estructura, proporciones, etc.) y el lenguaje (anticipación de lo que se quiere hacer y explicación de lo que se ha dibujado). Llega un momento en el que el niño procesa mentalmente la información que recibe de los objetos (simplifica su forma a través de la identificación de ciertas características) y la refleja en un dibujo (que relacionará con aquel objeto): a eso se denomina *ideograma* o expresión gráfica de una representación del objeto. Constituye el primer paso del desarrollo intelectual figurativo a través del grafismo.

Posteriormente el grafismo irá adoptando una doble dirección: el dibujo y la escritura. Lucat (1979) señala al respecto:

> "Su interés (del niño) se ha desplazado progresivamente del movimiento al trazo, luego del trazo a la forma, pero es sólo en el estadio del objeto donde empieza la diferenciación entre el dibujo y la escritura, con la aparición de trazos cuyo destino ya no es representar el objeto, sino el lenguaje (...) Al principio la escritura no es más que un simple complemento del dibujo, luego, progresivamente, el dibujo ya no es el motivo exclusivo de la escritura, el niño intenta escribir su nombre o una letra" (Lucat, pág. 136).

Más adelante a medida que los esquemas van perfeccionándose irá apareciendo el "tema" gráfico como expresión de representaciones mentales más complejas y en cuya configuración el lenguaje juega un importante papel. La estructura temática conlleva la entrada en funcionamiento de nuevas dimensiones mentales: la observación y análisis de situaciones, la composición del espacio y la situación y la conexión entre los diversos elementos que se introducen en ellos. A veces se da relevancia diagnóstica al orden en que las figuras se van dibujando e incluso el lugar espacial donde se las sitúa (por ejemplo en el test de la familia, de Corman), a la idea que se trata de transmitir, etc.

5. *Aprendizaje de los universales lógico-conceptuales.* Fernández Pérez (1976) los ha descrito como un conocimiento que surge y se adquiere a través de operaciones experienciales sobre el entorno y que van a permitirnos estructurarlo. Su manejo correcto no conlleva necesariamente una comprensión teórica paralela. Son "aprendizajes de hominización" que, como ya hemos señalado antes, constituyen los instrumentos básicos para cualquier posterior aprendizaje y hasta podría decirse que para poder mantener la "adaptación equilibrada" al medio que Piaget atribuía a la inteligencia.

Dentro del ámbito de los universales conceptuales entrarían los referidos a la diferenciación Yo-no Yo, espacio interior-espacio exterior, espacio y disposición espacial, tiempo, número, clase, diversos tipos de relación entre las cosas (asociación, clasificación, seriación, equivalencia, simetría, proporción, reversibilidad), movimiento, regla, magnitud, grupo, etc. En general todo el proceso de elaboración de conceptos.

Dentro del ámbito de los universales lógicos se incluyen todos aquellos principios que permiten organizar las nuevas informaciones. Pertenecen a ellos los principios de identidad, contradicción, deducción, causalidad, transitividad, etc.

Analizaremos aquí sólo algunos de estos contenidos del desarrollo cognitivo, los más generales. Otros más específicos se irán abordando tras plantear las áreas concretas del trabajo escolar (lenguaje, matemáticas).

a) *El aprendizaje de conceptos.* En el aprendizaje de conceptos se producen varias operaciones de importante significado cognitivo. Para elaborar un nuevo concepto el niño ha de proceder a:

— conocer las características propias y las diferencias de los objetos con que opera *(discriminación);* esto supone un ejercicio analítico (el objeto no se confunde o identifica con alguna de sus propiedades o características) y comparativo (los objetos son diferentes entre sí);
— saber *generalizar,* esto es, ser capaz de traspasar la individualidad objetiva de la cosa para extraer las características o propiedades comunes a varios objetos por encima de sus diferencias individuales (ejercicio de clasificación);
— posibilidad de poseer o adquirir términos del *lenguaje* precisos para identificar las particularidades de las cosas;
— posibilidad de *conservar,* durante cierto tiempo (que irá ampliándose) el contenido de las percepciones y el resultado de las operaciones mentales antedichas.

Este es un proceso que el niño va desarrollando paulatinamente primero de forma parcial (distinción de formas, generalización de denominaciones y de conductas: por ejemplo en las "conductas de trasposición" en que el niño aplica a situaciones similares comportamientos aprendidos en otros contextos, etc.). Especial importancia en este proceso tiene la adquisición de la *reversibilidad:* inicialmente el pensamiento del niño está sujeto a la percepción inmediata y parcial del objeto. Capta cada vez una sola característica del objeto y por tanto la separa del resto. De esta manera su pensamiento no es capaz de tomar en consideración simultáneamente los diversos aspectos del objeto, y de la situación que requiere la acción a medida que ésta se hace más compleja e intencional. El niño va adquiriendo poco a poco esta capacidad de independencia de la percepción inicial y de retorno al punto de partida, lo que le va a posibilitar conceptualizar mejor las situaciones.

A *nivel didáctico* la cuestión estriba en ir potenciando en el trabajo escolar las operaciones simples implicadas en la formación de conceptos.

A lo largo de la escuela infantil el niño irá empleando denominaciones y conceptos verbales con una creciente carga de generalidad y abstracción que por lo que parece está relacionada con la amplitud de las experiencias que el niño ha tenido y el nivel de su participación activa en ellas (ya desde muy pequeños pueden definir objetos o situaciones concretas a través de la función o propiedad que se les atribuye: la noche "es para dormir", el perro "es un animal que ladra" y el león "da miedo"). En el trabajo didáctico esto implica ir más allá de la mera denominación del objeto, buscar que el niño lo describa-defina, que identifique su sentido, su uso, su naturaleza, etc.; que lo relacione con otros y sea capaz de identificar similitudes y diferencias. Y para ello el propio profesor ha de enriquecer lo más posible sus referencias: en lugar de utilizar sólo el nombre de la cosa ("había una vez un castillo") ampliarlo con caracterizaciones de todo tipo (cómo era, para qué se usaba, cómo estaba construido, etc.).

b) *El pensamiento causal.* El pensamiento causal, por las importantes concomitancias que posee en el conjunto del desarrollo cognitivo, es una pieza fundamental en la educación intelectual del niño. Una de las principales características del pensamiento infantil es la del *sincretismo*. El sincretismo se refiere (véase Wallon 1976) a una percepción globalizada y sin diferenciar entre los diversos componentes y sentidos de la cosa. El todo y las partes, lo que la cosa es y lo que el propio niño pone en su percepción, la estructura sustantiva de esa cosa o situación y sus características más llamativas pero accidentales aparecen como conjuntos indiferenciados, fundidos. Es decir, el niño inicialmente funciona con percepciones globales del objeto. (Las características diversas de cada objeto aparecen fundidas en su percepción). Carece de la categorización mental entre dichas particularidades, de un esquema de relaciones entre el todo y las partes, lo sustancial y lo accidental, los antecedentes y sus consecuencias. Se mezcla la definición (atribución de características) con la explicación de las cosas, etc. En definitiva mientras se mantiene la dependencia de la percepción sensorial y global de las cosas, el niño no es capaz de establecer relaciones entre las diversas partes de esa cosa o situación, o entre su estado posterior y anterior, o entre la cosa, situación conducta, etc. y sus efectos. Todo eso lo va "aprendiendo" a medida que se desarrolla el pensamiento causal. El aprendizaje de la causalidad implica el acceso a diversas reestructuraciones de los esquemas cognitivos previos:

- la ruptura progresiva del *sincretismo* y *sincronismo* en la percepción de los estímulos; va apareciendo la disociación (discriminación), la sucesión (pero no en sentido de mera yuxtaposición entre las partes sino como una continuación que vincula a lo anterior con lo posterior) y las relaciones entre las partes;
- adquisición progresiva de las *relaciones temporales* (antes-después);
- capacidad de *diferenciar entre definición y explicación*, esto es entre cómo las cosas son o se llaman y por qué son así o cómo llegan a ser así;
- capacidad de *identificar las relaciones causales simples* "cuando... entonces..." y *condicionales* "si... entonces...".

El desarrollo del pensamiento causal es un proceso en el que el niño pasa por varias etapas. Hay una primera etapa precausal, que se corresponde con el pensamiento global (fenómeno lógico al que antes nos referimos): las partes o momentos de las cosas percibidas se perciben como algo simultáneo, estando sin relación entre ellas. Las primeras vivencias causales de los niños son antropomórficas y *animistas*, fruto del egocentrismo cognitivo. El niño traslada sus propias vivencias, intenciones, actividades funcionales, etc. a las cosas con que interactúa y así da "sentido" a éstas, las explica (y explica a la vez su propio comportamiento con ellas): hay que coger a la muñeca porque no le gusta estar sola, las cosas se mueven porque están vivas y por eso se puede hablar también con los juguetes. Durante la fase animista las cosas cobran vida, conciencia, intenciones. Los porqués referidos a ellas se asemejan a los porqués referidos a uno mismo. No son fases que se sucedan unas a otras linealmente sino orientaciones, formas de plantearse la causalidad, que el niño maneja mientras va madurando su pensamiento causal (maduración que no se empezará a completar hasta la adolescencia). Hay mucho también, durante esta etapa infantil, de *explicación funcional* (el por qué de las cosas se explica desde la función para la que sirve) que se matiza), con frecuencia, egocéntricamente: las cosas son para que yo resuelva mis necesidades. El por qué y el para qué mantienen entre sí una relación ambigua en la mente del pequeño.

La *aplicación didáctica* en este ámbito puede estructurarse en una serie de líneas de acción que luego podremos aplicar a infinidad de actividades dentro de la clase:

- plantear ejercicios que permitan al niño pasar de la simultaneidad de los componentes percibidos a su disociación y al establecimiento de relaciones entre ellas; el descubrimiento de relaciones (de contigüidad, simetría, similaridad, diversidad funcional, etc.) es el primer paso en el proceso hacia la causalidad;

- los niños (también los adultos) sólo podrán analizar situaciones que les sean realmente comprensibles. De ahí que se hayan de buscar, sobre todo en sus rutinas diarias, situaciones que se explorarán a nivel empírico, a través de meterse en ellas activamente y vivirlas; el niño no accede a las relaciones y menos aún a la causalidad desde la inteligencia discursiva sino desde la práctica;
- por ello la cuestión didáctica fundamental estriba en promover experiencias que permitan un contacto sensorial discriminativo con las cosas y organizar actividades en las que se resalte la secuencia, las relaciones antes-después, etc. y a nivel más específico plantearse situaciones en que los propios niños experimenten empíricamente la relación "cuando... entonces..." y "si... entonces...".

c) *La solución de problemas y toma de decisiones.* Entendemos esta dimensión cognitiva como el proceso de aprendizaje a través del cual el niño es capaz de optar por una estrategia de acción determinada que le permita resolver un problema específico. Afronta problemas prácticamente desde que nace, la cuestión se plantea aquí en el sentido de la forma en que procesa mentalmente la información sobre la situación problemática, cómo maneja mentalmente las alternativas de acción y cómo ejecuta su respuesta y la fija o replantea en función del resultado. El desarrollo de la capacidad de resolución de problemas implica la operativización de diversas estructuras mentales:

- la disociación y la ordenación de las impresiones, tal como se ha señalado ya en los puntos anteriores;
- el desarrollo de una actitud mental objetiva, es decir, buscar la exploración de los objetos y sus posibilidades;
- el establecimiento de relaciones entre los diversos componentes, formas, momentos, etc.

Como puede observarse estos tres componentes cognitivos son precisos para cualquiera de los aprendizajes lógico-conceptuales, constituyen su base, por así decirlo; en síntesis, los tres implican una progresiva independencia del niño respecto a las percepciones e impresiones inmediatas de los estímulos y la ampliación de ese espacio mental intermedio que es donde pensamiento y lenguaje actúan. En el caso de la resolución de problemas en ese espacio mental se producen dos procesos importantes:

- el trabajo con y sobre representaciones mentales de la situación problemática en una especie de ensayo interiorizado; inicialmente el niño preci-

sará de ensayos reales para resolver el problema, pero poco a poco dejará de necesitar ejecutar la acción y podrá ensayar a nivel de representaciones mentales;
— y de esa misma manera y en ese contexto mental, aventurará los resultados posibles de su acción.

Todo este proceso es capaz de verbalizarlo el niño si se lo pedimos (y ya dijimos en otro apartado anterior lo importante que es pedirle que lo haga).

¿Cómo plantearnos este contenido a nivel de *trabajo en el aula?* Habría varias consideraciones que hacer al respecto:

— la resolución de problemas, y en general toda la actividad cognitiva del niño pequeño, está muy relacionada con su capacidad de persistencia en la tarea (de hecho la dimensión factorial preponderante que miden los test de inteligencia para niños de 2-4 años es la "capacidad de perseverancia en el trabajo emprendido" (Holstatter, 1970 en Nickel 1976 pág. 229); esto hace preciso estar atentos al peculiar estilo actitudinal que cada niño adopta frente a la resolución de problemas (que surjan espontáneamente en el curso de la actividad normal o presentados por el profesor). Bruner se refiere a la actitud de *enfrentamiento* como oposición a la de *defensa* y a las importantes consecuencias cognitivas que ejercen. La cuestión está en potenciar la actitud de enfrentamiento, de búsqueda pese a la frustración de resultados iniciales negativos;
— otro principio de procedimiento didáctico importante es el de potenciar la *flexibilidad operativa* de los niños, animarles-guiarles a hacer las cosas de distintas maneras; eso conlleva reforzar la búsqueda más que el resultado, desarrollar una actitud de ensayo ("¡pruébalo de esta manera!", "¿qué pasaría si en lugar de ponerlo así se pusiera...?") permanente;
— la importancia de ese "ensayo interior" ha quedado también señalada; resulta fundamental para el desarrollo cognitivo manejar constantemente los procesos conceptuales-verbales, esto es, el tratamiento mental de la información disponible; el niño primero actúa y ensaya a nivel de acción luego elabora sus representaciones y traslada el ámbito de ensayos a ese espacio mental manejando sobre todo imágenes y lenguaje;
— la condición de "familiaridad" respecto a la situación problemática ha de tenerse en cuenta; los contenidos novedosos o extraños no son un buen material para que el niño ensaye con-sobre ellos operaciones mentales. Nickel (1976) ha señalado al respecto:

"Por el contrario, la solución conceptual de un problema únicamente es factible cuando se realiza en una cosa o en un hecho concreto, visible y perteneciente al mundo de las vivencias del niño. Cuanto más complicada vea éste la cuestión y más dificultades encuentre para encasillarla entre sus experiencias prácticas tanto menos conseguirá anticipar mentalmente la respuesta y verificar un ensayo mental. En tales casos la posibilidad de un ensayo real, práctico, le ha de suponer una valiosa ayuda" (Nickel, pág. 238);

— a resolver problemas y a aplicar las funciones mentales a estrategias de ensayo de respuesta y anticipación de resultados se aprende a través de la acumulación de experiencias que exijan ese tipo de actividad; la riqueza de su desarrollo depende en gran manera del entrenamiento sistemático a que se sometan las funciones cognitivas que antes señalamos.

De todas maneras esa ejercitación sistemática de resolución de problemas en la escuela infantil ha de tener muy en cuenta que el progreso hacia las conductas lógico-conceptuales es un proceso progresivo que parte de una dependencia del contacto con el objeto, luego de la percepción del objeto y sólo al final del proceso basta la representación del objeto para prever el resultado y operar en función de ello; se va avanzando desde lo concreto-práctico hacia lo abstracto-mental, de trabajar con el objeto real a trabajar con su representación. Gan Kowa (1960) trabajando la resolución de problemas con niños de 3 a 7 años señaló varias etapas en este proceso que va de lo sensorial a lo mental:

— soluciones dadas a través de una acción mecánica y manipulativa;
— soluciones verbo-visuales sin necesidad del manejo activo de las cosas; a veces bastaba con dibujos e imágenes de las mismas;
— soluciones orales a base de un tratamiento conceptual-oral del problema a nivel de representaciones mentales.

Dar cabida a este proceso a nivel didáctico parece sencillo, basta con ejercitar a los niños en un tipo de operaciones cada vez más independientes de las impresiones sensibles inmediatas. En todo caso nunca se debe suponer que está del todo superada una etapa y que no es preciso crear situaciones correspondientes: a esta edad, aunque el niño sea ya capaz de trabajar mentalmente sobre la base de representaciones de objetos (por ejemplo con libros de imágenes), siempre necesitará volver de vez en cuando al contacto directo con objetos, a operar cognitivamente sobre la base de sus sensaciones directas. En ese sentido aunque la estructura cognitiva sea jerárquica (es preciso superar un nivel para poder operar en el siguiente) no lo es de manera excluyente de los niveles anteriores que se consolidan como "modos específicos de conocimiento" que el niño precisa para un desarrollo intelectual completo y equilibrado.

d) *Los organizadores conceptuales: número, espacio y tiempo.* Ya hemos señalado al comienzo de este apartado que el sentido funcional de las primeras adquisiciones intelectuales es que van a utilizarse como base operativa para los aprendizajes sucesivos. Por eso decimos que constituyen *aprendizajes instrumentales* o de base. Ese sentido instrumental caracteriza de manera clara los progresos que el niño vaya haciendo en torno a los conceptos de número, espacio y tiempo. De la seguridad con que sea capaz de manejarlos va a depender en gran manera el tipo y calidad de los aprendizajes (prácticos como la lectura y la escritura; y conceptuales como la causalidad, clasificación, etc.) que le quedan por adquirir. Los aprendizajes que a continuación vamos a analizar (número, espacio y tiempo) presentan una aparición tardía durante la etapa infantil puesto que suponen una notable complejidad en las estructuras cognitivas. De todas maneras, al igual que el resto de aprendizajes lógico-conceptuales, presentan inicialmente formas sencillas y titubeantes, vinculadas básicamente a las sensaciones y percepciones y poco a poco van progresando hacia formas más abstractas y de mayor operatividad.

— *Número:* por lo que respecta a su sentido instrumental cognitivo la adquisición del concepto de número está ligada: a la posibilidad de manejar cantidades (números, cifras); a la posibilidad de abstraer las cualidades de los objetos para operar con ellos como unidades neutras (en el sentido de no determinadas por sus características); Piaget la vincula también a la persistencia o invariación de la cantidad; el número de elementos o la cantidad queda condicionado por la disposición, por el espacio que ocupan, por el tamaño del recipiente que los contiene, etc.; únicamente a medida que el niño se va haciendo más capaz de mantener la no variación del número de elementos o cantidad de estos pese a las diferentes presentaciones externas que manifiestan, podrá ir adquiriendo el concepto de número o cantidad. El niño puede utilizar números o referencias numéricas desde que comienza a hablar pero no lo hace con el sentido cognitivo a que aquí nos referimos. Al principio los números actúan para él como unas referencias nominales más (como otro nombre que se le puede dar a cada cosa) pero sin significar una expresión numérica (cuantitativa u ordinal). De la misma manera el pequeño no es capaz de subsumir en un mismo conjunto a unidades de distinto tipo (de distinta apariencia: por ejemplo, tres juguetes distintos, o un zapato, el pantalón y el jersey, etc.); en ese caso cada cosa mantiene su nombre y condición singular; no es traducible a número (tres juguetes, tres prendas de vestir). Sólo es capaz de contar objetos homogéneos o ligados funcionalmente; eso sucede porque su aparato cognitivo opera de manera muy subsidiaria respecto a las sensaciones y/o percepciones de los objetos. La posibilidad de manejar adecuadamente números y cantidades va a estar relacionada con la capacidad de ver a los objetos más allá de lo que son sus formas o propiedades externas (color, tamaño, forma, posición, uso, etc.); a medida que se va logrando esa separación entre lo que es la configuración de los objetos (su apariencia externa, su función, etc.) y lo que es su cualidad numérica, se va haciendo más claro el progreso en el manejo de los números como unidades de operación mental que le permiten estructurar cuantitativamente el entorno. Varios factores personales y situacionales han aparecido como vinculados al desarrollo infantil en este ámbito cognitivo (pueden verse por ejemplo los trabajos de Wohlwill, 1960; Feirgenbanm y Sulkin, 1964; Dodwell, 1960, Rothenberg y Orost 1967). De entre tales factores cabe destacar: *a)* la riqueza experiencial del niño (cuanto más amplias y diversificadas han sido las oportunidades de contacto directo e indirecto con los objetos, tanto mayor posibilidad tendrá de superar la fase de dependencia perceptiva y de acumular representaciones de las cosas); *b)* el ejercicio y el entrenamiento en actividades específicamente dirigidas al aprendizaje de relaciones numéricas; en las investigaciones realizadas los grupos experimentales (aquellos a los que se les entrena en este tipo de operaciones) alcanzan mejores resultados que los de control (aquellos que no se entrenan); *c)* el tipo de material que se utiliza. Las investigaciones de Piaget retrasaron mucho el momento de aparición de operaciones con números y cantidades debido a que se manejaban materiales continuos (agua, dimensiones); cuando se trabajó con materiales discontinuos (bolas, piezas sueltas) se lograron resultados mucho más prematuros (Smedslund, 1961); *d)* el nivel intelectual general también ha aparecido como vinculado a un mejor desarrollo de este tipo de aprendizajes.

En definitiva se trata de una serie importante de aspectos a tener en cuenta en nuestro planteamiento didáctico: hemos de proporcionar a los niños experiencias diversificadas y actividades específicamente relacionadas con el número y las cantidades, manejar materiales suficientemente manipulables y operacionables a nivel singular (cada pieza) y por conjuntos (hay gran variedad hoy día en el mercado didáctico).

— *Espacio:* se ha señalado que la cualidad espacial es una de las más difíciles de desprender de las características materiales (sensoriales, perceptivas, (manipulativas) de los objetos. Pero es sin duda una de las grandes conquistas del desarrollo cognitivo de los niños: ser capaces de trasladar el teatro de operaciones de lo que es el espacio físico de las cosas a un espacio mental donde ya puede operar de manera flexible con la representación de esas cosas; el niño va construyendo su pensamiento espacial vivenciando el espacio, esto es a través de la manipulación (cambio de posición, traslado, percepción desde distintas posiciones) de los objetos, y también a través de su propio movimiento. Las referencias a su propio cuerpo o a la propia posición son muy frecuentes a la hora de establecer la dimensión espacial de las cosas. En la estructura espacial que a nosotros nos interesa trabajar en la escuela infantil podemos diferenciar una serie de dimensiones: *a)* el espacio como sitio donde uno se mueve (con movimientos espontáneos o bien guiados a través de consignas); es un espacio que se explora primero sensorialmente y poco a poco mentalmente, imaginativamente, etc.; *b)* el espacio como lugar (o lugares) en que los objetos están dispuestos, como relación entre objetos y sitio físico, objetos entre sí y objetos con respecto a uno mismo; cada cosa tiene su sitio, tamaño, posición, etc; desde esta perspectiva se van dominando modos de expresión espacial: aquí-allá, lejos-cerca, delante-detrás, al lado, alto-bajo, etc.; *c)* el espacio como algo más allá del propio espacio físico o sitio; a medida que el niño va siendo capaz de conservar mentalmente el objeto aunque éste desaparezca de su espacio perceptivo (un tren que se oculta en un túnel pero que se sabe que enseguida aparecerá, un objeto que se esconde, un material que se mete en el armario y se cierra éste, etc.) se va preparando-habituando a operar en un espacio mental con representaciones en lugar de cosas; *d)* el espacio como contexto en el que uno vive (mi casa, mi habitación, la calle, la piscina, el cole, el patio), es decir, el espacio como entorno que el niño explora, descubre sensorialmente, sobre el que elabora representaciones (por ejemplo, cuando se "recuerda" o cuando se "imagina"); el lenguaje juega un papel fundamental en este conocimiento del espacio-entorno.

A *nivel didáctico* el trabajo con-sobre el espacio tiene derivaciones bastante claras: *a)* cabe destacar una vez más la importancia de la expansión sensorial y experiencial: constituir la clase como un espacio diversificado que los niños tengan la oportunidad de explorar, en el que se puedan mover; *b)* es importante familiarizarse con los espacios de la clase donde están las cosas: cómo colocarlas y ordenarlas al acabar las actividades, dónde buscarlas cuando se necesitan. Y ser capaces de explicar unos a otros estas circunstancias (interiorización-verbalización del aprendizaje); *c)* también en esta adquisición cognitiva se ha señalado en diversas investigaciones la importancia de los entrenamientos específicos que anticipan el aprendizaje y mejoran su dominio.

En tal sentido señala Tran Thong (1986):

> "Es el análisis de las cualidades espaciales de los objetos, de sus formas, de sus dimensiones, de su situación o posición, de las relaciones espaciales de unos con otros, lo que permite al niño, progresivamente y a través de sus comparaciones espaciales, constituir nociones geométricas elementales de línea, recta, ángulo, superficie, etc. e integrarlas en la noción de figura, por una parte y, por otra parte, en un sistema de coordenadas de dos y después de tres dimensiones" (Tran Thong, pág. 58).

No todo ello es abordable en la escuela infantil pero ese es el camino a seguir en la conquista del espacio; *d)* el trabajo didáctico por otra parte, ha de estar orientado a la progresiva flexibilización de la relación entre espacio que ocupa una cosa y tamaño; en ese sentido el desdoblamiento funcional de los espacios, la ruptura de la linealidad (cosa grande-espacio grande, cosa pequeña-espacio pequeño, etc.) puede resultar positivo; en todo caso se trata de independizar la concepción espacial del niño de las características físicas objetivas de los objetos y de las percepciones inmediatas (de ahí que sea tan importante potenciar el juego mental con los espacios, la imaginación de espacios, las relaciones no lineales entre objeto y espacio, etc.);

— *Tiempo:* mientras la elaboración de las estructuras cognitivas del número y el espacio tenían unos referentes objetivos a partir de los cuales el niño procedía a abstraer el concepto y a aplicarlo, con la dimensión temporal sucede que no tiene un apoyo objetivo concreto; esa es la causa de que sea un aprendizaje más laborioso para el niño, y que en la mayoría de ellos se produzca a continuación de los de cantidad y espacio.

De todas maneras también el tiempo, si bien indirectamente, está vinculado a las vivencias y sensaciones que el niño desarrolla: *a)* inicialmente el tiempo se vive como *espera* y en el contexto de los ciclos fisiológicos: el hambre, el cansancio, los cuidados, etc.; *b)* también aparece pronto como *diferenciación de actividades,* sobre todo a nivel de momentos vitales: sueño-vigilia; estar en casa-ir al colegio; aula-recreo; mañana-tarde, etc.; *c)* finalmente aparece como *estructura de secuenciación* que sirve para localizar eventos sociales (la hora de la comida, de la limpieza, días de fiesta como mi cumpleaños, la Navidad, etc.) y también para ordenar internamente la propia actividad de los niños: juegos reglados (lo que hay que hacer primero, lo que viene después), turnos en el juego ("ahora" me toca a mí, "luego" te tocará a ti, etc.).

En definitiva la primera vivencia temporal del niño se le presenta a éste como *cortes* en el transcurso de las actividades; esos cortes se captan primero vivencial e intuitivamente pero su elaboración está vinculada principalmente al *lenguaje;* más allá de las vivencias subjetivas respecto a los aspectos objetivos del tiempo (talla con respecto a la edad, espacio recorrido con respecto a la duración) es el lenguaje el que permite al niño fijar el concepto de tiempo con tres estructuras básicas: antes, después y ahora.

En cualquier caso lenguaje y vivencias van muy unidos en la configuración del esquema cognitivo del tiempo: el *antes* vinculado al recuerdo (hemos hecho, hemos estado...), el *después* vinculado al deseo (quiero ir a jugar, quiero comer, luego vienen los dibujos animados) y el *ahora* ligado a la vivencia actual, a la actividad que se está realizando.

A nivel de *estrategia didáctica* el trabajo sobre el tiempo, a falta de soportes objetivos concretos, habrá de ser más indirecto buscando que quede de manifiesto para el niño la secuencia temporal en que se desenvuelve cada actividad y cada jornada. De todas maneras conviene tener en cuenta algunas consideraciones: *a)* el aprendizaje de la dimensión temporal se produce a través de la discriminación de los actos en un *continuum* proximidad-lejanía. El niño pequeño es capaz de captar la sucesión cuando ésta se produce ante él (tiempo próximo), le es más difícil captar el sentido temporal de actos lejanos (aunque sus efectos sigan siendo actuales: haberle nacido un hermano, haberse cambiado de ciudad, haberse roto un brazo); *b)* en todo caso la sucesión de momentos o actos que identifiquemos como "tiempo" sólo puede elaborarse plenamente a nivel abstracto; por eso hasta tanto la elaboración abstracta a nivel mental no esté disponible, la comprensión de las relaciones temporales seguirá siendo vaga e insegura; *c)* la televisión juega un importante papel que clarifica pero a la vez distorsiona para el niño la idea del tiempo; el tiempo inmediato, la vivencia de la sucesión y la espera se clarifica: unos programas vienen tras otros, se pasan a una determinada hora o en cierto momento del día; en ese sentido la televisión es un importante regulador de los ciclos diarios de los niños actuales. Más problemas presenta el tiempo como referencia cronológica de desarrollo de los hechos y de duración de estos. El "tiempo" cinematográfico no es "real" pero el niño lo percibe, a veces, como tal concibiendo una imagen mágica del tiempo como algo variable, a gusto del consumidor o de los propios acontecimientos. Este es un aspecto formativo al que la escuela, con sus propias historias, trabajo imaginario y actividades reales habrá de atender; *d)* el lenguaje es el principal instrumento para racionalizar el tiempo; aparte de las denominaciones temporales explícitas (antes, entonces, ahora, luego, más tarde), los tiempos de los verbos juegan un papel fundamental para situar temporalmente las acciones (manejados fundamentalmente en sus estructuras simples de pasado, presente y futuro) en el *continuum* temporal.

6. *Aprendizajes discursivos.* Al hablar de aprendizajes discursivos nos referimos al proceso por el cual el niño convierte en discurso (interioriza, y expresa lingüísticamente) tanto su propia acción como el contexto en que ésta se realiza e incluso la estructura general espacio-temporal en que se desenvuelve. Es decir aprende a "racionalizar" su experiencia (a "intelectualizarla" como lo denomina Levina, 1981, o a "interiorizarla" como lo define Coll, 1984) y va configurando una mentalidad sobre las cosas.

La elaboración de un discurso verbal de la propia acción se ha revelado como uno de los factores didácticos que tienen efectos positivos más claros sobre el afianzamiento de los aprendizajes y el desarrollo cognitivo de los niños. Saber explicar lo que se ha hecho o comunicar a otro niño cómo ha de realizar una actividad implica una especie de "auto-*feed back*" racionalizador de la acción que clarifica al sujeto la estructura de la acción o la idea a comunicar y afianza su dominio. El niño elabora un discurso mental sobre la acción; ha de codificarla y decodificarla lingüísticamente y con ello diferencia el espacio mental del espacio objetivo de su actividad, con lo cual domina doblemente a ésta.

En los estudios de la escuela de Ginebra han identificado dos momentos importantes en el proceso de adquisición de los aprendizajes:

> "Por una parte el despertar de curiosidad por las situaciones nuevas imprevistas, y por otra, como hemos señalado, la toma de conciencia por el sujeto de las contradicciones eventuales entre sus predicciones y juicios y las propias constataciones" (Inhelder, 1979, pág. 64).

El primero de los movimientos hace referencia a la estructura motivacional del sujeto que se ha revelado en numerosas investigaciones como la variable personal que más influye en el progreso cognitivo de los sujetos y la que con mayor fidelidad predice éste ya desde la infancia.

Como nos decía en una reciente reunión el ministro de Educación de Portugal, una de las principales enseñanzas que los profesores hemos de ser capaces de hacer a los niños desde muy pequeños es el "aprender a emprender", complementario, pero previo, de aquel otro *leitmotiv* pedagógico del "aprender a aprender".

El segundo momento se refiere, precisamente, al "discurso sobre la acción" a cómo el niño mentaliza, hace consciente el proceso de su acción y es capaz de explicarlo. Con frecuencia los errores juegan un importante papel en este sentido obligando al sujeto a reconstruir mentalmente su acción para hallar el por qué de dicha dificultad.

La propia Inhelder (1979, pág. 64) describe así el planteamiento práctico que ellos adoptaban en sus experimentos para posibilitar la elaboración de dicho discurso por parte de los niños:

> "Nuestros procedimientos procuran favorecer la actividad propia del sujeto en sus encuentros con lo real a fin de llevarlo a superarse a sí mismo en la conquista de nuevos conocimientos. Por ello, dejamos al sujeto mismo el cuidado de elaborar sus juicios de cara a las situaciones de la experiencia, sin intentar prevenirlos contra los posibles errores y contradicciones. La confrontación con lo real y la dialéctica de las contradicciones se revelan como los momentos esenciales del progreso del conocimiento. Los niños que durante las operaciones han hecho los progresos más señalados y duraderos son, en efecto, los que han manifestado las conductas reveladoras de su toma de conciencia de las contradicciones (...) damos al niño la posibilidad de hacer él mismo los descubrimientos, de

comparar sus previsiones con los efectos de sus ensayos y de sacar sus consecuencias" (Inhelder, pág. 64).

En otra parte anterior del libro hemos hecho referencia también a la investigación de Pourtois (1979) en que se comparaban las pautas de enseñanza que aplicaban las madres con sus hijos pequeños. Constató que lograban mejores resultados y más duraderos aquellas madres que dejaban a los niños que actuaran y después les pedían que les explicaran lo que habían hecho. Esto les permitía discutir el procedimiento y mejorarlo.

Hallazgos similares presentan Issing y Ullrich (1969). Estos autores realizaron un experimento pretest-postest que evidenció el valor de la verbalización de la acción. Dividieron a un grupo de 30 niños de 4 años de edad en dos subgrupos igualados en cuanto al rendimiento (pretest). Los niños jugaron con sus compañeros de grupo durante cuatro semanas. En uno de los subgrupos se estimuló a los niños a que hablaran mientras jugaban: se les invitaba a que verbalizaran las actividades lúdicas. Finalizado el período de experimentación (4 semanas) se observó (en el postest) que el grupo en que se había verbalizado el juego ofrecía resultados claramente superiores a los del grupo de control (que no había verbalizado) en los puntajes de cociente intelectual obtenidos en el test.

Resultados muy similares se han hallado en los métodos de enseñanza en que un niño desempeña el papel de instructor del otro. Para éste, el instructor, la tarea implica la conversión en discurso de su aprendizaje previo y a veces también responder a preguntas que el compañero le hace. Ambos aspectos le aportarán a él una importante clarificación de su propio aprendizaje y de la estructura operativa utilizada (Fornam y Cazdem, 1984; Coll, 1984, presentan diversas investigaciones al respecto).

Estas consideraciones acerca del aprendizaje discursivo tienen una inmediata aplicación sobre la didáctica de la escuela infantil. No basta con que los niños hagan cosas, hemos de tratar de que sean capaces de elaborar un discurso sobre dicha acción. Los profesores experimentados lo hacen de manera casi espontánea: paseándose entre los niños que trabajan o juegan se interesan por lo que hacen, les preguntan qué desean lograr y cómo les va, etc. Todo ello da pie a esa "racionalización" de la acción. De la misma manera se puede utilizar constantemente el paso de la acción al discurso en la propia actuación del profesor (explicando qué pretende hacer y por qué hace así las cosas), en el trabajo por grupos (los niños han de discutir y ponerse de acuerdo sobre cómo hay que hacer la tarea encomendada) o pidiendo a los niños que expliquen a otros compañeros cómo se pueden realizar actividades que ellos ya saben hacer.

Ejes didácticos de la evolución de la inteligencia durante la escuela infantil

En resumidas cuentas, como se ha venido señalando en cada uno de los aspectos cognitivos analizados, la tarea fundamental de la escuela infantil es el convertirse en un "ambiente" de experiencia dispuesto de tal manera que en él el niño pueda ir asentando sus estructuras sensorio-motrices y poniéndolas en funcionamiento sobre su entorno. Y a partir de un buen establecimiento de esa base cognitiva de contacto con la realidad (consolidación del espacio objetivo y externo de conocimiento del entorno) ir independizando la actividad práctica y discursiva de las impresiones inmediatas y de la percepción directa de las cosas, esto es, construyendo un espacio mental. A través de sucesivos tanteos, del desarrollo de experiencias en contextos diferentes y en contacto con materiales muy diversos, el niño va poco a poco elaborando representaciones, concibiendo alternativas de acción y previendo (ya en plena fase de trabajo desde la mente) los resultados de sus acciones.

Lo que era una pura acción mecánica, respuesta directa a los estímulos, se mediatiza a través de un plano de representaciones que permita al niño aplazar su acción y "pensarla" antes de llevarla a cabo.

Además va incorporando a su repertorio de mediadores cognitivos toda una nueva serie de símbolos conceptuales, de denominaciones lingüísticas, etcétera, que le permiten decodificar mejor su entorno, dotarlo de un orden interno y establecer relaciones entre los distintos componentes del entorno. En suma se produce también aquí el principio general de la progresiva diferenciación-especialización de los recursos del organismo (en este caso relacionales con el ámbito de la inteligencia) junto a una progresiva integración de todos ellos en un conjunto funcionalmente más perfeccionado.

Este recorrido se ve afectado (acelerado, disminuido, desorientado, sometido a tensión, etc.) por múltiples factores, gran parte de los cuales desbordan el ámbito de influencia de la escuela (condiciones físicas del propio niño, ambiente socio-cultural, familia, circunstancias diversas). La escuela infantil, en tanto que instancia social especializada, aporta mucho al desarrollo intelectual de los niños que acuden a ella pero no es omnipotente con respecto a su evolución.

Hemos dado en otro punto referencias de la eficacia real que la escuela ejerce en el desarrollo infantil. Tanto como potenciación de una evolución bien establecida en sus fases anteriores como en calidad de compensación en épocas lo más tempranas posible de los *déficits* que puedan presentar algunos niños provenientes de medios socioculturalmente desfavorecidos y/o de contextos hipoestimulados intelectualmente. En estos casos la escuela infantil tiene la ventaja, sobre los niveles superiores de la escolaridad, de que en ese momento aún es posible lograr efectos sustanciales, aún se está a tiempo de corregir el signo de desarrollo sobre todo en lo que se refiere a la adquisición de las estructuras intelectuales de base, los operadores cognitivos más elementales y de cuya buena asimilación depende en gran parte el porvenir de la escolaridad posterior. Eso exigirá un trabajo especial (especializado y permanente) con respecto a esos niños y el diseño de estrategias específicas de actuación cuando sea necesaria. Ya nos referiremos a ello en otro punto.

Quisiéramos cerrar este capítulo recogiendo las condiciones que las Alliprandi (1984, pág. 77-78) señalan para la escuela infantil y que recogen buena parte del espíritu didáctico de lo dicho en este apartado:

1. Es preciso garantizar al niño unas condiciones de vida en las que pueda conocer "moviéndose" (o sea, utilizando todo su ser corpóreo), comunicando con lo que le rodea, "haciendo y construyendo de modo autónomo en consonancia con su edad".
2. El niño debe tener a su disposición tanto material ocasional como material estructurado.
3. El niño debe verse estimulado y llamado a la acción de forma dinámica tanto a partir de asuntos o temas ocasionales como de momentos programados por el profesor.
4. El niño ha de verse salvaguardado de la fijación perceptiva que se deriva del uso rígido, estereotipado, de ciertos materiales denominados "didácticos" aislados del contexto vivo de la realidad. Tal fijación puede llegar, en efecto, a distorsiones conceptuales que inmovilizan y desvían, en lugar de hacerlo dúctil, abierto y rico, el pensamiento del niño.
5. El niño ha de poder hacer sus propias experiencias y descubrimientos científicos en la escuela (en su aula, en ambientes conjuntos con otras clases, en ambientes diversos, por ejemplo la cocina) y fuera de la escuela (en el patio, en el jardín, en el barrio y en los ambientes que rodean la escuela o que se pueden alcanzar a través de desplazamientos organizados).
6. El trabajo educativo no consistirá sólo en permitir al niño las conquistas inherentes al "descubrimiento de la realidad estructurada en forma de relaciones" sino en hacer que llegue a dominar el "lenguaje verbal" que puede expresar tales relaciones. Por ejemplo, un empleo preciso de términos como poco-mucho-bastante más que-menos que-; como...; añadir; quitar; igual porque...-distintos porque...; si... entonces...".

Referencias bibliográficas

ACRI, Escuela infantil de (1983): *Mágico, fantástico, imaginario*, en "Infanzia", núm. 2, octubre, págs. 42-46.
AIMARD, P.: "El lenguaje en el niño", en PELLICIER, J. (dir.): *Enciclopedia de la Psicología y la Pedagogía*. Sedmay-Lidis, Madrid, págs. 86-104.
ALAIN, Ch. (1932): *Propos sur l'éducation*. Rieder, París.
ALLIPRANDI, C., y ALLIPRANDI, M. T. (1984): *La Scuola dell'infanzia: teoria e didattica*. Giunti e Lisciani, Téramo.
ALLEN, K. E., y otros (1964): *Effects of social reinforcement on isolate behavior of a nursery child*, en "Child Development", núm. 35, págs. 511-518.
AMONACHVILI, Ch. (1986): *El juego en la actividad de aprendizaje de los escolares*, en "Perspectivas", vol. XVI, núm. 1, págs. 87-97.
ANZIEU, D. (1961): *El psicodrama analítico en el niño*. Paidós, Buenos Aires.
ARBANT, M. (1984): *Reflexiones en torno a la Escuela Infantil: un espacio de vida para los niños de 2-3 años*, en "Actas de las I Jornadas sobre Educación en la Primera Infancia". Dirección General de Educación, Comunidad de Madrid.
ASHTON, P., y otros (1975): *The Aims of Primary Education: a study of teacher's opinions*. McMillan Education, Londres.

BARKER, R. G. (1968): *Ecological Psychology*. Stanford University Press.
BASSEDAS, E., y otros (1984): *Evaluación y seguimiento en parvulario y ciclo inicial: pautas de observación*. Aprendizaje-Visor, Madrid.
BATESON, G. (1976): *Pasos hacia una ecología de la mente*. Carlos Lohlé, Buenos Aires.
BENIERS, E. (1985): *El lenguaje del preescolar: una visión teórica*. Trillas, México.
BEREITER, C., y ENGELMAN, S. (1973): *Scuola per l'infanzia e svantaggio culturale*. Angeli, Milán.
BERNSTEIN, B. (1973): *Class, Codes and Control*. Routledge and Kegan Paul, Londres.
BERTIN, G. M. (1975): *Educazione alla socialitá*. Armando, Roma.
BERTOLINI, P. (1984): *Cinque tesi sul gioco e sul giocattollo*, en "Infanzia", núm. 3, págs. 5-11.
— (1977): *Metodologia e Didattica*. Mondadori, Verona.
BERTOLINI, P., y CALLARI, M. (1980): *Come comunicano i bambini*. Il Mulino, Bolonia.
BLANK, M. (1974): *Cognitive functions of language in preschool years*, en "Developmental Psychology", vol. 10, núm. 2.
BLANK, M., y SALOMON, F. (1968): *A tutorial language programme to develop abstract thinking in socially disadvantaged pres-school children*, en "Child Development", núm. 39, págs. 379-390.
BLANKERTZ, H. (1981): "Didáctica", en SPECK, J., y WEHLE, G.: *Conceptos Fundamentales de Pedagogía*. Herder, Barcelona.
BLEGER, J.: *Temas de psicología. (Entrevista y Grupos)*. Nueva Visión, Buenos Aires.
BLOOM, B. S. (1979): *Caratteristiche umane e apprendimento scolastico*. Armando, Roma.
— (1964): *Stability and Change in Human Characteristics*. Wiley and Sons, Nueva York.
— (1971): *Taxonomía de los objetivos de la educación*. El Ateneo, Buenos Aires.
BOSELLI, G.; MELLUCCI, A., y SEGANTI, M. (1983): *Unitá didattica: il cuore del burattino*, en "Infanzia", núm. 2, págs. 47-49.
BRACKEN, B. A.: "Observing the Assessment Behavior of Preschool Children", en PAGET, K.

D., y BRACKEN, B. A. (edits.): *The Psichoeducational Assessment of Preschool Children.* Grune and Stratton, Nueva York, págs. 63-80.
BRADFORD, L. P. (1973): *La transacción enseñar-aprender,* en "La Educación Hoy", vol. 5, número 1.
BRONSON, W. C. (1971): "The Crowth of competence: issues of conceptualization and measurement", en SCHAFFER, H. R.: *The Origins of Human Social Relations.* Academic Press, Londres.
BRUNER, J. S. (1979): *El desarrollo del niño.* Morata, Madrid.
— (1969): *Hacia una teoría de la instrucción.* Uthea, México.
— (1986): *Juego, pensamiento y lenguaje,* en "Perspectivas", vol. XVI, núm. 1, págs. 79-85.
— (1978): *El proceso mental en el aprendizaje.* Narcea, Madrid.
BURTON, W. H. (1980): *Orientación del aprendizaje (2 t.).* Magisterio Español, Madrid.

CAILLOIS, R. (1958): *Les jeux et les hommes.* Gallimard, París.
CANESTRARI, R., y BATTACHI, N. W. (1969): *El menor inadaptado.* Troquel, Buenos Aires.
CAVINA, G. (1984): *Quei giocattoli sono grandi, anzi piccolissimi,* en "Infanzia", núm. 8, abril, págs. 52-56.
CENSI, L., y ZANOTTI, V. (1984): *Se osserviamo i bambini che giocano,* en "Infanzia", núm. 8, abril, págs. 48-49.
CERDEIRIÑA, E. (1982): *Aportaciones psicodinámicas a la educación escolar,* en "Memoria de Licenciatura", Departamento Psicología Diferencial, Universidad Complutense de Madrid.
CHANAN, G., y HAZEL, F. (1984): *Juegos y juguetes de los niños del mundo.* Unesco-Serbal, Barcelona.
CHILD, D. (1986): "El desarrollo de la inteligencia y de la creatividad en los niños", en FONTANA, D.: *La educación de los niños de 3 a 7 años.* Planeta, Barcelona.
CHITTENDEN, G. E. (1942): *An experimental study in measuring and modifying assertive behavior in young children,* en "Research on Child Development", núm. 1, pág. 7.
CHOMSKY, N. (1965): *Aspects of the Theory of Sintax.* Cambridge MIT Press, Mass. (Trad. esp.: *Aspectos de la teoría de la sintaxis.* Aguilar, Madrid, 1976).
CMOTE (1980): *3.000 días de la vida de su hijo.* Edic. del Centro Médico de Diagnóstico y Tratamiento Educativo, Barcelona.
COLEMAN, J. S., y otros (1966): *Equality of Educational Opportunity.* U. S. Deptm. of Health, Education and Welfare, Office or Educ., Washington.
COLL, C. (1984): *Estructura grupal, interacción entre alumnos y aprendizaje escolar,* en "Infancia y Aprendizaje", núms. 27-28, págs. 119-138.
CRONBACH, L. J. (1963): *Fundamentos de exploración psicológica.* Biblioteca Nueva, Madrid.
COOMBS, A., y otros (1962): *Perceiving, Behaving, Becoming.* Anuario 1962 de la Assotiation for Supervision and Curriculum Development. Washington, D. C.
COUANON, J. (1954): *L'enfant et les queatre éléments,* en "L'Educateur", núm. 51.

DANKWORTH, A. (1986): "Música en la escuela", en FONTANA, D.: *La educación de los niños de 3 a 7 años.* Planeta, Barcelona.
DESPERT, J. L. (1973): *El niño y sus perturbaciones emocionales.* Hormé-Paidós, Buenos Aires.
DI LEO, J. H. (1974): *El dibujo y el diagnóstico psicológico del niño normal y anormal de 1 a 6 años.* Paidós, Buenos Aires.
DODWELL, P. C. (1960): *Children understanding of numbers and relating concepts,* en "Canada Journal of Psychology", núm. 14, págs. 191-205.
DOUGLAS, J. W. B. (1964): *The Home and the School.* McGibson y Kee, Londres.

DUNN, R., y DUNN, K. (1975): *Procedimientos prácticos para individualizar la enseñanza.* Guadalupe, Buenos Aires.
DYK, R. B., y WITKIN, H. A. (1965): *Family experiences related to the development of differentiation in children,* en "Child Development", núm. 36, págs. 21-55.

EINSIELDER, W. (1986): "Fantasy play of preschoolers as a function of toy structure", en KOOIJ, R. van der, y HELLERDOORN, J.: *Play, play threrapy and play research.* Swets and Zeitlinger. Liss.
ELLIOT, J. (1984): *Métodos y técnicas de investigación-acción en las escuelas.* Seminario de Formación para profesores. Málaga, octubre 1984.
ERIKSON, E. (1974): *Infancia y sociedad.* Hormé, Buenos Aires.
— (1972): *Juventud, identidad y crisis.* Paidós, Buenos Aires.
ESCUDERO MUÑOZ, J. M. (1979): *Esquemas de observación y análisis de clases.* Nau Llibres, Valencia.

FARNE, R. (1984): *Il giocattolo: quell'ambiguo oggeto del desiderio,* en "Infanzia", núm. 8, abril.
FEIGENBAUM, K. D., y SULKIN, H. (1964): *Piaget's problem of conservation of discontinous quantities: a teaching experience,* en "Journal Genetic Psychology", núm. 105, págs. 91-97.
FENICHEL, O. (1957): *Teoría psicoanalítica de las neurosis.* Paidós, Buenos Aires.
FERNANDEZ BALLESTEROS, R. (1980): *Psicodiagnóstico.* Cincel-Kapelusz, Madrid.
FERNANDEZ HUERTA, J. (1975): *Didáctica.* Universidad Nacional de Educación a Distancia, Madrid.
FERNANDEZ PEREZ, M. (1976): "Programación", en FERNANDEZ PEREZ, M.; GIMENO, J., y ZABALZA, M.: *Didáctica II: Programación, métodos y evaluación.* UNED, Madrid.
FERRAROTI, W.: *Symbole et réalité dans le problème éducatif,* en "L'éducation par le jeu et l'environment", núm. 17.
FORMAN, E. A., y CAZDEN, C. B. (1984): *Perspectivas vigotskianas en la educación: el valor cognitivo de la interacción entre iguales,* en "Infancia y Aprendizaje", núms. 27-28, págs. 139-157.
FOWLER, W. (1962): *Cognitive learning in infancy and early childhood,* en "Psychological Bulletin", núm. 59, págs. 116-152.
FOX, D. (1971): *Estudio del proceso de aprendizaje. Un modelo para la identificación de las variables críticas,* en "Revista de Educación", núm. 212, M.E.C., págs. 45-52.
FOX, R. S. (1974): *La escuela como sistema social,* en "La Educación Hoy", vol. 2, julio-agosto.
FRABBONI, F. (1984b): *Cinque tesi sul gioco e sul giocattolo,* en "Infanzia", núm. 8, abril, págs. 5-11.
— (1984a): *La programmazione nella scuola materna.* La Nuova Italia, Florencia.
FREUD, A. (1970): *Normalidad y patología en la niñez.* Paidós, Buenos Aires.
— (1975): *Psicoanálisis del jardín de infantes y la educación del niño.* Paidós, Buenos Aires.
FUENTES ABELEDO, E. (1986): *Pensamiento educativo-didáctico del profesor de preescolar: un estudio cualitativo con profesores de la provincia de Orense.* Memoria de Licenciatura. Departamento de Didáctica. Universidad de Santiago de Compostela.

GALLINO, L. (1979): *Dizionario di sociologia.* Utel, Turín.
GAN'KOWA, Z. A. (1960): *The interrelationship of action, image and speech in the thinking of preschool children,* en "Problems of Psychology", núm. 1, págs. 69-77.
GARBER, H., y HERBER, F. R. (1977): "The Milwaukee Project", en MITTLER, P.: *Research to Practice on Mental Retardation.* University Park Press, Baltimore.
GETZELS, J. W., y THELEN, H. A. (1977): "A conceptual framework for the study of the

classroom groups as a social system", en MORRISON, A., y McINTYRE: *The social Psychology of teaching.* Penguin Books, Londres, págs. 230-240.
GIMENO, J. (1976): *Autoconcepto, socialibilidad y rendimiento escolar.* Incie, M.E.C., Madrid.
GUNTRIP, H. (1938): *Schizoid Phenomena, Object relations and the Self.* Hogarth Press, Londres.
GUTTON, P. H. (1979): "El juego en el niño", en PELLICIER, I.: *Enciclopedia de la psicología y la pedagogía.* Sedmay-Lidis, Madrid, págs. 146-154.

HALL, E. (1969): *Handbook for Proxemic Research.* Society for the Anthropology of Visual Communication, Washington.
HALLIDAY, M. (1975): *Learning how to mean.* Edward Arnold, Londres.
HANS, J. S. (1981): *The Play of the World.* Univ. of Massachusetts Press, Amherst.
HARGREAVES, D. (1977): *Las relaciones interpersonales en la educación.* Narcea, Madrid.
HARVEY, O. J. (1966): *Teachers Belief Systems and Preschool atmosphere,* en "Journal of Educational Psychology", núm. 57, págs. 378 y ss.
HEFFERNAN, H. (1978): "La escuela y el desarrollo de la personalidad del niño", en MEAD, M., y otros: *La educación y la personalidad del niño.* Paidós, Buenos Aires.
HEINEMAN, P. (1981): *Pedagogía de la comunicación no verbal.* Herder, Barcelona.
HERS, R.; REIMER, J., y PAOLITTO, D.: *El crecimiento moral. De Piaget a Kohlberg.* Narcea, Madrid, 1984.
HESS, R. D., y SHIPMAN, V. C. (1968): "Maternal influences upon early learning: the cognitive environments of urban preschool children", en HESS, R. D., y BEAR, C.: *Early Education. Current Theory, Research Action.* Aldins Publis., Chicago.
— (1972): "Early experience and the socialisation of cognitive modes in children", en CASHDAN, A., y GRUGEON, E.: *Language in Education: a source book.* Routledge and Kegan Paul Open University, Londres.
HOHMANN, M.; BANET, B., y WEIKART, D. P. (1985): *Niños pequeños en acción.* Trillas, México.
HOTYAT, F., y DELEPHINE, D. (1973): *Dictionnaire Encyclopédique et pédagogie moderne.* Labor-Nathan, Bruselas.
HUTT, C. (1979): "Towards a taxonomy of Play", en SUTTON-SMITH, B.: *Play and Learning.* Gardner Press, Nueva York.

INHELDER, B. (1979): "El aprendizaje de las estructuras elementales del pensamiento", en PELLICIER, I.: *Enciclopedia de la psicología y de la pedagogía.* Sedmay-Lidis, Madrid, tomo 3, págs. 63-67.
ISAACS, S. (1930): *Intelectual Growth in Young Children.* Routledge and Kegan Paul, Londres.

JACOBSON, M. (1975): "Brain Development in Relation to language", en LENNENBERG, E. H., y LENNENBERG, E.: *Foundations of Language Development: a multidisciplinary approach.* Academic Press, Nueva York.
JACOBSON, R. (1975): *Ensayos de lingüística general aplicada.* Seix Barral, Barcelona.
JAEGER, R. M., y TITTLE, C. K. (1980): *Minimum Competency Achievement Testing: motives, models, measures and consequences.* McCutchan, Berkeley, California.
JENKINS, D. H. (1973): *Características y funciones del liderazgo de grupos de instrucción,* en "La Educación Hoy", núm. 7, págs. 287-296.
JOHNSON, R. C., y MEDINNUS, G. R. (1969): *Child Psychology Behavior and Development.* Wiley, Nueva York.

KALISH, B. (1971): *A Study of non verbal interaction in the classroom*, en "Monograph" núm. 1, Columbia Therapy Ass. Columbia.
KAMENOV, E. (1985): *Pour ou contre le jeu dans l'enseignement*, en "L'Education par le jeu et l'environment", núm. 17.
KARNES, M., y TAYLOR, A. (1978): *Preschool talent assessment guide.* Institute for Child Behavior and Development. Universidad de Illinois, Urbana.
KELLOG, R. (1979): *Análisis de la expresión plástica del preescolar.* Cincel-Kapelusz, Madrid.
KOOIJ, R. van der, y GROOT, R. de (1977): *That's all in the game: theory and research, practice and future of children's play.* Schindele Verlag, Rheinstetten.
KOOIJ, R. van der, y MEYJES, H. P. (1986): *Situación actual de la investigación sobre el niño y el juego*, en "Perspectivas", vol. XVI, núm. 1, págs. 51-68.
KOUNIN, J. (1970): *Discipline and Group Management in classroom.*
KUNERT, K. (1979): *Planificación docente: el currículum.* Oriens, Madrid

LABAN, R. (1960). *The Mastery of Movement.* McDonald y Evans, Londres.
LAPIERRE, A. (1977): *Educación psicomotriz en la escuela materna* Científico-Médica, Madrid.
— (1974): *La reeducación física.* Científico-Médica, Madrid.
LAPIERRE, A., y AUCOUTOURIER, B. (1980): *El cuerpo y el inconsciente.* Científico-Médica, Madrid.
— (1977): *Simbología del movimiento.* Científico-Médica, Madrid.
LAPLANCHE, J., y PONTALIS, J. B. (1980): *Diccionario de psicoanálisis* Labor, Barcelona.
LAWTON, D. (1976): *Social Change, Educational Theory and Curriculum.* Hodder and Stoughton, Londres.
LEGRAND, L. (1977): "Introducción" a la obra de MICHELET, A.: *Los útiles de la infancia* Herder, Barcelona.
LEIF, J., y BRUNELLE, L. (1960): *Le jeu pour le jeu.* Armand Colin, París.
LENNENBERG, E. H. (1975): *Fundamentos biológicos del lenguaje.* Alianza, Madrid.
LEVINA, R. E. (1981): "L. S. Vygotski ideas about the planning function of speech children", en J. V. WERTSCH: *The Concept of activity in soviet psychology.* M. Sharpe. White Plains, páginas 179-299.
LEWIN, K., y LIPPIT, R. (1938): *An experimental approache to the study of autocracy and democracy. A preliminary note*, en "Sociology", núm. 1, págs. 292-300.
LEWIS, M., y BROOKS, J. (1978): "Self Knowledge and emotional development", en LEWIS, M., y ROSEMBLUM, L.: *The Development of affect* Plenum Press, Nueva York.
LEWIS, M., y McGURK, H. (1972): *Evaluation of infant inteligence*, en "Science", núm. 178, páginas 1174-1177.
LEWIS, B. J., y CHERRINGTON, D. (1986): "La educación del movimiento infantil", en FONTANA, D.: *La educación de los niños de 3 a 7 años.* Planeta, Barcelona.
LIEBERMAN, J. N. (1965): *Playfulness and divergent thinking: an investigation of their relationships at the kindergarden level*, en "Journal of Genetic Psychology", vol. CVII, págs. 219-224.
LIVOLSI, M.; DE LILLO, A., y SCHIZZEROTTO, A. (1980): *Bambini nos si nasce.* Angeli, Milán.
LODINI, E. (1984): "Il curriculo como sfondo e como esito della programmazione", en FRABBONI, F.; LODINI, E., y MANINI, M.: *La scuola di base a tempo lungo: modelli, curriculo, contenuti* Liguri, Nápoles.
LUCAT, L. (1979): "La evolución del grafismo", en PELLICIER, I.: *Enciclopedia de la psicología y la pedagogía.* Sedmay-Lidis, Madrid, tomo 3, págs. 131-145.
LUQUET, G. H. (1978): *El dibujo infantil.* Médica y Técnica, Barcelona.
LURIA, A. R.; LEONTIEV, A. N., y VYGOTSKI, L. S. (1973): *Psicología y pedagogía.* **Akal, Madrid.**

MARSHALL, H. R., y McCANDLESS, B. R. (1957): *Relationships between dependence on adults and social acceptance by peers*, en "Child development", núm. 28, págs. 413-419.
MASLOW, A. H., y MITTLEMANN, B. (1965): "Manifestaciones de la salud psicológica o normalidad", en CROW, L. D., y otros: *Conducta adaptada*. Paidós, Buenos Aires.
MASSARO, G. (1982): "Educazione sociale", en FLORES D'ARCAIS, G.: *Nuovo Dizionario di Pedaggogia*. Ediz. Paoline, Roma, págs. 1140-1146.
MATTERSON, E. M. (1965): *Play with a purpose for the under sevens*. Penguin, Harmondsworth.
MATTHEWS, G. (1986): "Aprendizaje y enseñanza de las capacidades matemáticas", en FONTANA, D.. *La educación de los niños de 3 a 7 años* Planeta, Barcelona, págs. 209-226.
MAUCO, G. (1973): *Educación del carácter y de la afectividad del niño*. Nova Terra, Barcelona.
MAURIRAS BOUSQUET, M. (1986): *El juego y la educación a través de algunos libros*, en "Perspectivas", vol. XVI, núm. 1, págs. 150-155.
MAZZETTI, R. (1981): "Il fine dell'istruzione primaria: un'utopia?", en GOZZER, G., y otros: *Oroscopo per la Scuola Primaria: objettivi, materie e programmi*. Armando, Roma, págs. 125-127.
McNEIL, D. (1970): *The Adquisition of Language: the study of development linguistics*. Harper y Row, Nueva York.
MEAD, G. H. (1973): *Espíritu, persona, sociedad*. Paidós, Buenos Aires.
MEHARABIAN, A. (1972): *Nonverbal Communication*. Aldine Atherton, Nueva York.
MICHELET, A. (1986): *El maestro y el juego*, en "Perspectivas", vol. XVI, núm. 1, págs. 117-126.
— (1977): *Los útiles de la infancia*. Herder, Barcelona.
MOGDIL, C., y MOGDIL, S. (1986): "El desarrollo del pensamiento y del razonamiento", en FONTANA, D.: *La educación de los niños de 3 a 7 años*. Planeta, Barcelona.
MOOS, R. H. (1979): "Educational Climates", en WALBERG, H. J.: *Educational Climates and Effects*. McCutchan, Berkeley, págs. 79-100.
MORIN, E. (1972): *Teorie dell'evento*. Bompiani, Milán.
MURPHY, L. B. (1974): "Coping, vulnerability and resilience in childhood", en COEHLO, G. U., y otros: *Coping and Adaptations*. Basic Books, Nueva York.

NEUMANN, E. A. (1971): *The Elements of Play*. MSS. Information Corporation, Nueva York.
NICKEL, H. (1976): *Psicología del desarrollo de la infancia y de la juventud*. Herder, Barcelona.
NORTHWAY, M. L. (1943). *Relations sociales chez les enfants d'âge préscolaire*, en "Sociom", núm. 4, noviembre.

OLIVEIRA LIMA, L. (1986): *Niveles estratégicos de los juegos*, en "Perspectivas", vol. XVI, núm. 1, págs. 69-78.
OLSZEWSKI, P., y FUSON, K. C. (1982): *Verbally expressed fantasy play of preschoolers as a function of topy structure*, en "Developmental Psychology", vol. XVIII, núm. 1, págs. 51-61.
OSER, F. K. (1985): "Moral Education and Values Education", en WITTROCK, M. C.: *Handbook of research on Teaching 3º*. McMillan Pub. Nueva York, págs. 917-941.
OSSON, D. (1979): "Los dibujos de los niños", en PELLICIER, I.: *Enciclopedia de la psicología y la pedagogía*. Sedmay-Lidis, Madrid, tomo 3, págs. 156-176.

PAMPALONI, D. (1983): *Quando i contenuti náscono dalla realtá dei bambini*, en "Infanzia", número 2, octubre, págs. 32-36.
PARRY, M., y ARCHER, H. (1974): *Preschool Education*. McMillan, Londres.
PARTEN, M., y NEWHALL, S. M. (1943): "Social Behavior of Preschool children", en BARKER, R. G., y otros: *Child Behavior and Development*. McGraw-Hill, Nueva York.

PEDERSEN, E. A., y WENDER, P. H. (1968): *Early social correlates of cognitive functions in six-years-old boys*, en "Child Development", núm. 39, págs. 185-193.
PELLEREY, M. (1981): "Cultura ed Educazione nella Scuola elementare: ricerca di una mediazione", en GOZZER, G., y otros: *Oroscopo per la Scuola Primaria*. Armando, Roma.
PETERSON, P. L., y CLARK, Ch. M. (1978): *Teachers Reports of their Cognitive Process during teaching*, en "American Educational Research Journal", núm. 15, págs. 417-432.
PIAGET, J. (1965): *El lenguaje y el pensamiento del niño*. Paidós, Buenos Aires.
PLOWDEN, Informe: *Children and their primary schools*. Ministerio de Educación, HMSO, Londres.
PLUCKROSE, H. (1986): "Aprendizaje y enseñanza de las habilidades manuales y artísticas", en FONTANA, D.: *La educación de los niños de 3 a 7 años*. Planeta, Barcelona, págs. 308-318.
PONTICELLI, Scuola de (1984): *Expressività: una programmazione da Napoli*, en "Infanzia", núm. 7, marzo, págs. 33-37.
— (1984): *Linguagio e Psicomotricitá: una programmazione da Napoli*, en "Infanzia", núm. 5, enero, págs. 43-48.
POSTIC, M. (1981): *La relación educativa*. Narcea, Madrid.
POSTMAN, N. (1981): *Ecologia dei media. La Scuola como Contropotere*. Armando, Roma.
POURTOIS, J. A. (1975): *Comment les mères enseignent à leurs enfants*. P.U.F., París.
PROSHANSKY, E., y WOLFE, M. (1974): *The Physical Setting and Open Education*, en "School Review", núm. 82, págs. 557-574.
PROVENCE, S. (1978): "A clinician's view of affect development in infancy", en LEWIS, L. J.: *The Development of Affect*. Plenum, Nueva York.
PUJADE RENAUD, C. L. (1977): *Du Corps Enseignant*, en "Revista Franc. de Pédagogie", número 40, págs. 45-49.
PULASKI, M. A. (1973): "Toys and imaginative play", en SINGER, L. J.: *The Child's world of make-believe*. Academic Press, Nueva York.

QUILGHINI, J. (1980): "Disposición del ambiente escolar", en DELAUNAY, A.: *La educación preescolar: teoría y práctica*. Cincel-Kapelusz, Madrid, págs. 46-52.

RABECQ-MAILLARD, M. (1969): *Histoire des jeux éducatifs*. Nathan, París.
RADKE, M. J. (1946): *The relation of parental authority to children's behavior and attitudes*, en "Inst. Child Welfare Monographs", núm. 22, Univ. of Minneapolis.
READ, K. (1980): *La Scuola Materna. (2 t.)*. Armando, Roma.
REBOREDO, A. (1983): *Jugar es un acto político*. Nueva Imagen, México.
REDL, F. (1966): *When We Deal with Children*. Free Press, Nueva York.
REDL, F., y WINEMAN, D. (1970): *Niños que odian. (2 t.)*. Paidós, Buenos Aires.
REST, J. R. (1983): "Morality", en FLAWELL, J. H., y MARKMAN, E. M.: *Handbook of Child Psychology (vol. 3: Cognitive development)*. Wiley, Nueva York, págs. 556-629.
RIESSMAN, F. (1977): *El niño de la ciudad interior*. Las Paralelas, Buenos Aires.
RODRIGUEZ DIEGUEZ, J. L. (1980): *Didáctica general*. Cincel-Kapelusz, Buenos Aires.
ROMIZOWSKI, A. J. (1982): *A New Look at instructional design. Part. 2: instruction integration one's approach*, en "British Journal of Educational Technology".
ROTHENBERG, B. B., y OROST, J. H. (1967): *The Training of conservation of number in young children*, en "Child Development", núm. 40, págs. 707-726.

SALOMON, G. (1981): *Communication and Education*. Sage Publis. Londres.
SANTILLANA, Enciclopedia (1975): *Enciclopedia Técnica de la educación (6 vol.)*. Santillana, Madrid.

SAVELLI, A., y otros (1979): "El desarrollo psicomotor", en PELLICIER, J.: *Enciclopedia de la psicología y la pedagogía.* Sedmay-Lidis, Madrid, tomo 3, págs. 68-81.
SCARR-SALAPATEK, S. (1976): "An Evolutionary perspective on infant intelligence: species patterns and individual variations", en LEWIS, M.: *Origins of intelligence: infancy and early chilhood.* Wiley, Londres.
SCHMUCK, R. A., y SCHMUCK, P. A. (1974): *Técnicas de grupo en la enseñanza.* Pax, México.
SCHRODER, H. (1978): *Comunicazione, Informazione, Istruzione.* Armando, Roma.
SEGLOW, E. (1964): "Psicodrama de los trastornos emocionales", en BLEGER, J.: *Temas de psicología (Entrevista y Grupos).* Nueva Visión, Buenos Aires.
SEGUIN, E. (1895): *Rapports et memoire sur l'éducation.* Alcan, París.
SELVINI PALAZZOLO, M. (1976): *Il Mago Smagato.* Feltrinelli, Milán.
SESTINI, E. (1975): *Maternal values and modes of communication.* Tesis doctoral. Univ. de Leeds.
SHIRLEY, H. F. (1965): *Pediatric Psychiatry.*
SIGNORI, L. (1983): *Spontaneitá e spontaneismi nella scuola italiana,* en "Pedagogía e Vita", páginas 639-649.
SKEELS, H. M., y otros (1938): *A study of environmental stimulation: an orphanage preschool project.* Univ. Iowa Studies on Children Welfare, núm. 4.
SMEDSLUND, J. (1961): *The adquisition of conservation of substance and weight in children. VI: practice on continuous versus discontinuous material in problem situations without external reinforcement,* en "Scandinavian Journal Psychology", núm. 2, págs. 203-210.
SPERRY, L. (1972): *Learning performance and individual differences.* Scott, Foresman and Cía., Londres.
SPIVACK, M. (1973): *Archetypal Place,* en "Rev. Architectural Forum", núm. 140, págs. 44-49.
STAINES, J. W. (1956): *Self picture as a factor in the classroom,* en "British Journal of educational psychology", núm. 28, págs. 97-111.
STEBBINS, L. B., y otros (1977): *Education as Experimentation: A planned variation model. Vol. IV-A: an evaluation of Follow Through.* Abt. Associates Inc. Office of Education. Washington.
SYLVA, K.; BRUNER, J. S., y GENOVA, P. (1976): "The role of play in the problem-solving of children 3-5 years old", en BRUNER, J. S., y otros: *Play its role in Development and Evolution.* Penguin, Hardmondsworth.
TANNER, J. (1986): "El desarrollo físico del niño de los 3 a los 7 años", en FONTANA, D.: *La educación de los niños de 3 a 7 años.* Planeta, Barcelona, págs. 21-37.
TAUSCH, H., y otros (1968): *Variables und Zusammenhange der sozialen interaktion in Kindergarten.,* (citado por Nickel, H., 1972, págs. 170, 171).
TEMPLIN, M. (1957): *Certain language skills in children.* Oxford University Press, Londres.
THONG, T. (1979): "El desarrollo de la inteligencia", en PELLICIER, I.: *Enciclopedia de la psicología y la pedagogía.* Sedmay-Lidis, Madrid, tomo 3, págs. 46-47.
TITONE, R. (1981): *Psicodidáctica.* Narcea, Madrid.
TIZARD, B.; PHILPS, S., y PLEWIS, J. (1976): *Staff behavior in preschool centers,* en "Journal of Child Psychology and Psychiatry", núm. 17, págs. 21-23.
TOMLINSON, P. (1984): *Psicología educativa.* Pirámide, Madrid.
TORRANCE, P., y MYERS, R. E. (1970): *Creative learning and teaching.* Dodd Mead, Nueva York.
TOUGH, J. (1986): "Cómo desarrollan y utilizan los niños el lenguaje", en FONTANA, D.: *La educación de los niños de 3 a 7 años.* Planeta, Barcelona, págs. 89-107.
— (1977): *The Development of Meaning.* Allen and Unwin, Londres.
TURNER, J. (1983): *El niño ante la vida.* Morata, Madrid.

VANDELL, D. L.; WILSON, K. S., y BUCHANAN, N. R. (1980): *Peer interaction in the first year of life: an examination of its structure content and sensivity to toys*, en "Child Development", vol. LI, págs. 481-488.
VARIOS (Informes del CLUB DE ROMA) (1979): *Imparable el futuro (VII rapporto al Club di Roma).* Mondadori, Milán.
VAYER, P. (1975): *Educazione psicomotorica nell'etá preescolástica.* Armando, Roma.
— (1977): *El niño frente al mundo.* Científico-Médica, Madrid.
VEENMAN, S. (1984): *Perceived problems of begining teachers*, en "Review of Educational Research", núm. 54, 2, págs. 143-178.
VYGOTSKI, L. S. (1973): "Aprendizaje y desarrollo intelectual en la edad preescolar", en LURIA, A. R.; LEONTIEV, A. N., y VYGOTSKI, L. S.: *Psicología y pedagogía.* Akal, Madrid.
VOLPI, C. (1981): "Socializzazione infantile e scuola di base: il problema delle regole educative", en GOZZER, G., y otros: *Oroscopo per la scuola primaria.* Armando, Roma.
VON CUBE, F. (1975): *Aspectos políticos y pedagógicos de la automatización didáctica*, en "La Educación Hoy", vol. 3, núm. 2, febrero.
VILLUENDAS, M. D.: *La identidad cognitiva. Estructura mental del niño entre 4 y 7 años.* Narcea, Madrid, 1986.

WALLON, H. (1976): *La evolución psicológica del niño.* Psique, Buenos Aires.
WATTS, A. C. (1948): *The Language and Mental Development of Children.* Harrap, Londres.
WATZLAWICK, P., y otros (1981): *Teoría de la comunicación humana.* Herder, Barcelona.
WEBER, G. (1975): *Back to the basis in schools: here's a case for pushing the current trend into a landslide*, en "American Sch. Board Journal", núm. 162, págs. 45-46.
WEINSTEIN, C. S. (1981): *Classroom design as an external condition for learning*, en "Educational Technology", agosto, págs. 12-19.
WELLS, G. (1979): "Variations in child language", en LEE, V.: *Language Development.* Croom Helm, Londres.
WERNER, H. (1948): *The Comparative Psychology of mental development.* International Universities Press, Nueva York.
WHEELER, D. K. (1976): *El desarrollo del currículum escolar.* Santillana, Madrid.
WHITE, R. W. (1973): *El yo y la realidad en la teoría psicoanalítica.* Paidós, Buenos Aires.
WHITING, B. B.; WHITING, J. W. M., y LONGABAUGH, R. (1975): *Children of six cultures: a psychocultural analysis.* Harvard Univ. Press. Cambridge, Mass.
WINTERBOTTON, J. R. (1958): "The Relation of need for achievement to learning experiences in dependence and mastery", en ATKINSON, J. W.: *Motives in fantasy, action and society.* Van Nostrand Comp. Princeton, N. J.
WOHLWILL, J. F. (1960): *Developmental studies of perception: a study of the development of number concept by scalogram analysis*, en "Journal Genetic Psychology", núm. 97, págs. 345-377.
WULF, K. M., y SCHAVE, B. (1984): *Curriculum desing: a handbook for educators.* Scott, Foresman and Cía., Los Angeles.

YARDLEY, A. (1986): "La naturaleza del juego", en FONTANA, D.: *La educación de los niños de 3 a 7 años.* Planeta, Barcelona.
YINGER, R. J., y CLARK, Ch. M. (1981): *Refective Journal Writing: theory and practice*, en "Ocassional Paper", núm. 50, I.R.T., Univ. de Michigan.
— (1985): *Using personal documents to study teacher thinking*, en "Ocassional Paper", núm. 84, I.R.T., Univ. de Michigan.

ZABALZA, M. A. (1979): *La integración psíquica del muchacho inadaptado: el autoconcepto.* Tesis Doctoral. Servicio de Publicaciones. Univ. Complutense, Madrid.
— (1986): *El paradigma del pensamiento del profesor y sus aplicaciones a la formación y desarrollo profesional del profesorado: trabajo cualitativo con diarios de profesores.* Comunicación presentada al First International Meeting on Psychological Education of Teachers. Braga, Mayo.
ZAHORIK, J. A. (1970): *The Effects of Planning on Teaching,* en "Elementary School Journal", núm. 71, págs. 149-151.
ZANELLI, P. (1984a): *Organizzare lo sfondo: uno strumento per strutturare contesti di apprendimento che facilitano l'apprendimento,* en "Infanzia", núm. 2, págs. 29-33.
— (1984b): *Per un uso dello "sfondo" in campo educativo,* en "Infanzia", núm. 5, págs. 5-11.
ZELAN, K. (1986): *Temas ocultos y trucos en los primeros libros de lectura,* en "Perspectivas", vol. XVI, págs. 99-114.